EN TRAIN

32 itinéraires

pour voyager autrement

EN EUROPE

EN TRAIN

32 itinéraires pour voyager autrement

VOYAGES
GALLIMARD

AVANT-PROPOS

Et si l'on renouait avec le bonheur des pérégrinations en train ? Certes, l'Europe d'aujourd'hui n'est plus celle de Sissi l'impératrice, mais c'est encore un fabuleux entrelacs de rails qui rayonnent en tous sens pour mieux relier les datchas des berges du Dniepr aux maisons-cubes de Rotterdam. Et nous inviter par la même occasion à découvrir d'autres mondes possibles. Ce que nous avons fait avec une belle assiduité : à nous onze, nous cumulons un siècle de voyages en tortillard et en express ! Nous avons joué au grand huit dans les Grisons, contourné les laves de l'Etna, poussé à travers neige jusqu'aux fjords de Bergen…

Voici trente-deux de nos coups de cœur, trente-deux idées d'escapades que nous aimerions partager avec vous. Pour quatre ou quatorze jours : qu'importe la durée, pourvu que vous ayez l'ivresse. Bien sûr, nous avons prévu des haltes pour mieux comparer les mérites respectifs des bains turcs de Pest et des thermes de Bad Gastein, du croissant de Poznan et du pain d'épices de Ribeauvillé, des graffitis de Manchester et des tags de Kaunas. Et les surprises ne manquent pas. Surtout lorsque les rails se dilatent sous l'effet du soleil sicilien. Ou quand la virée en "train fondue" se prolonge par un *after* à l'Ébullition ! Le voyage, devenu happening, suscite alors d'incroyables rencontres. Un conseil : fabriquez-vous votre propre odyssée, laissez votre regard s'évader par la vitre, faites-vous déposer au pied d'une crique de la côte Bleue ou d'une crypte de Massafra…

Il y a fort à parier qu'au retour, vous ne serez plus tout à fait la/le même.

• SOMMAIRE •

01 Un grand bol d'Éire

14 jours

Irlande

L'Irlande – l'Éire en bon gaélique – par monts et par vaux, d'une mer à l'autre, de Dublin à Galway, via Waterford ou Cork… Ce voyage vous embarque dans une Irlande de carte postale avec ses prairies opulentes, ses moutons et ses monastères perdus. Mais attention, une Irlande peut en cacher une autre! Tout aussi fascinante.

PARIS
DUBLIN

Vol Paris-Dublin (1 h 50).

Cherbourg-Dublin (18 h).

À lire À écouter :

- ***Les Cendres d'Angela***, **Frank McCourt** (J'ai Lu).
- **U2**, ***Cedarwood Road***, qui évoque la rue où **Bono** a passé son enfance à Dublin, et ***Beautiful Day***.
- **Paul Dunlea**, directeur du New Irish Jazz Orchestra (Cork) ***bi-polAr*** (https://thepauldunleagroup.bandcamp.com).
- ***Fraternal*** avec **David O'Rourke Quintet**.

JOUR•1

Dublin

Son surnom ne manque pas de panache: Craic City. Dublin, c'est la-ville-où-l'on-prend-du-bon-temps, *craic* en bon gaélique, qui se prononce *krak*. Mot qu'on retrouve dans une question posée à tout bout de champ: *What's the craic*? En gros: « Quoi de neuf? » Mais à Dublin, il y a toujours du nouveau. Pour autant, on n'en oubliera pas les valeurs sûres. L'élégant quartier géorgien (XVIIIe siècle), où la bonne société anglo-protestante attendait fébrilement l'ouverture de la « saison des bals » au château du vice-roi. **Guinness Storehouse**, temple consacré à cette *stout*, bière sombre comme la Liffey, fleuve qui traverse la ville. Et Temple Bar pour son *Wall of Fame* et son musée du rock'n'roll, où l'on retrouve U2 et la planète rock.

Session de rattrapage. Vous n'êtes jamais venu à bout de *Ulysse*, roman-fleuve de James Joyce, où Leopold Bloom déambule toute une journée dans le Dublin de 1904? Session de rattrapage chaque samedi à la pharmacie-musée **Sweny**: une lecture publique est donnée en français. *Oh my God*!

JOUR•2

Howth

BONNE PÊCHE

Faites une escapade, juste pour la journée, à Howth, que l'on atteint facilement par le DART (*Dublin Area Rapid Transit*) ou à vélo. C'est à une quinzaine de kilomètres. Sur place, que du bonheur! Dans cet adorable port de pêche, les *Dublin Bay prawns* (langoustines) sont à déguster. Osez le Cliff Path, un sentier panoramique sur les « toits » de Howth (environ 6 km). Pour un peu, on se croirait dans les Cyclades: maisons blanches, portes bleues.

JOUR•3

Newgrange

Les couloirs du temps. On saute dans le train pour Drogheda (comptez 30 minutes). À l'arrivée, un bus Éireann ou un vélo (loué), en quelques coups de pédales le long de la Boyne, vous emmène à Newgrange. Ce site néolithique affiche plus de 5 000 ans au compteur. Choisissez l'option qui vous permet d'entrer, avec un guide *of course*, dans le couloir qui mène à la chambre funéraire, enfouie sous des tonnes de pierre. L'expérience vous prend aux tripes. Et vous poursuit dans le train de retour à Dublin.

Fiat Lux. Quelques jours avant et après le solstice d'hiver (18-23 décembre), au lever du soleil, si soleil il y a, un flot de lumière envahit naturellement le tumulus de Newgrange : elle pénètre par une petite ouverture – une imposte – au-dessus de l'entrée. Quelques heureux élus, désignés par tirage au sort, peuvent assister à cet incroyable phénomène. Vous voulez en être ? Inscrivez-vous en ligne ou sur place. *Good luck!*

JOUR•4

Kilkenny

Atmosphère, atmosphère...

Au bout d'une heure et demie, le train vous dépose à Kilkenny. Du château à sa cathédrale, c'est une cité médiévale bien conservée. À ne pas manquer : la petite grimpette acrobatique par des échelles en bois, dans la tour (IXe siècle, s'il vous plaît) de St Canice. Au sommet ? Une vue prodigieuse sur la ville. L'exploit mérite une *Smithwicks*, une bière rousse, bien qu'elle ne soit plus brassée sur place.

Fantômes.

À la nuit tombée, les venelles pavées de Kilkenny se prêtent à un *ghost tour*, pour traquer le fantôme de la Dame Blanche qui hanterait le château, ou celui de Petronella condamnée au bûcher pour sorcellerie. Selfie de rigueur pour immortaliser la tenue prêtée pour la circonstance !

JOUR•5 Waterford

La cité du cristal. Une bonne demi-heure de train et vous voici à Waterford. Fondée par les Vikings, elle a fêté son 1100e anniversaire. Respect. Reginald's Tower, le Medieval Museum à l'architecture intrépide, etc. Ses musées vous content cette longue histoire, pleine de bruit et de fureur. Allez admirer aussi les souffleurs de verre en pleine action dans la manufacture de cristal (**House of Waterford Crystal**). Et pour entamer la nuit ? Direction Apple Market, une rue partiellement couverte, ou encore John Street, où se concentrent des pubs *trendy* comme **Geoff's** et **Davy Macs**.

JOUR•6 Waterford-Dungarvan

En selle ! À ce jour, c'est la plus longue des voies vertes en Irlande : 46 km. Mais en saison, votre loueur de vélos (ou d'e-bikes) peut assurer votre « rapatriement » à Waterford en minibus, moyennant un léger supplément. Le réseau local de bus est aussi à même de vous rendre ce service, les vélos pouvant être pris en charge. Le point d'orgue de cette cyclo-rando ? Le *Golden Mile* autour de Durrow. Sur 2 km, on enchaîne viaduc, gorge *atmospheric* avec ses lianes et ses fougères, et arrivée sur la mer. Et pour fêter ça : le restaurant **The Tannery** à Dungarvan. Au menu : cuisine créative et locavore.

JOUR•7 Cahir

Quel cinéma ! Entre Waterford et Tipperary, le train s'engage dans le *Golden Vale* (littéralement le « vallon doré »), avec ses riches pâturages, ses pommiers et ses gares construites au XIXe siècle dans le plus pur style néogothique *(gothic revival)*, dont raffolait l'époque. Il serait dommage de ne pas faire une étape à Cahir où un château fort magnifiquement préservé campe sur la Suir. Surtout si vous êtes cinéphile.

À (RE)VOIR

Stanley Kubrick, *Barry Lyndon*. Le campement prussien, c'était Cahir Castle. John Boorman, *Excalibur*. L'assaut de la forteresse, la bataille sur les remparts… Cahir Castle encore.

JOUR•8 Cork

Les cloches de Shandon. Certains en parlent comme d'une petite Venise. Il est vrai que l'eau y est omniprésente. Le centre-ville se blottit sur une île que la Lee, aujourd'hui domestiquée, enserre. On peine parfois à saisir ce qui fait le charme indéfinissable de cette cité remuante. Que vous conseiller? Se perdre dans l'enchevêtrement de ses ruelles? Se laisser glisser au fil de l'eau, dans un kayak, sous ses innombrables ponts? Si vous voulez assurer: sur la colline de Shandon, grimpez dans le clocher de St Anne's Church (132 marches tout de même) pour jouer, maladroitement, les carillonneurs. Ding, deng, dong... Explorez aussi le « ventre » de Cork: l'**English Market**. Un marché couvert où l'on s'approvisionne en fromages, *spicy beef* (bœuf épicé), saumons fumés, *crubeens* (pieds de porc)...

Ça swingue. Dans la ville la plus jazzy, on retrouve régulièrement le tromboniste-compositeur-arrangeur Paul Dunlea au **Crane Lane Theatre**.

JOUR•9

Cobh et Spike Island

Que d'émotions! Laissez-vous tenter par une excursion à Cobh. En une vingtaine de minutes, depuis Cork, on rejoint par le train ce port charmant aux maisons bigarrées. Probablement, vous allez vous laisser entraîner dans un curieux voyage virtuel avec le *Titanic Experience*. Dans les anciens locaux de la compagnie maritime, votre billet d'entrée vous attribue l'identité de l'un des 123 passagers, qui embarquèrent, ici, en avril 1912, sur ce géant des mers. Parmi eux, il y avait beaucoup de 3e classe. Seulement 44 survécurent. En ferez-vous partie? Suspense. Vous n'êtes pas au bout de vos émotions: en dix minutes, un ferry peut vous transporter au large de Cobh, où cette fois, vous vous retrouvez à la case prison: celle de Spike Island. Cet ancien établissement pénitentiaire, où croupirent plus de 2000 détenus, se visite. Même à la nuit tombée! Brrr... Attention! Le dernier train pour Cork est à 23 h.

Midleton

Sláinte (Santé)! À Midleton, accessible par train depuis Cork ou Cobh, Jameson a relocalisé depuis 1975 la production de ses whiskeys. Si votre budget n'est pas trop serré, vous visiterez la distillerie, en petit comité (maximum 15 personnes) et dans les coulisses *(behind the scenes)*, avant de revenir pour une autre nuit à Cork.

JOUR•10

Killarney National Park

Au vert. Quittez Cork de bon matin, afin de gagner par le train Killarney et vous mettre au vert pour la journée dans son parc national. 10 000 ha à parcourir à pied, à vélo, en calèche, en bateau, à vous de choisir ! Vous comprendrez très vite pourquoi la reine Victoria et ses dames d'honneur, hébergées à Muckross House, revinrent en 1861 enchantées du voyage.

JOUR•11
Limerick

Le temple du rugby. Dites définitivement adieu à Cork et rejoignez Limerick *by train*. Si d'aventure Frank McCourt – l'auteur des *Cendres d'Angela*, roman autobiographique qui a fait un carton – revenait dans la ville de son enfance, il ne la reconnaîtrait sans doute pas. Limerick n'a plus rien de la ville misérable qu'il a connue. Certes, le château du roi Jean sans Terre (qui n'y est jamais venu) est toujours là. Reconverti en musée, il a oublié d'être ennuyeux. L'autre grand monument de la cité est aujourd'hui Thomond Park Stadium, le temple du rugby. Il y règne une ambiance folle les jours de match, où le stade est plein à craquer (25 000 places). Hors matchs, une visite vous introduit dans les coulisses de ce sanctuaire, vestiaire des joueurs compris. Allez ensuite vous promener sur les berges joliment aménagées du Shannon avant de prendre un *high coffee* chez **House**, où le café brille par son absence, mais chut... *Spoiler* !

Street art. Les murs de Limerick se prennent pour des toiles. Ouvrez l'œil! Castle Street cache le portrait de Dolores O'Riordan (la chanteuse aujourd'hui disparue des *Cranberries*) réalisé par Aches, Roches Street abrite *Les Pêcheurs* de Fintan Magee...

JOUR•12
Galway

Show devant. À deux heures de train de Limerick, Galway, c'est l'effervescence faite ville, même en dehors de l'un de ses nombreux festivals (une centaine!) ou de ses courses hippiques l'été (*Galway races*), événement mondain s'il en fut. On prend un plaisir fou à déambuler dans son *Latin Quarter*, quartier piéton où le passé médiéval de la ville ressurgit par bouffées. Mimes, acrobates, chanteurs des rues y font le show. Les spectateurs font cercle autour d'eux, applaudissent... *Music tonight*: les pubs à touche-touche rameutent le public pour le soir même. Galway est une scène géante, dont nul ne connaît par avance le programme. Vous voulez une adresse pour déjeuner ou dîner? Allez chez **Tartare Café + Wine bar.** Situé à Claddagh, l'ancien quartier des pêcheurs, le bistrot du chef JP McMahon propose d'excellentes huîtres (de Galway et du Connemara) ainsi que des planches de charcuterie et de fromages (irlandais).

Sous les pavés, la plage. Aux portes de Galway, accessible en bus, la station balnéaire de Salthill offre une très, très longue promenade en bord de mer: *the Prom* (2 km). À arpenter avec *Galway Girl*, tube de Ed Sheeran dans les oreilles.

JOUR•13

On prend le large !

Galway vous ouvre aussi les portes d'une Irlande sauvage, inconnue, avec ses paysages lunaires, ses falaises abruptes et l'océan qui se déchaîne à leur pied. Celle des îles d'Aran. Celle du Burren. Mais il va vous falloir choisir.

Inis Mór. Depuis Galway, un forfait bus+bateau vous permet de passer la journée sur Inis Mór, la plus grande des îles d'Aran. Et là, vous débarquez vraiment sur une autre planète. Sidération devant ses murets en pierre qui se recroisent à l'infini. Fascination à Dún Aonghasa : mystérieux, ce fort préhistorique, perché au sommet d'une falaise, s'ouvre sur un vide vertigineux.

Le Burren. Un second forfait bus+bateau vous permet, toujours dans la journée, une autre découverte hallucinante : celle des paysages lunaires et crevassés du Burren, au sud de Galway. Le bus vous laisse à l'entrée du centre des visiteurs des *Cliffs of Moher* (falaises de Moher). Et à Doolin, un bateau prend le relais pour vous emmener au pied de cette muraille, haute de plus de 200 m, où les macareux viennent nicher en mai-juin. À vos jumelles ! Alors, Inis Mór ou le Burren ? Sacré dilemme.

JOUR•14

Athlone et Clonmacnoise

LA BEAUTÉ DU SHANNON

Sur la « route » du retour vers Dublin, toujours en train, dernier arrêt à Athlone pour quelques heures. On y embarquera pour une mini-croisière paisible sur le Shannon : le bateau vous dépose au pied des ruines majestueuses de Clonmacnoise, une cité monastique fondée au VIe siècle. Une petite merveille. Le bus vous ramènera à Athlone, pour y reprendre le train de Dublin.

CARNET D'ADRESSES

DUBLIN

Marlin Hotel *www.marlinhotel.ie*. En plein centre, des chambres pods (capsules) de 14 m², fonctionnelles, contemporaines. Mais des lits géants. Chambre double : env. 169 €, petit déjeuner inclus.

CORK

Hotel Montenotte *www.themontenottehotel.com*. Un peu excentré (1 km de la gare) mais romantique. Jardin, piscine et… salle de cinéma. Chambre double : env. 180 €.

KILKENNY

Hibernian Hotel *www.kilkennyhibernianhotel.com*. Déco design dans un hôtel particulier victorien entièrement restauré. Chambre double : env. 150 €.

LIMERICK

N°1 Pery Square *www.oneperysquare.com*. Dans le quartier georgien, l'hôtel est un petit bijou. Chambre double : env. 150 € (en paiement anticipé).

WATERFORD

Treacy's Hotel *www.treacyshotelwaterford.com*. Un hôtel 3-étoiles classique (avec piscine et sauna) à 300 m de la gare. Avec un loueur de vélos à sa porte. Chambre double : env. 96 €.

GALWAY

Snoozles Forster St Hostel *www.hostelworld.com*. Près de la gare, une nouvelle génération d'auberges de jeunesse. Chambre double : env. 110 € (avec salle de bains), petit déjeuner inclus.

02 Les Highlands en cinémascope

10 jours

Écosse

Tous les sortilèges du Nord-Ouest écossais réunis dans un même rail & bus *trip* de 1000 km au départ de Glasgow, avec deux incursions dans les îles Hébrides intérieures : Skye, Mull ou Lismore. Bien sûr, il y aura des moutons – beaucoup de moutons ! – et des averses, mais aussi… des éclats de soleil quasi surnaturels.

PARIS

GLASGOW

Paris-Londres (Eurostar, 2 h 15), puis Londres-Glasgow (4 h 30).

Vol Paris-Glasgow (2 h).

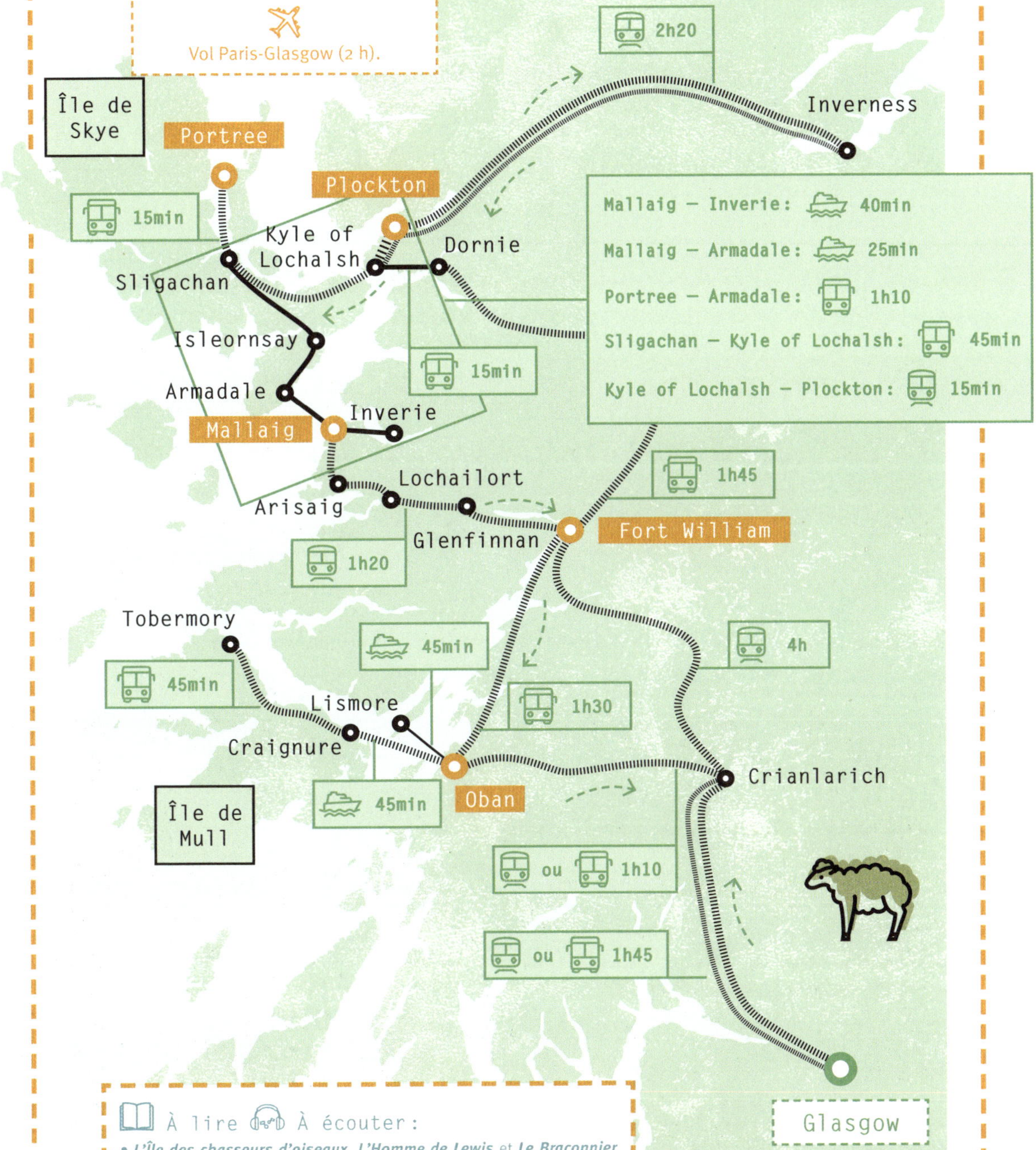

À lire À écouter :

- ***L'Île des chasseurs d'oiseaux***, ***L'Homme de Lewis*** et ***Le Braconnier du lac perdu*** (Actes Sud) - la trilogie du génial **Peter May**, à lire au coin d'un bon feu de tourbe.
- ***Le Poinçonneur Hines***, **James Kelman** (Métailié).
- ***Rob Roy***, **Walter Scott** (Robert Laffont).
- **An Dàn** : ***Gaelic Songs for a Modern World*** de **Mary Ann Kennedy**.

JOUR•1

Glasgow

Pour bon nombre de touristes pressés, Glasgow se résume à Buchanan Street, l'artère shopping qui relie entre elles les deux gares de Glasgow, Central Station et Queen Street. Or, il y a, dans le centre et à proximité, plusieurs pépites tel la Lighthouse de l'architecte C.R. Mackintosh ou, au bout de George St, la Necropolis. Grimpez-y ! Elles offrent de belles vues sur la ville.

Quant au West End, à 20 minutes de marche par la Sauchiehall St, il vous révélera une tout autre facette de Glasgow, plus verdoyante, étudiante et bohème. Flânez dans le parc de Kelvingrove et dans le musée du même nom avant de monter par Kelvin Way vers le quartier de Hillhead où les ruelles *(lanes)* ont un petit air de village. Chemin faisant, vous pourrez visiter la maison (reconstituée) de C.R. Mackintosh. Retour au centre par Bank St et Great Western Rd. Le soir ? Essayez d'assister à un concert : il y en a une centaine chaque semaine !

JOUR•2
Glasgow-Crianlarich-Fort William

C'est à la gare de Queen Street que débute votre aventure sur la West Highland Line, joyau du réseau ferroviaire écossais. Durant la première demi-heure, la ligne se contente d'égrener les faubourgs de Glasgow en paressant le long de l'estuaire de la Clyde, mais à l'approche de Garelochhead, le décor change du tout au tout ! On se retrouve en pleine nature, dans les Hautes-Terres (*Highlands*), en train de jouer à cache-cache avec les lacs et les fjords : à gauche le **Loch Long** ; à droite, le **Loch Lomond**.

Next stop : Crianlarich/A' Chrìon Làraich (écoutez les annonces : en Écosse, la prononciation des noms de lieu, c'est déjà tout un voyage !). Quelques passagers descendent pour randonner sur le GR « West Highland Way » (154 km). Restez dans le wagon : le plus beau est à venir. Après Bridge of Orchy, le vert cède la place au jaune paille, le regard se perd dans un espace gorgé d'eau, de mousses et de tourbe : le **Rannoch Moor**, sublime sous un rayon de soleil. Pas âme qui vive à l'horizon : vous êtes dans l'une des régions les plus désertiques et lunaires d'Écosse… En fin de journée, arrivée à Fort William.

JOUR•3
Autour de Fort William

Pour vous aider à vous oxygéner les poumons après une demi-journée passée en train, Fort William, « capitale » du Lochaber et de l'activité de plein air, a plusieurs cordes à son arc. Le grand classique ? L'ascension, en 8 heures aller-retour, du plus haut sommet du royaume, le Ben Nevis (1 344 m), au départ du Glen Nevis Visitor Centre. Deux autres options moins éreintantes : la balade dans la verdoyante vallée en contrebas (Glen Nevis) et l'ascension en *gondola* (« téléphérique ») de l'Aonach Mòr, 1 221 m.

JOUR•4

Au royaume des lochs

FORT WILLIAM-DORNIE

Par la vitre du bus Citylink qui, tous les jours, vers 10 h, quitte la gare routière de Fort William en direction de Kyle of Lochalsh, le voyageur verra défiler tout ce qui fait la magie du Lochaber: les flancs du Ben Nevis, les eaux sombres du Loch Lochy... Passé les bois d'Invergarry, la route dévale l'écheveau des lacs – le Garry, le Loyne et le Cluanie – avant de glisser dans la longue vallée de Glen Shiel. Déjà, le massif des Five Sisters pointe son nez. Vous serez vers midi à Dornie...

DORNIE-KYLE OF LOCHALSH-PLOCKTON

... pour photographier sous toutes les coutures le célébrissime château d'Eilean Donan, juché sur un îlot du Loch Duich. Vous avez même le temps d'y déjeuner: le bus suivant passe vers 15 h 30. Une fois à Kyle of Lochalsh, on vous suggère de prendre vers 17 h la « Kyle Line » et de descendre à Plockton, un amour de mini-port, avec de jolis points de vue sur le Loch Carron et de la musique *live* au pub!

JOUR•5 La Kyle Line

Et si vous profitiez de votre séjour à Plockton pour faire un court aller-retour à Inverness? Même sous les nuages, la Kyle Line offre, en sillonnant le Glen Carron et le Strath Bran, une belle tranche de nature brute. Le premier train de la journée s'adresse aux lève-tôt mais celui de midi vous laisse trois bonnes heures à Inverness. Vous préférez rester à « Ploc »? Au port, Calum organise des sorties en mer « spéciales phoques », *calums-sealtrips.com.*

JOUR•6 De Plockton à Portree (Skye)

Même s'ils sont boueux par endroits, les sentiers de Plockton se prêtent à la balade. Comme votre train pour Kyle of Lochalsh ne part qu'à 11 h 15, vous avez le temps de descendre à la crique de **Port Luinge** (2 km A/R au S-O de la gare). À Kyle, le bus Citylink de 12 h 15 vous déposera sur l'île de Skye où l'on parle encore gaélique. Une suggestion: arrêtez-vous à Sligachan pour déjeuner et contempler depuis le torrent le massif des Cuillin. Vers 17 h, un autre Citylink vous conduira au chef-lieu de l'île, Portree, autre port croquignolet à souhait.

JOUR•7

Et vogue le navire !

PORTREE-ARMADALE-MALLAIG

Pas de voie ferrée sur l'île : pour rallier Armadale Pier, on prend le bus 52 de 9 h (ou le taxi, le bus ne circulant ni le samedi ni le dimanche) et on se laisse porter vers la péninsule de Sleat. La route vous montrera, à gauche, les jolis cottages tout blancs du hameau d'Isleornsay ; à droite, les ruines plus austères du château du clan MacDonald. À l'arrivée : l'embarcadère du ferry qui relie huit fois par jour en haute saison Armadale à Mallaig.

AUTOUR DE MALLAIG

De mai à septembre, vers 14 h, un bateau part du vieux port de Mallaig pour voguer vers un autre bout du monde : Knoydart, l'une des péninsules les plus isolées du royaume (aucune route n'y mène !). Montez à bord : la croisière a du charme, surtout lorsque les dauphins sont de la partie. Une fois débarqué(e) à Inverie, vous pourrez commander un verre au pub et le siroter dans un transat face à la mer. Ou prendre de la hauteur pour admirer la vue sur le Loch Nevis. Bateau du retour : 18 h 30 !

JOUR•8
Comme dans un film

MALLAIG-FORT WILLIAM

Lorsqu'il fut inauguré en 1901, ce tronçon de ligne servait surtout à transporter vers Glasgow les tonnes de harengs pêchés et fumés à Mallaig. Aujourd'hui, 3 ou 4 trains l'empruntent chaque jour à petite vitesse pour le plus grand bonheur de leurs passagers. Rien n'y manque : après Morar, l'anse sablonneuse de Camusdarach ; au large d'Arisaig, l'île d'Eigg ; après Lochailort, le très romantique Loch Eilt. Le clou du spectacle ? Glenfinnan, le viaduc aux 21 arches, cher aux fans de *Harry Potter*. Au bout du dernier fjord surgit le Ben Nevis.

FORT WILLIAM-OBAN

De la gare routière de Fort William, le bus 918 part vers 17 h (sauf le dimanche) pour vous conduire à Oban en longeant le Loch Linnhe. Choisissez un siège du côté droit et écarquillez les yeux pour ne pas manquer vers 18 h, planté au milieu de la mer, le Château de Stalker, où se déroule la scène finale du film *Monty Python : Sacré Graal !* Décidément, l'Écosse est un vrai plateau de tournage...

JOUR·9

Oban et les îles

Aujourd'hui, vous avez quartier libre ! Tout est possible : flâner en ville jusqu'à la McCaig's Tower, déjeuner sur les quais (Oban est la championne hors pair des plateaux de fruits de mer), embarquer pour les îles... En moins d'une heure de ferry, vous pouvez rallier Mull qui a son lot de paysages en cinémascope (et un port craquant : Tobermory, accessible en bus 95 depuis Craignure). S'il ne pleut pas, la longue île de Lismore réserve aussi de bonnes balades champêtres au grand air.

JOUR•10

Oban-Crianlarich-Glasgow

Dans son infinie sagesse, la gare d'Oban met chaque jour à votre disposition 4 ou 5 trains pour regagner Glasgow. Tous cheminent vers l'est avec le même allant, en laissant à droite la forêt de Fearnoch, à gauche les eaux lisses du Loch Etive, avant de ralentir – devant le risque de chutes de pierres – dans le défilé de Brander. Si le soleil daigne se montrer, vous verrez peu à peu s'évaser le Loch Awe (pour savoir comment cela se prononce, cliquez sur *forvo.com*!). Après les ruines du **Kilchurn Castle**, berceau du clan Campbell of Glenorchy, vous zigzaguerez au milieu des landes spongieuses du Glen Lochy.

À Crianlarich, le train vire au sud ! C'est un tronçon de la West Highland Line que vous avez déjà parcouru, mais quelques détails vous avaient peut-être échappé à l'aller : les blanches cascades du Glen Falloch ou, peu après Ardlui, l'îlot d'Eilean I Vow avec les ruines du château du clan MacFarlane.

CARNET D'ADRESSES

GLASGOW

Cathedral House, *cathedralhouse-glasgow.com*, un hôtel au style féodal qui fait face à la cathédrale et à sa célèbre nécropole. Chambre double : env. 160 €.

FORT WILLIAM

The Garrison, *thegarrisonhotel.co.uk*, un commissariat de police converti en boutique hôtel. Chambre double : env. 175 € petit déjeuner inclus.

PORTREE

The Bosville, *perlehotels.com*, un petit hôtel très soigné pour dormir au cœur de Portree. Chambre double : env. 200 € petit déjeuner inclus.

MALLAIG

Morar Hotel, *www.morarhotel.co.uk*, idéalement placé pour un départ vers l'île de Skye en ferry. Chambre double : env. 140 €.

OBAN

Perle Oban, *perlehotels.com*, près de la gare, des chambres avec vue sur mer dans un hôtel victorien. Chambre double : env. 160 € petit déjeuner inclus.

03 Arcs-en-ciel, grand vent et vrai Nord

7 jours

Écosse

Une échappée belle d'un peu plus de 1000 km au départ d'Édimbourg pour découvrir, tout au bout de l'Écosse, parfois sous un ballet d'aurores boréales, de rudes terres cernées de falaises battues par le vent. Un voyage frais et intense, à déguster à petites gorgées, comme le *single malt*.

PARIS
ÉDIMBOURG

Paris-Londres en Eurostar (2 h 15) puis Londres-Édimbourg en train de nuit (Caledonian Sleeper, 7 h).

Vol Paris-Édimbourg (1 h 50).

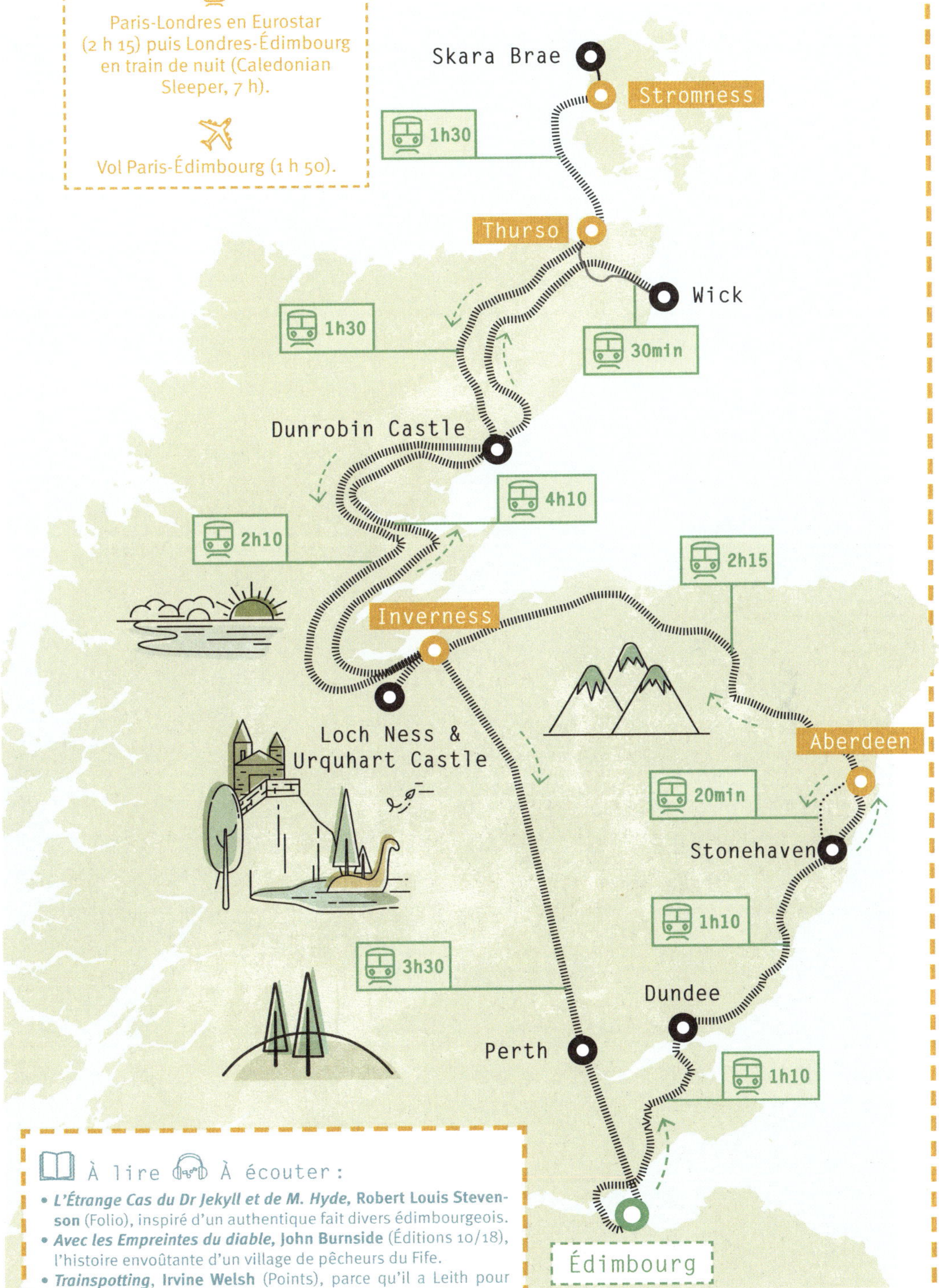

À lire À écouter :

- *L'Étrange Cas du Dr Jekyll et de M. Hyde*, **Robert Louis Stevenson** (Folio), inspiré d'un authentique fait divers édimbourgeois.
- *Avec les Empreintes du diable*, **John Burnside** (Éditions 10/18), l'histoire envoûtante d'un village de pêcheurs du Fife.
- *Trainspotting*, **Irvine Welsh** (Points), parce qu'il a Leith pour toile de fond.
- Le *Lament for the Death of his Second Wife* de **Niel Gow**, magistralement interprété par **Alastair Savage**.

JOUR•1

Édimbourg

Old Town, le vieil Édimbourg, est un enchantement et l'on comprend vite, au vu de ses pavés burinés et de ses escaliers dérobés, pourquoi l'Unesco l'a inscrit sur sa liste du patrimoine mondial. C'est votre première fois dans la capitale écossaise ? Descendez le Royal Mile – la rue qui relie le château au palais – en faisant un crochet par l'épatant National Museum : il vous dira tout ce que vous avez toujours voulu savoir sur l'Écosse.

Envie de sortir des sentiers battus ? Tournez à droite au bout de Princes Street : Queensferry Street vous entraînera vers un ancien hameau de meuniers *(Dean Village)* et le sentier dit *Water of Leith Walkway*. En le suivant, vous parviendrez à une autre enclave de charme, Stockbridge, dotée de jardinets fleuris et d'un formidable Royal Botanic Garden. Retour au centre par la Ville Nouvelle, *New Town*, créée de toutes pièces au XVIIIe siècle.

JOUR•2

Édimbourg-Aberdeen Line

ÉDIMBOURG-DUNDEE

Toutes les heures, un train quitte Waverley Station pour Aberdeen : profitez-en ! Bientôt, vous enjamberez le Forth par un pont de 1890 tout en poutrelles métalliques, le Forth Bridge, et suivrez les berges de l'estuaire jusqu'à Kirkcaldy – ça se prononce *kircoddy* – avant d'entrer dans le vif du sujet : le cœur du Fife, royaume de molles collines et de greens à 18 trous. Les fans de golf descendront à Leuchars (le bus n° 92 les conduira tout droit à St Andrews). Les autres s'arrêteront à Dundee.

DUNDEE-ABERDEEN

Pourquoi Dundee ? Parce qu'il y a là, à un saut de puce de la gare, un musée du design inspiré : le V&A Dundee, doté d'un balcon avec vue sur l'estuaire de la Tay. Après le déjeuner (le café du musée est plein de ressources !), reprenez le train pour Aberdeen : par endroits, il flirte avec la mer du Nord. À Stonehaven, il passe même tout près du château de Dunnottar... Soirée et nuit à Aberdeen.

JOUR•3

Aberdeen et Dunnottar

Et si la troisième ville d'Écosse, surnommée *Granite City*, était moins grise qu'on ne l'imagine ? Son quartier ancien – Old Aberdeen, à 7 minutes de bus du centre – a beaucoup de cachet et le Maritime Museum, près de la gare, ne manque pas d'intérêt (on en ressort incollable sur les forages pétroliers en mer du Nord !). Vers 13 h, attrapez le train pour Stonehaven : du port, un chemin côtier et venteux vous propulsera devant le piton rocheux où le château de Dunnottar défie les éléments depuis le Moyen Âge. Gardez tout de même un œil sur les horaires : de Stonehaven, il n'y a, après 18 h, que six ou sept trains pour rentrer dormir à Aberdeen !

JOUR•4

Entre whisky et Nessie

ABERDEEN-INVERNESS LINE

Ici, pas de tête-à-tête avec la mer: le train préfère traverser en diagonale les terres fertiles du comté d'Aberdeen, constellées de manoirs (on en recense plus de 260), puis celles de Moray, le pays de Macbeth, jalonné de distilleries: 50 dans la seule vallée de la Spey! Vous vous en rendrez compte à partir de Keith: il y a dans l'air un je-ne-sais-quoi de… grisant. La « part des anges » peut-être? Si vous voyagez léger, faites un arrêt à Elgin pour saluer, à 15 minutes de la gare, les ruines de la cathédrale.

LOCH NESS ET INVERNESS

C'est pratique: le train vous dépose juste à côté de la gare routière d'Inverness d'où partent les bus qui desservent le Loch Ness. Choisissez celui qui s'arrête à Urquhart Castle: de ses ruines, vous aurez tout loisir de scruter les eaux sombres du lac à la recherche du légendaire Nessie. Vous préférez rester en ville? Baladez-vous sur les berges de la Ness jusqu'à l'Old High Church et grimpez au château: la vue n'est pas mal non plus!

JOUR•5

Cap au Nord !

LA FAR NORTH LINE

C'est LA voie ferrée qui vous montrera l'Écosse sous son jour le plus… nordique – surtout à partir d'Altnabreac – mais rassurez-vous : les wagons qui sillonnent les 270 km d'Inverness à Wick sont de chaleureux cocons où vous pourrez, bien calé sur votre siège, savourer chaque pan du paysage. Alors, prêt à affronter le vrai Nord et la solitude des verts abîmes ? Attention : il y a quatre trains par jour en semaine, mais un seul le dimanche !

THURSO OU WICK ?

L'éternel dilemme ! Si vous arrivez dans le grand Nord par le premier ou le deuxième train de la journée, on vous suggère de faire une courte pause à Wick, terminus de la Far North Line, avant de repartir pour Thurso, la gare la plus septentrionale du royaume. À Thurso, le froid pique autant qu'à Wick, le port est moins riant mais par temps clair on aperçoit les îles Orcades ! On peut même s'y rendre (le ferry part de Scrabster).

JOUR•6 Retour à Inverness

THURSO-DUNROBIN CASTLE

Et hop, on rebrousse chemin sur la Far North Line ! Le deuxième train de la journée s'ébranle vers 8 h 30 : c'est celui qu'il faut prendre si l'on veut visiter dès 10 h Dunrobin Castle, le château des ducs de Sutherland (au XIXe siècle, ils comptaient parmi les plus grands propriétaires fonciers d'Écosse). Comme le train s'arrête en gare de Dunrobin *on request*, « à la demande », pensez à appuyer sur le bouton ! Le prochain passe vers 14 h 30, ce qui vous laisse le temps d'explorer jardins, musée, *tea rooms*...

DUNROBIN CASTLE-INVERNESS

Du quai de la gare-chalet de Dunrobin, faites un signe au conducteur : il vous emmènera tout droit à Inverness. Certes, vous connaissez déjà le paysage, mais peut-être n'aviez-vous pas vu à l'aller, peu après Golspie, sur les rives du Loch Fleet, les beaux bois de Balblair ; juste avant Culrain, le château hanté de Carbisdale ; et juste avant Tain, sur l'autre rive du Dornoch, le château de Skibo où... Madonna a célébré son mariage en 2000 !

JOUR•7

Inverness-Édimbourg

Retour à Édimbourg en empruntant, cette fois, la Highland Main Line, la ligne à voie unique qui chemine au pied du massif enneigé des Cairngorms : vous le verrez dès Aviemore culminer à 1309 m. Passé Newtonmore où se niche un écomusée très attachant (le Highland Folk Museum), le train se faufile dans le val de Truim pour rejoindre le romantique comté de Perth, une région de forêts émaillées de cascades, berceau du plus grand violoniste écossais du XVIIIe siècle, Niel Gow.

INVERNESS-ÉDIMBOURG : UNE ALTERNATIVE... BUISSONNIÈRE

D'Inverness, une autre voie ferrée – la Kyle Line – permet, 4 fois/j. (2 fois le dim.), de gagner la côte ouest des Highlands en version cinémascope (p. 19)! Une fois à Kyle of Lochalsh, on peut rallier Fort William en bus (Citylink, 3/j.) puis descendre en train jusqu'à la gare de Queen Street (Glasgow), reliée à Édimbourg par de très nombreux trains. Vous aurez fait le tour de l'Écosse !

POUR PROLONGER LE SÉJOUR

LES ÎLES ORCADES

Vous disposez de 2 jours supplémentaires ? Embarquez, à Scrabster, sur le ferry de 8 h 45 : 90 minutes plus tard, bravant écueils et rouleaux, vous serez arrivé à Stromness. Impossible, bien sûr, d'explorer tout l'archipel en 2 jours, mais c'est assez pour en prendre plein les yeux : phoques, macareux, mégalithes… De Stromness, le bus 8S peut même vous approcher du village de Skara Brae, resté enfoui sous le sable des millénaires durant.

CARNET D'ADRESSES

ÉDIMBOURG

Apex Waterloo Place Hotel, *www.apexhotels.co.uk*, un cadre de charme à deux pas de Waverley Station. Chambre double : env. 150 €.

ABERDEEN

Palm Court Hotel, *www.palmcourthotel.co.uk*, décor moderne et bon emplacement. Chambre double : env. 90 € petit déjeuner inclus.

INVERNESS

Heathmount, *www.heathmounthotel.com*, élégant et éclectique boutique hôtel à 5 min à pied de la gare. Chambre double : env. 150 € petit déjeuner inclus.

THURSO

Melvich Hotel, *www.melvichhotel.co.uk*, pour déguster son petit déjeuner dans un jardin avec vue imprenable sur la mer. Proche du ferry. Chambre double : env. 100 € petit déjeuner inclus.

STROMNESS

Ferry Inn, *www.ferryinn.com*, face au port, une poignée de chambres basiques, mais pratiques. Chambre double : env. 120 € petit déjeuner inclus.

04 Le Best of du Brit Art

6 jours

Angleterre, Écosse

Graffitis, *rooftops* et docks flottants. La scène culturelle britannique ne se limite pas à Londres! Un itinéraire branché et urbain pour prendre le pouls de la vitalité et de la diversité artistique outre-Manche.

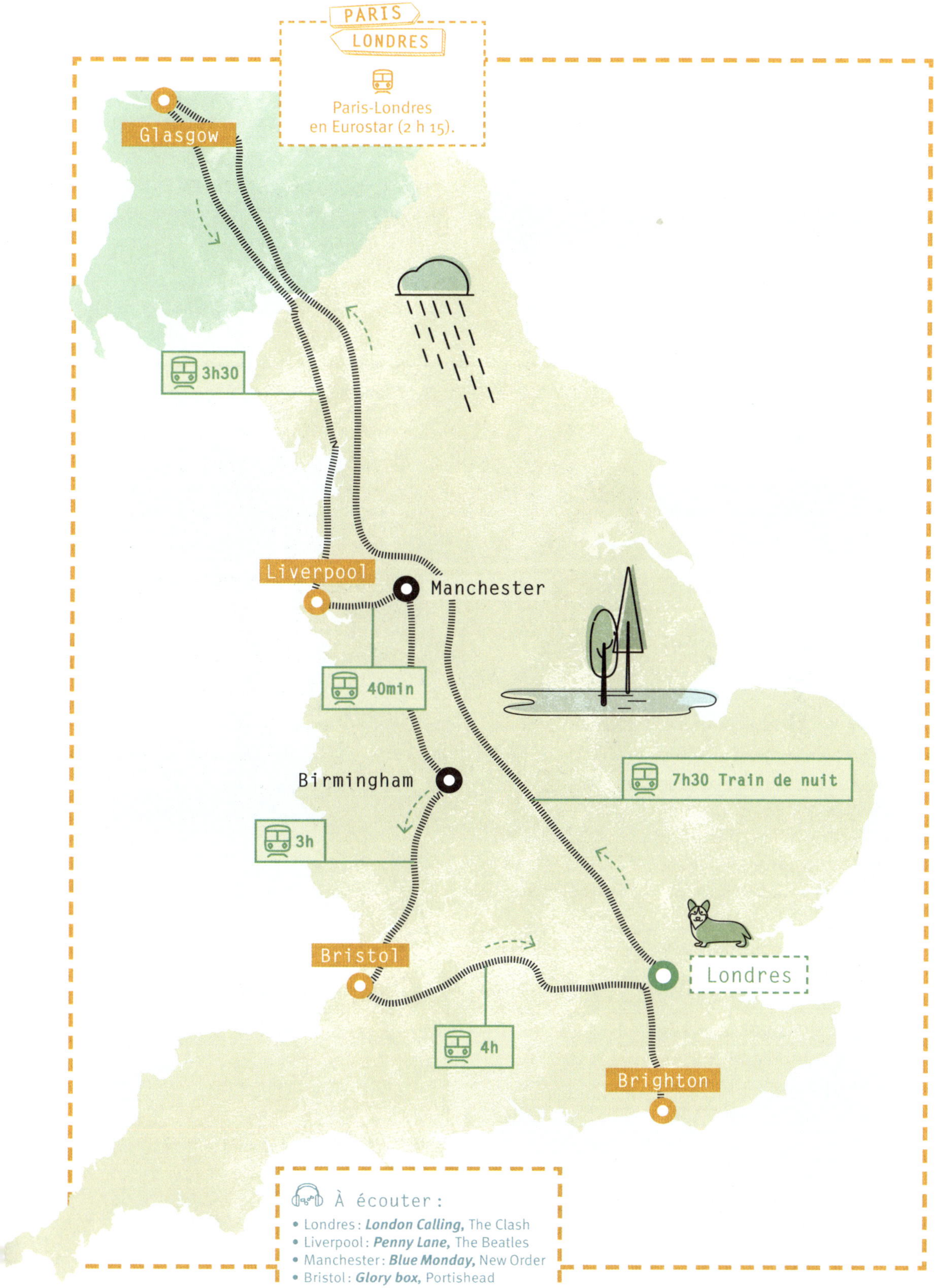

À écouter :

- Londres : ***London Calling,*** The Clash
- Liverpool : ***Penny Lane,*** The Beatles
- Manchester : ***Blue Monday,*** New Order
- Bristol : ***Glory box,*** Portishead

JOUR•1

Londres

Lorsqu'on n'a qu'une journée à Londres, choisir un tour thématique permet d'être stratégique. Sans pitié, on zappe Buckingham Palace et Madame Tussauds, et on se concentre sur le côté arty, effervescent et audacieux. On attaque par un petit déjeuner à la **Brasserie du Sky Garden**, jardin luxuriant au 36e étage du gratte-ciel surnommé le « Talkie-Walkie », perchoir idéal pour peaufiner le programme. Puis direction la Tate Modern, usine électrique désaffectée superbement convertie en temple de l'art contemporain. Ne manquez pas le point de vue panoramique du restaurant du 10e étage ! Le hall des turbines accueille des installations monumentales et déroutantes. Poursuivre la balade sur les berges de la Tamise, c'est prendre un bain de culture : entre le Shakespeare Globe Theatre, les festivals en série, le skate-park mythique de Southbank et les graffeurs en action dans le tunnel Banksy… ça bouillonne ! Enfilez ensuite vos baskets les plus branchées pour vous fondre parmi les hipsters de Shoreditch. Accordez-vous enfin une soirée magique au **Queen of Hoxton**, *rooftop* aux thématiques éphémères. Mais gardez un œil sur la montre, le train part peu avant minuit !

SHOREDITCH, TEMPLE DE LA BRANCHITUDE

On peut y flâner à son rythme : on zigzague entre les œuvres de *street art* – gigantesques ou discrètes ; on fait une pause à un *food truck*, on cherche la perle vintage chez les disquaires et les friperies de Brick Lane. Ou alors on réserve un tour guidé avec **Unseen Tours**, une association employant d'anciens sans-abri du quartier qui partagent avec humour et professionnalisme leur perspective unique.

Une nuit à bord du « Caledonian Sleeper »

De St Pancras International, la gare de Euston n'est qu'à 15 minutes à pied. Munis de votre BritRail Pass, vous pouvez sauter dans le train de nuit. De tout nouveaux wagons ont été mis en circulation en 2019, avec 1 ou 2 lits, équipés d'un lavabo, d'une carte pour fermer à clé, de prises USB et du wifi gratuit. En classe « Club », les voitures sont également équipées de toilettes et d'une douche, et l'on vous servira un petit déjeuner… on ne peut plus *british* ! Pour goûter à l'Écosse avant même d'être arrivé(e), on s'installe dans la voiture-restaurant qui propose un ample choix de spécialités écossaises, dont le *haggis, neeps and tatties*, plat national, ainsi qu'une douzaine de whiskies. Arrivée en gare de Glasgow à 7 h 20.

JOUR•2 Glasgow

Beaucoup délaissent Glasgow pour les lochs ou Édimbourg. Pourtant ce centre industriel et commercial de l'époque victorienne, qui a misé sur la culture pour se réinventer, est à voir. Glasgow cumule les honneurs, avec l'obtention des titres de capitale européenne de la culture, ville de l'architecture et du design, et ville créative de musique. Une double dynamique, institutionnelle et *underground*, y fait foisonner l'art partout et sous toutes ses formes. En une journée, on peut choisir de découvrir la ville sur les traces de l'enfant génial du pays, Charles Rennie Mackintosh, initiateur de l'Art nouveau écossais dont les élégantes lignes verticales ornent ses différentes réalisations, des salons de thé Willow aux maisons qu'il a conçues – telle la folle *House for an Art Lover*, en passant par les fameux musées Hunterian et Kelvingrove.

JOUR•3

Liverpool

Jusqu'à Liverpool Lime St, on compte en moyenne 3 h 30 de trajet, l'occasion idéale d'en apprendre plus sur cette ville portuaire engagée à assumer une histoire douloureuse pour mieux aller de l'avant. Liverpool était une porte majeure du commerce colonial, un lieu d'accueil des émigrants vers le Nouveau Monde et le siège de révolutions industrielles et sociales. Tout en conservant des monuments de l'ère glorieuse, la ville a bénéficié d'un lifting radical, notamment après avoir été déclarée capitale européenne de la culture en 2008. Albert Dock, sur le site des anciens dépôts flottants, est un quartier effervescent, chargé d'art, d'histoire et d'émotions : il abrite le musée maritime, celui de l'esclavage, la Tate Gallery et l'expo « The Beatles Story ». Les locaux vous interpelleront sûrement d'un sympathique *Hey mate !* Et si un match du Liverpool FC se joue ce jour-là... on les suit au pub !

JOUR•4

Manchester

Manchester est à seulement 40 minutes en train de Liverpool. Déambulez dans le Northern Quarter et adonnez-vous à l'*urbex*, activité en vogue qui consiste à visiter des constructions chargées d'histoire et abandonnées. Dans cet ancien quartier industriel et ouvrier, les bâtiments de brique rouge sont envahis par les graffitis et la végétation. Vous entreprendrez une sorte de safari urbain. La journée sera aussi l'occasion de mieux comprendre le rapport obsessionnel que la ville entretient avec la musique, elle qui a vu germer la *Factory*, *Joy Division*, *New Order* puis *Oasis*, *Happy Mondays* et les *Stone Roses*. C'est encore dans le Northern Quarter que vous pourrez faire le plein de vinyles, assister à un concert ou – si vous en avez l'énergie – aller danser aux côtés de clubbeurs exigeants et motivés. Les habitués affirment que le **Koffee Pot** sert le meilleur *english breakfast*, remède miracle en cas de réveil difficile.

UPFEST

Le temps d'un long week-end de juillet, Bristol vit au rythme du plus grand festival gratuit de *street art* et de graffiti d'Europe. La ville devient un immense terrain de jeu pour des artistes du monde entier.

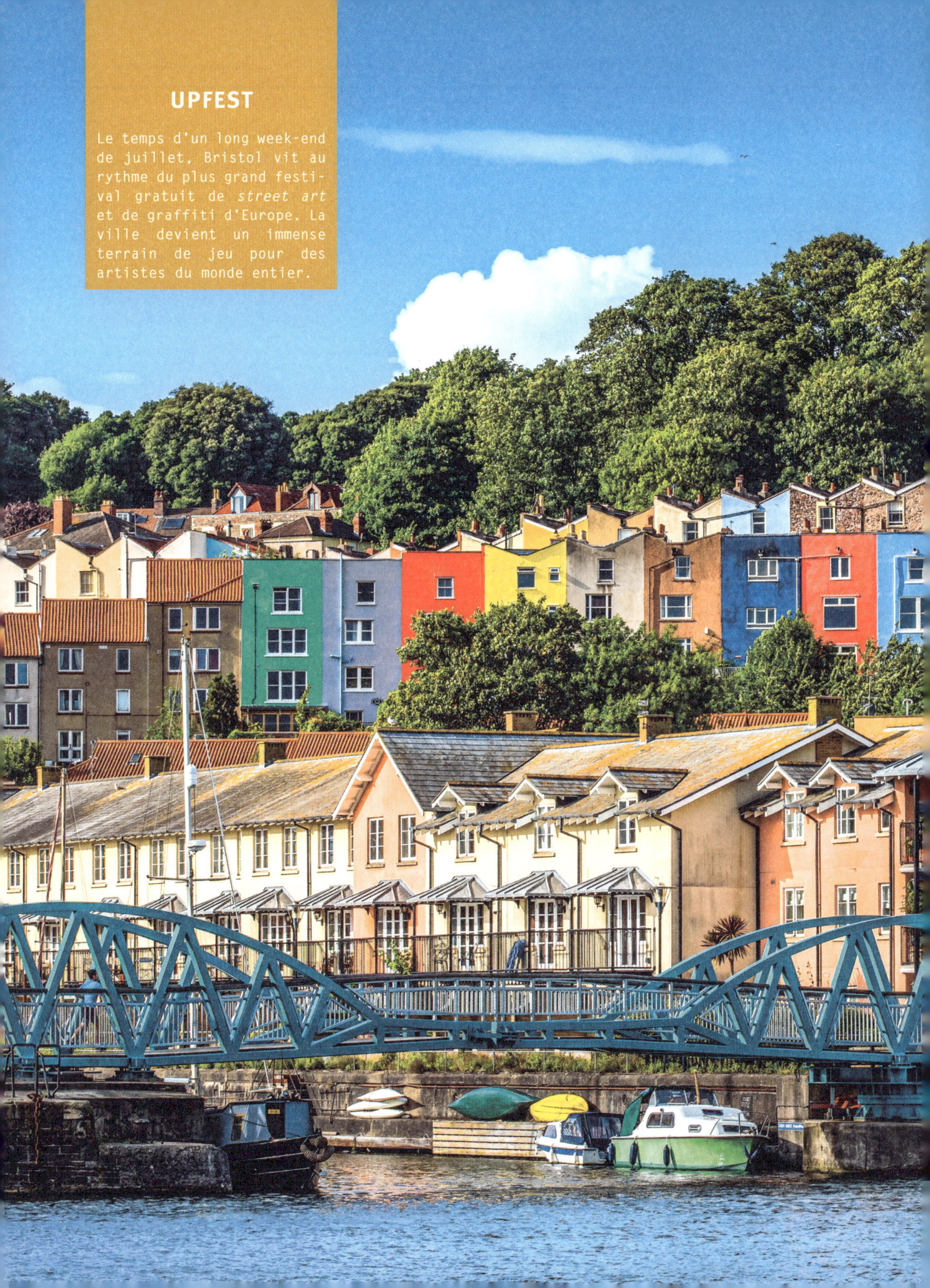

JOUR•5

Bristol

Direction plein sud pour Bristol, à 3 heures de train, avec correspondance à Birmingham ! En sortant de la gare Temple Meads, si on se dirige vers Harbourside, on comprend que Bristol a tous les atouts d'une ville touristique classique. Le port réhabilité est animé à toute heure et offre une vue poétique sur les maisons chics et colorées de Clifton. On peut y visiter la cathédrale gothique, et l'immense bateau à vapeur SS Great Britain, pour avoir une idée de ce qu'étaient les traversées transatlantiques de luxe. Mais il faut pousser plus loin pour saisir ce qui donne à Bristol son supplément d'âme. Berceau de la contre-culture, un mouvement associatif dynamique donne à la ville son caractère multiculturel, indépendant et hyper-créatif. À Stokes Croft notamment, avec ses odeurs de peinture en bombe et le cliquetis des skateboards en fond sonore, les artistes de rue ont pris le contrôle. Vous pourrez même suivre un tour guidé *(wherethewall.com/tours)* sur les traces de Banksy, l'enfant du pays, et de ses acolytes. Bristol ne manque pas non plus d'endroits insolites où passer la nuit : péniches, lofts d'artistes et même caravanes sur le toit !

JOUR•6 Brighton

Une station balnéaire à l'ambiance décontractée et joyeuse! Les liaisons ferroviaires depuis Bristol sont fréquentes mais lentes (3 heures avec changement à Londres, ou 4 heures si directes)… alors on se lève tôt pour en profiter. Brighton attire depuis des décennies la communauté LGBT et les profils créatifs aux looks excentriques. Les locaux sont donc par nature ouverts d'esprit et accueillants. On pourra commencer la journée côté *Lanes*, un dédale de ruelles piétonnes pavées. Pour trouver pâtisseries véganes, bonsaïs, cartes postales irrévérencieuses ou une vieille veste militaire… c'est par là! Puis on s'offre un après-midi côté plage. La célébrissime jetée, Brighton Pier, propose des jeux d'arcade et des manèges rétros. On préfèrera peut-être les transats colorés pour boire un Pimm's sous l'œil rieur des mouettes. Le tout dans une ambiance un brin désuète, baignée d'une douce odeur de *fish and chips*. La caricature n'est jamais loin, mais c'est aussi un peu pour ça qu'on est venu! Pour rentrer en France, on repassera par Londres pour prendre l'Eurostar.

Pour varier les plaisirs, pourquoi ne pas traverser la Manche en ferry? De Brighton, le port de Newhaven est à 30 minutes en train, et de là partent 2 bateaux par jour (3 en été) pour une croisière de 4 heures vers Dieppe.

CARNET D'ADRESSES

LONDRES

CitizenM London Shoreditch, *fr.citizenm.com*, au cœur du quartier hipster. Chambres insonorisées et connectées. Espaces communs agréables à la déco contemporaine et colorée. Chambre double : env. 190 €.

GLASGOW

Malmaison Glasgow, *www.malmaison.com*, un hôtel unique dans une église reconvertie, dont on perçoit encore des éléments au bar. Chambre double : env. 175 €.

LIVERPOOL

Hard Days Night Hotel, *www.harddaysnighthotel.com*, grand confort, plutôt classique mais à la décoration totalement inspirée des Beatles. Chambre double : env. 200 € petit déjeuner inclus.

BRISTOL

Brooks Guest House Bristol, *www.brooksguesthousebristol.com*. Maison d'hôte élégante, décalée, amusante et urbaine. Il est également possible d'opter pour l'une des 4 caravanes américaines Airstream, installées sur le toit, pour une version camping de luxe en centre-ville. Chambre double : env. 120 € petit déjeuner inclus. Caravane pour deux : env. 130 € petit déjeuner inclus.

05 Trésors de Belgique et des Pays-Bas

6 jours

Belgique, Pays-Bas

Au programme : Art nouveau à Bruxelles et Anvers, canaux romantiques à Gand et Bruges, constructions délirantes à Rotterdam, palais majestueux à La Haye… N'oubliez pas votre appareil photo, ces villes sont de vrais joyaux architecturaux ! Les trains régionaux, réguliers et efficaces, permettent de passer de l'une à l'autre en un rien de temps, et surtout de jouer de spontanéité, parce que nul besoin de réserver.

PARIS
BRUXELLES

Paris-Bruxelles
(Thalys, 1 h 25).

LA HAYE
PARIS

La Haye-Rotterdam-Paris
(3 h 20).

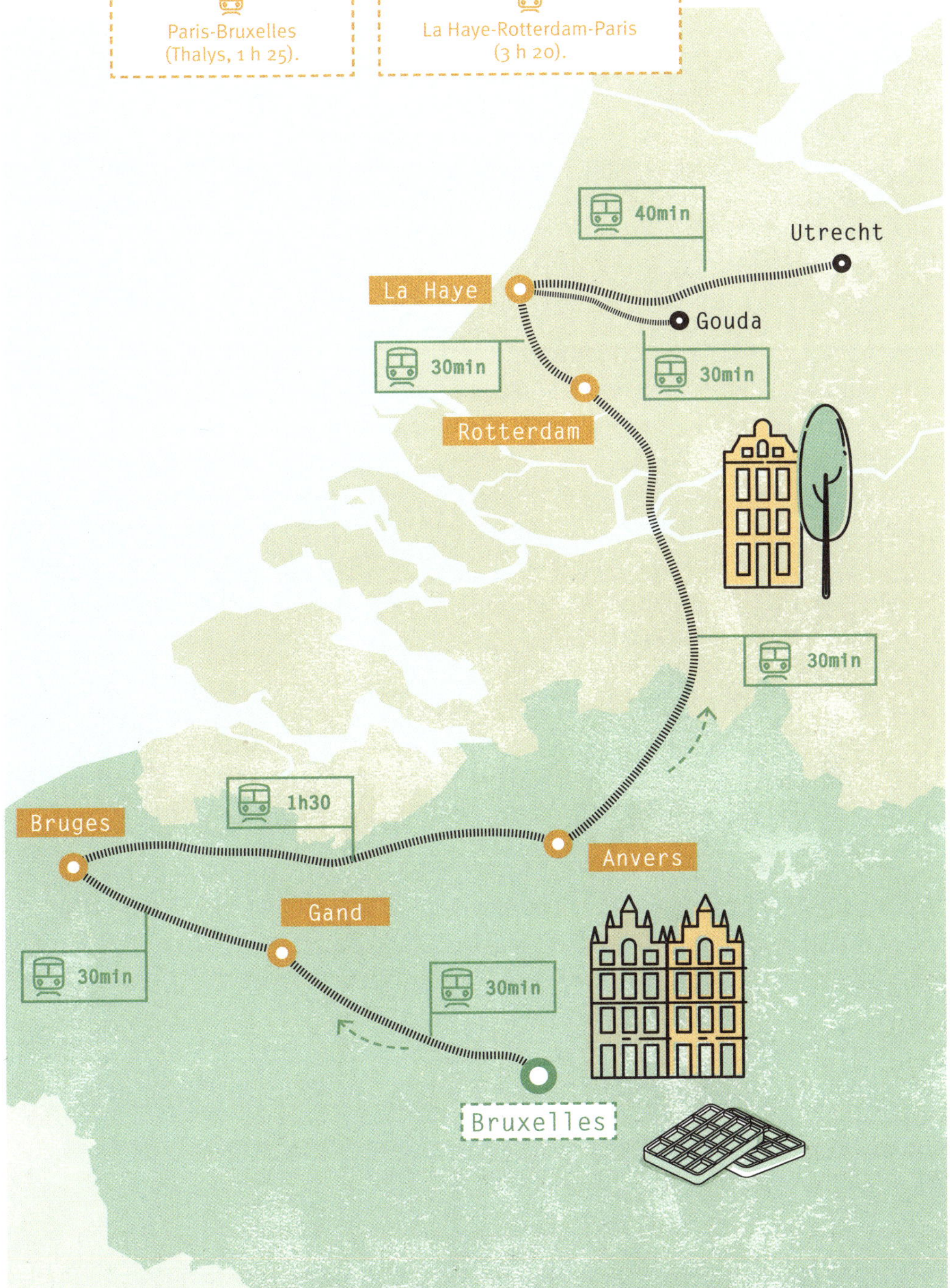

À lire À écouter :

- *Bleu de Delft*, **Simone van der Vlugt** (Éditions 10/18).
- *La Jeune Fille à la perle*, **Tracy Chevalier** (Folio).
- **Jacques Brel, Stromae, Arno**.

JOUR•1 Bruxelles

Parenthèse bruxelloise. Marchez dans les pas de milliers de voyageurs vers la Grand-Place, grandiose avec ses façades gothiques, ses blasons et dorures. Émerveillez-vous devant la verrière des Galeries Royales Saint-Hubert, saluez le Manneken Pis, savourez une bière trappiste dans un estaminet au charme d'antan. Et puis flânez, loin des cartes postales touristiques. C'est ici, après tout, que fut inventé le surréalisme : les surprises abondent !
À chaque quartier son safari urbain : somptueuses façades Art nouveau à Ixelles, fresques spéciales BD à Stalingrad, belles antiquités aux Sablons, causeries et trouvailles au marché aux puces de Marolles, mode avant-gardiste sur Dansart, cafés branchés sur le parvis Saint-Gilles. Rajoutez quelques musées bijoux : celui dédié aux instruments de musique (dans l'ancien magasin Old England), à Magritte, aux locomotives (dans lesquelles vous pourrez monter)... et finissez par un chocolat, une gaufre, ou mieux encore, un spéculoos de l'exceptionnelle **Maison Dandoy**. Vraiment, à Bruxelles, on a toujours le sourire aux lèvres.

JOUR•2

Gand

Embarquez en gare de Bruxelles Midi pour Gand : le trajet de 27 minutes vous laissera à peine le temps d'apercevoir la campagne flamande ! Ne sacrifiez pas Gand au profit de Bruges : cette ancienne cité drapière, qui vit naître Charles Quint, est un véritable bijou médiéval ! Elle intrigue avec ses trois orthographes : les francophones l'appellent Gand (le "d" ne se prononce pas), les Flamands, Gent et les anglophones, Ghent.

Avant de quitter la gare de Gand, construite pour l'exposition universelle de 1913, attardez-vous sur les superbes plafonds peints (décorés de locomotives à vapeur, de roues ailées...) et l'architecture néogothique.

Depuis la gare, vous pouvez remonter la Lys jusqu'au centre historique. Les quais, bordés d'adorables maisons à pignon des XIIe-XVIIe siècles, ont un charme fou.

Pour trouver vos repères dans la ville, levez les yeux ! Trois tours majestueuses, en ligne droite, dominent la cité. S'élève d'abord l'église Saint- Nicolas, bâtie en pierre bleue de Tournai. Suit le beffroi, classé par l'Unesco et couronné d'un dragon protecteur. La somptueuse cathédrale Saint-Bavon conclut le trio. Fierté de la ville, elle abrite *L'Agneau mystique*, chef-d'œuvre des frères Van Eyck. De l'une à l'autre, de petites rues où oublier toute notion du temps. On zigzague avec délice d'une boutique vintage à un bistrot alternatif, d'une microgalerie décalée à une adresse gourmande. Laissez-vous tenter, par exemple, par **Pakhuis** (*www.pakhuis.be/fr/pakhuis*), une brasserie pittoresque nichée dans un ancien entrepôt, où la déco industrielle est sublimée. Ne partez pas sans goûter à la friandise locale, le *cuberdon* : un drôle de cône mauve (son nom signifie « petit nez » en flamand) au cœur de framboise.

GREEN ATTITUDE

Jusque dans l'assiette ! Le jeudi, renommé *Veggiedag* (journée végétarienne), les restaurants mettent les légumes à l'honneur. L'initiative, lancée en 2009, a eu un tel succès qu'écoles et universités ont suivi l'exemple. La ville s'est aussi engagée contre le gaspillage alimentaire.

JOUR•3 Bruges

Inscrite au patrimoine mondial de l'Unesco, elle attire plus de visiteurs encore que Bruxelles. Bruges, sillonnée de canaux, de jolies rues pavées, fait battre un peu plus fort le cœur des amoureux et des poètes. Elle se découvre aussi bien à pied qu'en bateau ou en calèche.

Ne vous pressez pas de rejoindre le centre en bus! Bruges dévoile ses plus beaux décors aux flâneurs... Dirigez-vous vers le Minnewater (ou *Lac d'amour*, peuplé de cygnes), puis remontez le canal jusqu'au cœur historique. Faites un détour par le béguinage, habité aujourd'hui par des religieuses bénédictines, charmant. Envie d'une pause culture? Au choix, côte à côte: l'église Notre-Dame et sa riche collection d'art, dont *La Vierge à l'Enfant* de Michel-Ange, ou le Gruuthusemuseum, manoir retraçant la vie quotidienne locale entre les XVe et XIXe siècles. Très vite, vous arriverez sur Markt, grande place gothique dominée par un beffroi. De là, Blinde-Ezelstraat vous ramène vers le canal... et les plus beaux ponts de la ville. Difficile de résister à l'attrait d'une balade en bateau: c'est au fil de l'eau que Bruges est la plus belle, vue sur les jardins en prime! En fin de journée, éloignez-vous de la foule pour profiter du quartier de Sint Anna – chouchou des habitants –, voire continuer un peu plus haut jusqu'aux moulins de Kruisvest.

JOUR•4

Anvers

Ville natale de Rubens, capitale diamantaire, Anvers brille dès l'entrée en gare. Une vraie cathédrale Art nouveau ! Sublimes façades baroques, musées d'exception, mode audacieuse, fresques de *street art* : cette belle flamande a mille trésors à vous montrer.

Traversez le quartier des bijoutiers pour rejoindre la maison-atelier de Rubens, où il vécut 30 ans jusqu'à sa mort. Meubles flamands, boiseries sculptées, antiquités, tableaux du maître et de ses contemporains : toute la splendeur d'un palais ! Huit autres de ses chefs-d'œuvre sont à découvrir à la cathédrale Notre-Dame. Ses dimensions, imposantes, donnent des airs de miniatures aux délicates maisons des guildes qui l'entourent. Autre incontournable : Plantin-Moretus, seul musée à être inscrit au patrimoine mondial de l'Unesco. Demeure, il y a 400 ans, d'une influente famille passionnée de livres, elle compte entre autres joyaux une incroyable imprimerie du XVIe siècle... Laissez vos pas vous guider ensuite dans le quartier Sint Andries : mode avant-gardiste garantie. Puis direction les docks pour admirer la ville depuis les toits de la tour du MAS, abritant le musée dédié tout entier à Anvers. À deux pas, foncez chez **Lewis** (lewis-antwerp.be), le restaurant tendance d'Anvers. La créativité des districts alentour – Zuid, Eilandje – concluront la journée en beauté.

À rapporter : les petites mains d'Anvers, version biscuits ou chocolats !

Soif

JOUR•5

Rotterdam

Rotterdam, l'air de rien, est toute jeune. 80 ans à peine ! Détruite durant la Seconde Guerre mondiale, elle fit appel aux architectes du monde entier. Un vrai terrain de jeu, toujours en expansion, autorisant les audaces les plus folles… et un sacré contraste avec les villes flamandes que vous venez de traverser. La gare centrale, déjà, donne le ton. Cette flèche stylisée, tournée vers le centre-ville, est recouverte de panneaux solaires. De là, louez un vélo, le moyen le plus efficace pour explorer la métropole. Premier arrêt : kijk-kubus, de drôles de maisons cubes jaune vif (dont l'une est ouverte au public, 3 €), présentées comme des dés en équilibre. Autre icône, tout proche : **MarktHal**, d'immenses halles gourmandes en forme de fer à cheval. La voûte interne est habillée d'une fresque multicolore composée de 11 000 plaques d'aluminium ! Pédalez ensuite jusqu'au pont Erasmus (sa forme rappelle l'élégance d'une harpe) pour apercevoir d'étonnants pavillons flottants. De là, offrez-vous un tour en bateau : Rotterdam est l'un des plus grands ports du monde. Ou prenez un waterbus pour retrouver, à Kinderdijk, les moulins hollandais traditionnels. Sur le retour, le quartier historique de Delfshaven (ou vieux port), toujours très animé, vous attend. Ou peut-être vous laisserez-vous tenter, en face, par la place Deliplein, ses adorables restaurants aux guirlandes lumineuses et son *street food market* couvert avec microbrasserie locale.

JOUR•6 La Haye

Sous ses airs de grande cité administrative, La Haye n'en est pas moins majestueuse. C'est ici que réside la famille royale et que siège le gouvernement. S'enchaînent ainsi, à 10 minutes de marche de la gare, nobles palais, élégantes boutiques et musées emblématiques. Un vrai chef-d'œuvre hollandais ! *La Jeune Fille à la perle* de Vermeer, d'ailleurs, vous attend. Son écrin, le Mauritshuis, sublime bien d'autres peintres du siècle d'Or. Rembrandt, Rubens, Van Dyck, Jan Steen pour n'en citer que quelques-uns. Il y a tant d'autres musées à mentionner : le Gemeentemuseum et sa collection de Mondrian (300 !), un autre dédié à Escher... Les cours du Binnenhof valent aussi le coup d'œil. Demeures des comtes de Hollande au XIIIe siècle, elles accueillent aujourd'hui, entre autres offices gouvernementaux, le bureau du Premier ministre. Et puis, sautez dans un tram. La Haye, c'est moins connu, compte une longue plage de sable blond et l'une des plus belles jetées au monde. Grande roue surplombant la mer du Nord en prime !

POUR PROLONGER LA VISITE DES PAYS-BAS SUR UNE JOURNÉE DEPUIS LA HAYE

DELFT
Pour les amoureux de faïences bleues et blanches (20 minutes de tram).

GOUDA
Pour les amateurs de fromage (27 minutes de train).

UTRECHT
Pour les amateurs de canaux (40 minutes de train).

CARNET D'ADRESSES

BRUXELLES

Hôtel des Galeries, *www.hoteldesgaleries.be*, une pépite cachée dans la Galerie Saint-Hubert. Chambre double : env. 140 €.

GAND

Ghent River Hotel, *www.ghent-river-hotel.be*, deux bâtiments composent cet hôtel, l'un est une maison Renaissance datant de 1518, l'autre, une ancienne usine à cotons, le tout sur les rives de la Lys. Chambre double : env. 100 €.

BRUGES

Grand Hotel Casselbergh, *www.grandhotelcasselbergh.be*, Une valeur sûre : quand ancien et moderne se marient admirablement. Chambre double : env. 150 €.

ANVERS

Yust, Boutique hotel et hostel, tout neuf, *www.yust.com/antwerp* Chambre double : env. 105 €, dortoirs : env. 30 €.

LA HAYE

La Paulowa Boutique Hotel, *www.la-paulowna.com*, vous vous sentirez chez vous dans cet hôtel familial. Chambre double : env. 105 €.

ROTTERDAM

Mainport, *www.mainporthotel.com*, grand luxe sur les rives de la Meuse. Chambre double : env. 190 €.

06 La route des vins d'Alsace

8 jours

France

Villages de charme, châteaux, sentiers à travers les vignes, belles demeures, pauses gourmandes et dégustations de vins: partez sans voiture sur la route des vins d'Alsace, à la fois accessible et riche en trésors!

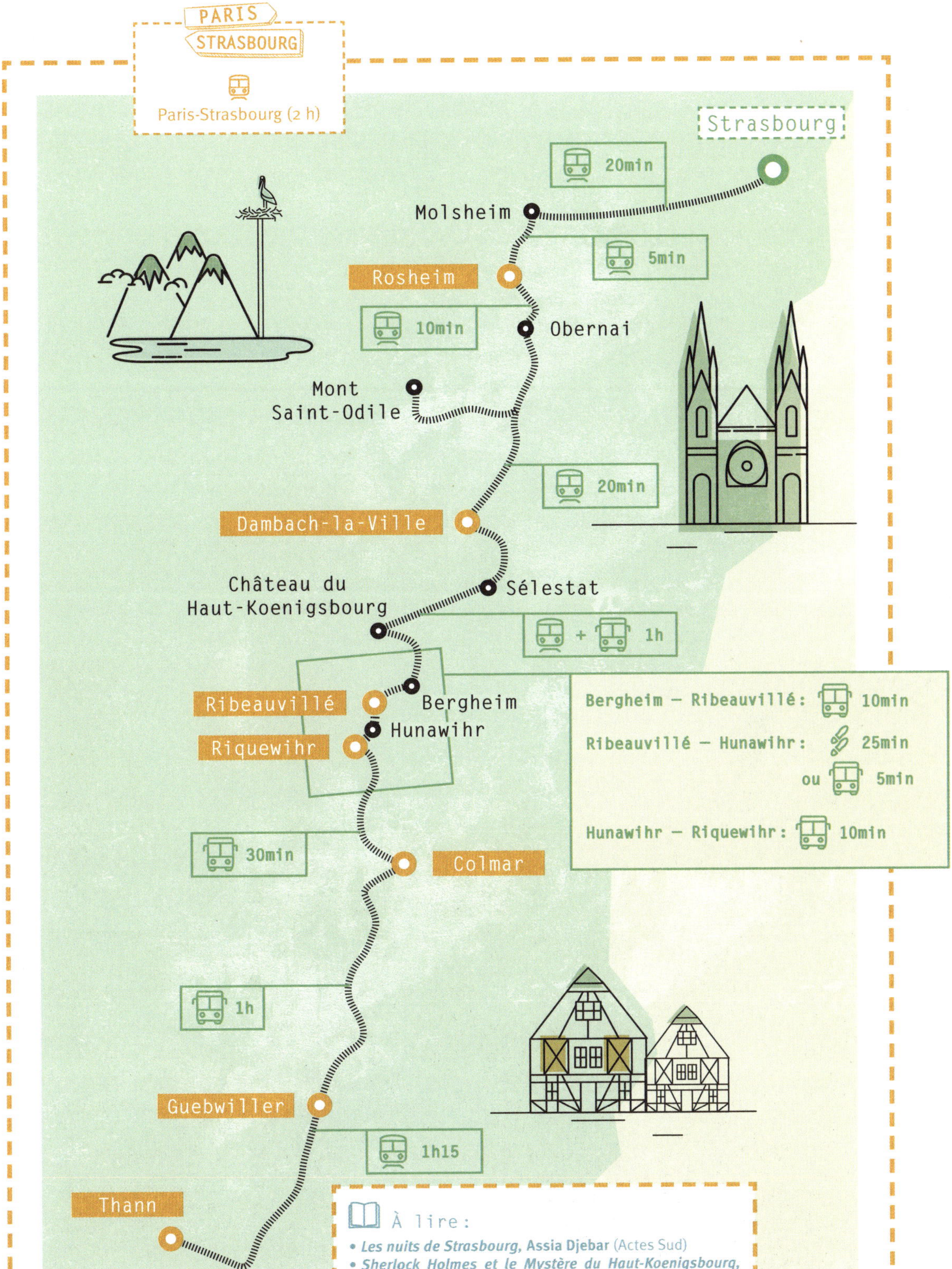

À lire :

- *Les nuits de Strasbourg*, **Assia Djebar** (Actes Sud)
- *Sherlock Holmes et le Mystère du Haut-Koenigsbourg*, **Jacques Fortier** (Le Verger Éditeur)
- *Strasbourg et la route des vins*, **Geoguide** (Gallimard)
- *Marthe et Mathilde*, **Pascale Hugues** (J'ai Lu)

JOUR•1

Strasbourg

À la fois proche de l'Allemagne, capitale de l'Alsace et siège du Parlement européen, Strasbourg est une ville multiple et un point de départ idéal de la route des vins d'Alsace. La ville se visite aisément à pied. Le centre historique, avec ses ruelles ornées de maisons anciennes, est un incontournable, notamment pour sa monumentale cathédrale, qui, outre de beaux vitraux, recèle une spectaculaire horloge astronomique du XVIe siècle. Les plus sportifs iront profiter de la vue sur la ville au sommet de l'édifice (330 marches). Cap ensuite sur le palais Rohan, palais baroque remarquable abritant plusieurs musées (archéologique, Beaux-Arts et Arts décoratifs). Direction, enfin, le quartier de la Petite France, surnommé la petite Venise de Strasbourg, avec ses canaux, ses ponts couverts, son barrage Vauban, ses berges et ses maisons à colombages...Terminez la journée en dégustant une bonne choucroute !

JOUR•2

Molsheim et Rosheim

De Strasbourg, Molsheim se rejoint en 20 minutes de TER. Vous pouvez consacrer une demi-journée à cette étape de charme sur la route des vins d'Alsace, avant de continuer vers Rosheim, que le train vous fera rejoindre en 5 minutes ! À Molsheim, partez à la découverte de la vieille ville et ne manquez pas la chapelle Notre-Dame, la porte des Forgerons, le musée de la Chartreuse ou encore l'église des Jésuites, la plus grande en Alsace après la cathédrale de Strasbourg. Rejoignez ensuite le sentier viticole du Bruderthal, un circuit de 3 kilomètres ponctué de panneaux informatifs pour découvrir le vignoble alsacien du Val des frères. Arrivés à Rosheim, poursuivez la journée en découvrant un chef-d'œuvre de l'art roman, l'église Saints-Pierre-et-Paul, construite en grès jaune au XIIe siècle, puis rejoignez la Maison Romane, l'une des plus anciennes maisons d'Alsace – construite en 1154 –, qui vous donnera un aperçu de ce qu'était la vie quotidienne dans la région au Moyen Âge (visite guidée sur réservation).

JOUR•3

Obernai et Dambach-la-ville

En moins de 10 minutes de train, rejoignez Obernai, cité de caractère située au pied du mont Sainte-Odile. Maisons médiévales, monuments de style Renaissance sur la place du marché, remparts, fontaine de Sainte-Odile, beffroi Kappelturm : le centre historique regorge de points d'intérêt. Un circuit en petit train partant de l'office de tourisme vous emmènera visiter les vignobles alentour. En 20 minutes de TER, rendez-vous ensuite à Dambach-la-Ville, charmant village alsacien au milieu des vignes. De là partent plusieurs sentiers de randonnée, dont l'un mène aux ruines du château de Bernstein (d'où l'on a une belle vue sur la plaine d'Alsace). Vous y trouverez le sentier viticole « Des hommes et vins de granite », un circuit pensé pour expliquer le travail de la vigne aux adultes et aux enfants (45 minutes de marche environ).

LE MONT SAINTE-ODILE

De la gare d'Obernai, il est possible de rejoindre en navette le mont Sainte-Odile (bus 257), à 753 m d'altitude. Haut lieu spirituel de l'Alsace, le mont Saint-Odile a longtemps hébergé un monastère. Ce dernier accueille aujourd'hui encore les pèlerins, mais aussi les visiteurs non-croyants attirés par la beauté du site, sa splendide abbaye qui domine la plaine d'Alsace et les chemins balisés qui l'entourent. Il est possible d'y séjourner.

JOUR•4

Bergheim et Ribeauvillé

De Dambach-la-Ville, on rejoint Bergheim en TER, puis en autocar (correspondance à Sélestat, 1 heure de trajet au total). Sélestat vaut le détour pour sa promenade des remparts : la double enceinte, magnifiquement conservée, offre une superbe vue sur le vignoble et le château du Haut-Koenigsbourg. Ne manquez pas non plus son église, sa Porte Haute du XIVe siècle, sa Bibliothèque Humaniste et les belles maisons de sa Grand-Rue. En bus, rejoignez ensuite le joli village de Ribeauvillé. Après une pause gourmande et typique à la célèbre pâtisserie Gilg (*kougelhopf*, *langhopf*, pain d'épices), terminez la journée en visitant une cave locale (domaine Louis Sipp ou domaine Agapé, par exemple).

LE CHÂTEAU DU HAUT-KOENIGSBOURG

De Sélestat, une navette relie le château du Haut-Koenigsbourg en 30 minutes. Érigé au XIIe siècle sur un promontoire rocheux à 757 m d'altitude, le château fort offre un panorama extraordinaire sur la plaine d'Alsace, la Forêt-Noire et les Vosges. Sa visite permet de plonger dans le Moyen Âge en découvrant ce qu'était alors une forteresse de montagne : donjon, collections d'armes, moulin, habitations meublées. Une sortie passionnante pour petits et grands.

JOUR•5
Hunawihr et Riquewihr

De Ribeauvillé, 25 minutes de marche (ou 5 minutes en bus 106) vous mèneront à Hunawihr, charmant village planté au milieu des vignes. Peu fréquentée, la destination vaut pourtant le détour pour son église fortifiée Saint-Jacques-le-Majeur, dont vous admirerez les belles fresques et le chœur gothique, mais aussi pour sa fontaine médiévale et ses maisons à colombages. Un peu plus loin sur la ligne du bus 106, rejoignez Riquewihr, perle du vignoble alsacien. De Pâques à novembre, on peut y faire une promenade agréable à bord d'un petit train touristique. Somptueuses demeures, sentier dans les vignes, caves et bonnes tables : la destination, magnifique, attire chaque année des milliers de visiteurs.

JOUR•6

Colmar

Bienvenue dans la capitale des vins d'Alsace, qu'on rejoint en train depuis Sélestat ou en bus depuis Riquewihr (30 minutes en bus 106). La ville a beaucoup à offrir: ruelles bordées de maisons médiévales (dont la majestueuse maison Pfister, à l'angle des rues Mercière et des Marchands), croisière sur les canaux de la Petite Venise alsacienne, façades anciennes ornées de vieilles enseignes, culture (incroyable musée Unterlinden, dont il ne faut manquer ni le cloître gothique, ni la chapelle du couvent qui abrite le retable d'Issenheim). Partez à la découverte de ses édifices religieux (collégiale Saint-Martin, église des Dominicains) et terminez votre promenade sur le quai de la Poissonnerie où les demeures colorées rivalisent de beauté.

JOUR•7

Guebwiller

En 1 heure au départ de Colmar, le bus 440 relie Guebwiller. Cette commune, nichée à l'entrée du Florival (la vallée située sur le versant alsacien des Vosges), est riche de quatre Grands Crus (le *spiegel*, le *kitterlé*, le *saering* et le *kessler*). Des visites guidées de son vignoble à flanc de montagne sont organisées chaque semaine et il est également possible de louer des audioguides à l'office de tourisme. La ville de Guebwiller mérite aussi le détour pour son patrimoine: l'église Saint-Léger, les maisons remarquables de la rue de la République, le musée Théodore Deck et des pays du Florival et enfin le splendide couvent des Dominicains, qui accueille des spectacles de musique de grande qualité.

JOUR•8

Thann

À 1 h 15 de train de Colmar, Thann est une étape recommandée sur la route des vins d'Alsace. La ville héberge la collégiale Saint-Thiébaut, une église emblématique du style gothique rhénan considérée comme l'une des plus belles de la région : somptueux portail orné de plus de 500 personnages et vitraux du XVe siècle. Thann est aussi célèbre pour son vignoble du Rangen, entièrement classé Grand Cru, qu'un sentier viticole permet de découvrir à travers une balade fléchée de 5 km ponctuée de 18 panneaux d'informations. Pensée à la fois pour les sportifs et pour les moins « athlètes » (deux itinéraires de niveaux différents sont possibles), la balade invite le public à suivre le parcours d'un « bangard », un ancien garde-vignes qui protégeait le vignoble thannois.

CARNET D'ADRESSES

STRASBOURG

Hôtel Suisse, *www.hotel-suisse.com*, poutres apparentes et pour certaines chambres, vue sur la cathédrale : un véritable hôtel de charme ! Chambre double : env. 90 €.

ROSHEIM

Hostellerie du Rosenmeer, *www.le-rosenmeer.fr*, restaurant gastronomique et chambres avec panorama sur le mont Sainte-Odile. Chambre double : env. 140 €.

DAMBACH-LA-VILLE

Le Refuge du Rempart, *www.lerefugedurempart.fr*, niché dans les anciennes fortifications de la cité médiévale. Chambre double : env. 110 €, petit déjeuner compris.

RIBEAUVILLÉ

Caveau de l'ami Fritz, *www.caveau-ami-fritz.com*, elles ont bien du cachet, les 20 chambres de cet hôtel-restaurant, réparties dans plusieurs maisons anciennes fort bien rénovées. Chambre double : env. 100 €.

RIQUEWIHR

Hôtel À l'oriel, *www.hotel-oriel.com*, cette belle demeure du XVIe siècle a été reconvertie avec succès en hôtel. Chambre double : env. 120 €.

COLMAR

Hôtel Turenne, *www.turenne.com*, très proche du quartier de la Petite Venise. Chambre double : env. 140 €.

GUEBWILLER

Domaine de Beaupré, *www.domainedebeaupre.com*, le domaine de Beaupré est un lieu à part, à la fois hors du temps et de l'ordinaire. Chambre double : env. 140 €.

07 La Forêt-Noire, à la croisée des fleuves

4 jours

Allemagne

De Fribourg-en-Brisgau à Constance, au pied du massif de la Forêt-Noire, voici une découverte du sud-ouest de l'Allemagne marquée par les facéties de deux fleuves mythiques, le Danube et le Rhin. En chemin : des monts, des lacs, des locomotives, bien sûr, et même des *zeppelins* !

À lire À écouter :

- Les œuvres de **Hermann Hesse**, né en Forêt-Noire, à Calw. Notamment son œuvre de jeunesse, un soupçon autobiographique, ***Peter Camenzind*** (Livre de Poche).
- Les ***Symphonies 5 (Schwarzwald-Saga) et 6 (Der Rhein)*** du compositeur contemporain **Enjott Schneider**. ***Mystic Landscape*** par le chœur et l'orchestre de Brno (Wergo).

JOUR•1

Fribourg-en-Brisgau

Après un agréable trajet de 3 heures en train depuis Paris pour rejoindre votre point de départ, vous découvrirez que depuis le XIIe siècle, le sol pavé de Fribourg est sillonné par des ruisselets (*Bächle*). Courant sur 10 km de rues et de ruelles, ils donnent à la ville un petit air alpestre. Passés les toits de cuivre de la vertigineuse Porte Saint-Martin *(Martinstor)*, vous pénétrez l'univers moyenâgeux de la capitale de la Forêt-Noire. Ici se répondent les maisons à pans de bois, les tourelles d'angle, les fontaines de pierre, les fresques chevaleresques, les enseignes dorées ou tapies dans le mauve des glycines. Se manifeste aussi la filiation avec les Vosges si proches: quand vous détaillerez la pierre rose de la cathédrale *(le Münster)*, elle vous fera penser à celle de la cathédrale de Strasbourg. Quoi de plus naturel? C'est le même architecte qui a conçu les deux façades – de façon plus modeste. Quoique... L'intérieur dissimule deux retables précieux, signés par deux Hans, grandes figures de l'époque: Hans Baldung et Hans Holbein le Jeune. À Fribourg, on effleure le monde montagnard, qui en Forêt-Noire, ne culmine pas plus haut qu'à 1493 m. En ville, vous devrez d'ailleurs vous contenter des 456 m du Schlossberg, qu'on atteint en 3 minutes par un tram à crémaillère *(Schlossbergbahn)*. À l'approche du soir, c'est le meilleur point de vue pour s'offrir un coucher de soleil inoubliable sur les toits de tuiles... et les monts d'Alsace. Profitez de la soirée pour dîner tranquillement sur les quais de la rivière Dreisam, car vous pourrez vous lever tard: le trajet vers l'étape suivante, le Titisee, ne dure que 40 minutes depuis la gare Freiburg Hauptbahnhof.

UN GÂTEAU USURPÉ

Kirsch et vins de Bade sont produits dans tout le massif, mais ce que les Français connaissent surtout de la table de la Forêt-Noire, c'est le gâteau éponyme! Servie partout, cette célèbre *Schwarzwaldtorte*... n'est pourtant pas d'ici. Elle a été inventée dans la région voisine de Souabe, en 1915. Le nom est cependant une allusion au costume traditionnel local, noir et blanc (chocolat et crème fouettée), avec de grosses boules rouges sur le chapeau (les cerises au kirsch)!

JOUR•2
Titisee-Neustadt

Laissant derrière lui Fribourg et ses élans vers les hauteurs, le train roule sur un plateau parsemé de forêts, de villages aux toits rouges et aux murs à colombages. Une fois dépassé le clocher pointu de Stegen, vous replongez dans les vallées abruptes et les sapinières pour freiner en gare de Titisee-Neustadt. Le nom un rien comique du Titisee – *see* (zéé), c'est le lac – n'est pas étranger à son succès. En fait, *titi* veut dire « bébé » en dialecte, et à ce qu'en disent les gens d'ici, les bébés, tous sexes confondus, naissent dans ce plan d'eau que rident les voiliers. Le Titisee et ses hôtels ou pensions sont tout indiqués pour passer la nuit, non sans avoir fait un tour à vélo, une promenade en barque ou simplement osé quelques brasses dans l'eau fraîche et claire. S'il fait trop froid, vous pourrez quand même vous baigner dans le cadre tropical et un rien kitsch du parc aquatique Badeparadies-Schwarzwald, situé sur la rive ouest.

La Dreiseenbahn. De mai à septembre, le train à vapeur des Trois Lacs vous convie à une promenade de 40 minutes (2 départs chaque jour) jusqu'aux gares anciennes de Schluchsee et Seebrugg. Toutes deux ont gardé leur cachet nostalgique d'avant l'ère de la loco électrique. Si la ligne n'est pas encore en service – ou si vous manquez de temps – vous pourrez assouvir votre passion ferroviaire en visitant Märklin World, un musée familial présentant une fascinante collection de petits trains en jouets de marque Märklin – la Rolls du genre.

JOUR•3

Donaueschingen

Pour gagner Bahnhof Donaueschingen depuis Titisee-Neustadt, il faut 40 minutes. On se rend dans cette ville pour une curiosité poétique : ce petit amphithéâtre à balustres qui entoure les sources du Danube, à 400 m au nord de la gare. On s'y rend en empruntant le pont puis la Josefstrasse. En vérité, le fleuve naît 20 km plus haut, là où convergent deux modestes cours d'eau, le Breg et le Brigach. Mais avec ce fleuve mythique, vous n'êtes jamais au bout du mystère. Ville baroque, Donaueschingen est agréable pour flâner, déjeuner ou boire un chocolat chaud en attendant le prochain train pour passer la soirée dans la ville historique de Constance. En général, le trajet dure 1 heure.

CARNET D'ADRESSES

FRIBOURG-EN-BRISGAU

Green City Hotel, *www.green-city-hotel-vauban.de*, hôtel 100% écolo et respectueux de l'environnement. Chambre double : env. 120 €.

TITISEE

Hotel Sonneneck Titisee, *www.hotel-sonneneck-titisee.de*, le lac et la gare à 3 minutes à pied. Chambre double : env. 130 €.

CONSTANCE

Hotel Halm, *www.hotel-halm.de*, vous ne pourrez pas le manquer : il est face à la gare ! Chambre double : env. 110 €.

JOUR•4

Constance et son lac

Constance. Dès l'arrivée on aperçoit le lac auquel la ville a donné son nom – en français du moins, car en allemand, il est appelé *Bodensee*. Constance *(Konstanz)* est connue pour son quartier médiéval cernant une cathédrale romane au clocher gothique. L'Église y tint un concile qui condamna au bûcher Jean Hus et Jérôme de Prague, des « hérétiques » préfigurant la foi protestante. Une grosse pierre marque le sinistre endroit. Quelques hôtels au bord du lac sont propices à une nouvelle nuit lacustre. À toutes fins utiles, Jan Hus a été enfermé dans la tour devenue la chambre 129 du Steigenberger Inselhotel.

Le lac, aux berges ourlées et plantées de feuillus, est long de 63 km et se partage entre Allemagne, Suisse et Autriche. C'est une sorte de retenue naturelle que forme le Rhin, qui y entre au sud-est pour en sortir à l'ouest. Les courageux en feront le tour à vélo (270 km, avec nuit à Bregenz, côté autrichien). Plus modestement, vous pourrez pousser (8 km) jusqu'à la merveilleuse île-jardin botanique (l'un des plus beaux du monde) du château de Mainau, que l'on peut facilement, du moins d'avril à octobre, rallier en bac.

LES DIRIGEABLES DE M. LE COMTE

Ayant observé les succès des ballons durant la guerre de Sécession, le *Graf* (comte) Ferdinand von Zeppelin crée les siens à Friedrichshafen : en forme de cigare, rigides grâce à l'armature en alu, leurs gouvernails et moteurs permettent d'aller d'un point à un autre. Après des essais sur le lac de Constance dès 1900, ces dirigeables sont commercialisés (avant même les avions !) par la première compagnie aérienne de l'Histoire, Depag. Un *zeppelin* fait le tour du monde en 1929. On en construira 119. En 1937, ils sont discrédités par l'explosion du *Hindenburg*, puis détruits par les Nazis. Le Zeppelinmuseum de Friedrichshafen en retrace l'épopée, et depuis 1997, 4 nouveaux *zeppelins* volent dans le monde ! En prenant le Constance-Bregenz, Friedrichshafen est à 1 h 40.

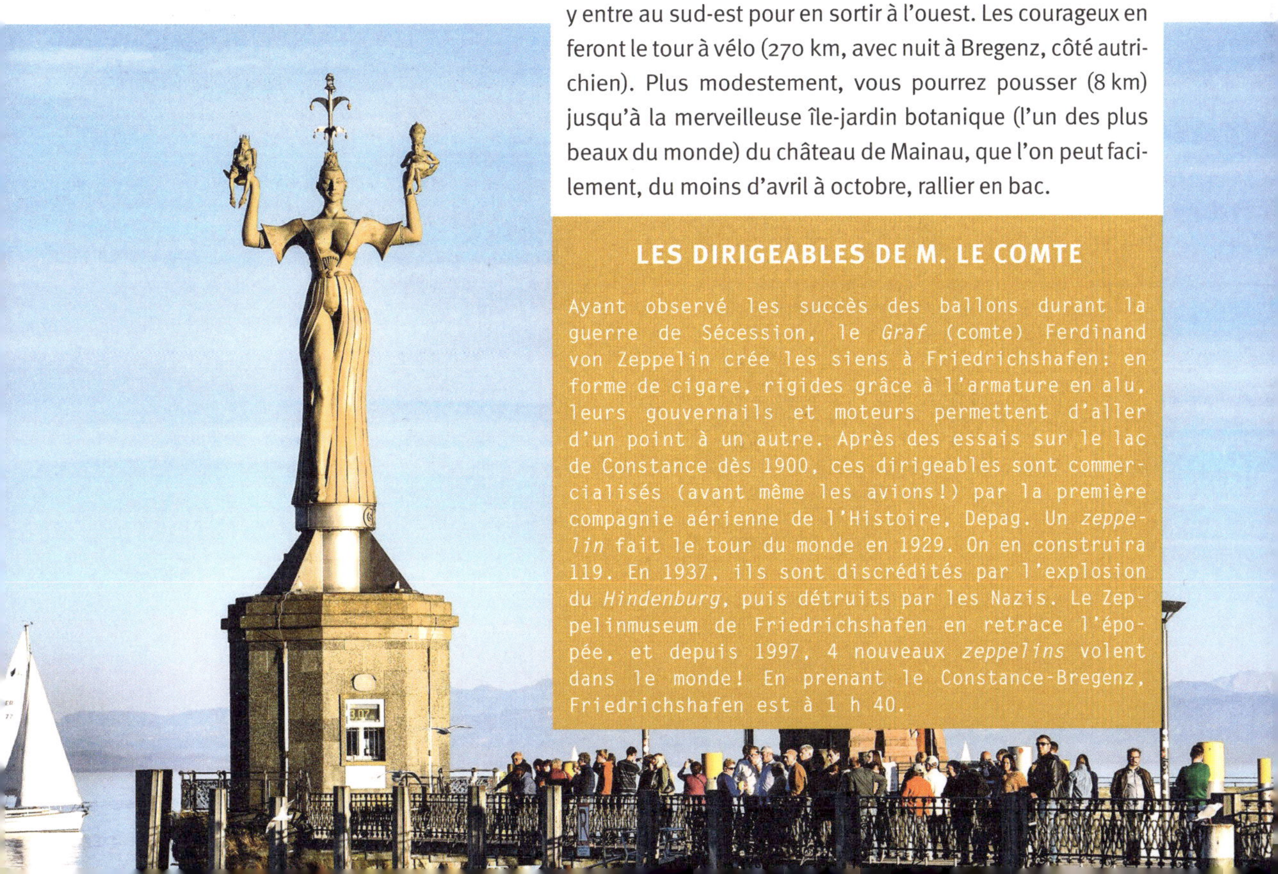

08 Virée dans les îles de la mer Baltique

7 jours

Allemagne

Une virée dans le nord-est de l'ex-RDA vers deux îles de la mer Baltique accessibles en train depuis le continent : Rügen et Usedom, à visiter hors saison, lorsque leurs longues plages blanches retrouvent leur solitude première. Mais d'abord : des campagnes aux charmes encore méconnus trente ans après la chute du Mur !

PARIS
BERLIN

Paris-Berlin avec correspondance à Francfort où à Cologne (8 h).

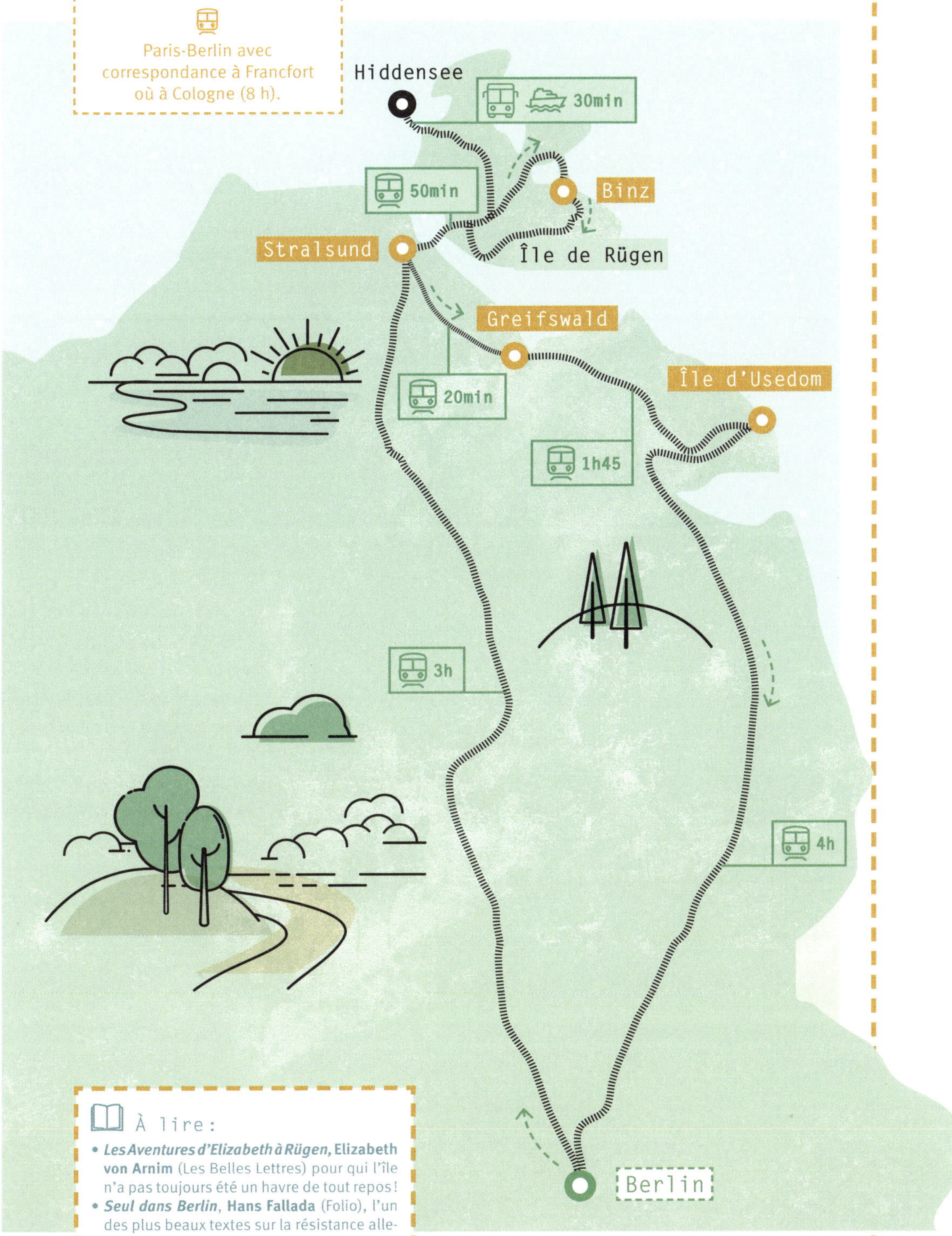

À lire :

- ***Les Aventures d'Elizabeth à Rügen*, Elizabeth von Arnim** (Les Belles Lettres) pour qui l'île n'a pas toujours été un havre de tout repos !
- ***Seul dans Berlin*, Hans Fallada** (Folio), l'un des plus beaux textes sur la résistance allemande au régime nazi.
- ***Le Ciel divisé*, Christa Wolf** (Stock), voix majeure de l'ex-RDA.

JOUR • 1

Berlin

Procurez-vous une *Tageskarte* – un forfait transports pour la journée – et plongez dans l'Est berlinois à bord du tram M10. Chaque arrêt est instructif. Celui de la Frankfurter Tor offre un bel aperçu de la très stalinienne Karl-Marx-Allee. Celui de l'Eberswalder Straße vous rapproche d'un excellent musée (Alltag in der DDR, gratuit) consacré à la vie quotidienne dans l'ex-RDA : on y évoque même les bains de mer à l'île d'Usedom !

Près de l'arrêt Bernauer Straße est conservé l'un des derniers tronçons du Mur qui séparait la ville en deux mondes.

Vous êtes déjà venu(e) à Berlin ? Alors vous connaissez l'Île aux Musées et son tourbillon de trésors : le buste de la reine Néfertiti, la voie processionnelle de Babylone, les paysages de Caspar David Friedrich… Mais il y a un site que vous n'avez peut-être pas encore visité car il vient tout juste d'ouvrir ses portes après des décennies de reconstruction : le Berliner Schloss. Ses riches collections – arts d'Extrême-Orient, Océanie… – ont de quoi occuper tout votre après-midi !

JOUR•2

Départ vers la mer

BERLIN-STRALSUND

Ne vous laissez pas intimider par la Hauptbahnhof: la colossale gare de Berlin comprend 5 niveaux desservis par 54 escalators mais votre train, lui, part toujours du niveau -2 *(Hbf tief)*. Certains RE5 sont omnibus jusqu'à Stralsund, d'autres obligent à changer à Neustrelitz. Dans les deux cas, le paysage, épargné par l'urbanisation, a une poésie toute particulière avec ses lambeaux de brume qui glissent sur les hêtres et les pommiers. Passé Fürstenberg, vous entrez dans la région la plus aquatique d'Allemagne: la Mecklenburgische Seenplatte, un dédale de lacs que rien ne trouble, en dehors du vol des cigognes.

STRALSUND-BINZ

On confie son bagage à la consigne et on part se dégourdir les mollets dans le vieux Stralsund. Car ce pâté de maisons en brique rouge, cerné par les mouettes et les eaux, réserve de jolies surprises: un trésor viking au Katharinenkloster, un aquarium géant – l'Ozeaneum – et un port animé dont les quais, du temps de la RDA, étaient strictement interdits au public. De retour à la gare, sautez dans le RE9 pour l'île de Rügen!

JOUR•3

Pause à Binz

De toutes les stations balnéaires qui jalonnent la côte est de Rügen, la plus séduisante est Binz avec ses villas Belle Époque. Ici, le jeu consiste à se prélasser dans le sable fin ou à louer une *Strandkorb* (« corbeille de plage ») pour lire bien emmitouflé à l'abri du vent. On peut aussi longer pieds nus les 5 km de dunes, se baigner dans les vagues, siroter un verre au **Kurhaus** ou prendre le tortillard à vapeur Rasender Roland pour tester les glaciers des autres stations : Sellin, Baabe, Putbus...

JOUR•4

La Perle de la Baltique

VISITER L'ÎLE DE RÜGEN

La plus grande île d'Allemagne s'explore en bus ! Avec le 24 (arrêt Prora Baumwipfelpfad), vous pourrez vous hisser au-dessus des arbres. Les 22 et 23 vous conduisent au parc de Jasmund près de Sassnitz : c'est dans cette épaisse forêt de hêtres que se cache la vertigineuse falaise de craie blanche de Königsstuhl immortalisée par le peintre C. D. Friedrich. De Sassnitz, le bus 14 dessert un autre petit paradis : le long cordon littoral de la Schaabe. Idéal pour respirer ce bon air du large qui ébouriffe si bien les pins et redessine le contour des dunes.

BINZ-STRALSUND-GREIFSWALD

En quittant la « Perle de la Baltique » par le régional Binz-Stralsund de 16 h, vous pourriez être dès 19 h 30 sur l'île d'Usedom grâce au train RB23 qui relie directement Stralsund à Ahlbeck. Mais on vous suggère plutôt de faire tranquillement étape à Greifswald : sa vieille ville, à un saut de puce de la gare, a du charme et l'heure de l'apéritif dans le mini-port de Wieck, au bout de la ligne de bus 2, est toujours un grand moment.

JOUR•5

Vers l'île d'Usedom

GREIFSWALD-AHLBECK

Après cette nuit sur la terre ferme, on reprend le RB23. Direction l'île d'Usedom ! Le train enjambe vaillamment le Peenestrom qui sépare le continent de l'île, puis se faufile par un isthme mincissime pour longer la côte jusqu'à Świnoujście (la partie est de l'île est polonaise depuis 1945). Chemin faisant, il dessert trois stations balnéaires créées sous l'impulsion des rois de Prusse : Bansin, Heringsdorf et Ahlbeck, votre terminus !

AU CREUX DES DUNES

Et si vous passiez votre après-midi à la plage ? Tout, à Ahlbeck, invite au *farniente* : plus de 1900 heures de soleil par an, un ruban de sable de 8 km de long, avec plusieurs secteurs bien distincts (textile, naturiste, sans chien...) et bien tranquilles pour somnoler au creux des dunes. À moins que vous ne préfériez marcher jusqu'en Pologne sur un agréable sentier forestier de 5 km : l'Europapromenade. Retour possible à Ahlbeck en train.

JOUR•6

Visiter l'île d'Usedom

Commencez par Heringsdorf : ses coquettes villas et pensions – celles de la Delbrückstraße en particulier – ont la saveur du temps où la fine fleur de l'intelligentsia berlinoise y venait en villégiature. À Bansin, vous pourrez louer un vélo pour faire le tour (18 km) du Gothensee, le plus grand lac d'Usedom, ou attraper le bus 281 – il n'y en a que 4 par jour – pour sillonner l'arrière-pays jusqu'au village attendrissant de Mellenthin, et revenir ensuite à Ahlbeck.

JOUR•7
Retour à Berlin

C'est tout simple : depuis Ahlbeck, on prend le RB23 jusqu'à Züssow et l'on y attend sagement le RE3 pour la capitale (trajet total de 4 heures environ). Au sud de Pasewalk, le train retrouve les campagnes saturées de vert et de coquelicots du Brandebourg où s'étiolent, çà et là, quelques bâtisses désaffectées depuis la chute de la RDA. La gare de Chorin, elle, sort son épingle du jeu : on peut même y louer un vélo pour aller voir les ruines de la plus belle abbaye en brique d'Allemagne. Arrivée à Berlin au niveau inférieur *(Hbf tief)*.

CARNET D'ADRESSES

BERLIN

Calma Berlin Mitte, *www.lindemannhotels.de*, un « biohôtel » idéalement situé avec une petite cour intérieure. Chambre double : env. 100 € petit déjeuner inclus.

BINZ

Dorint Strandhotel, *www.hotel-ruegen.dorint.com*, pour dormir face à la mer. Chambre double : env. 120 € petit déjeuner inclus et accès gratuit au spa.

GREIFSWALD

Hotel Galerie, *www.hotelgalerie.de*, le plus moderne et arty de tous les hôtels de la vieille ville. Chambre double : env. 100 € petit déjeuner inclus.

AHLBECK

Villa Harmonie, *www.villa-harmonie.info*, des chambres feng-shui dans une jolie villa du XIXe s. Chambre double : env. 120 €.

POUR PROLONGER LE SÉJOUR

UNE AUTRE ÎLE : HIDDENSEE

Profitez de votre séjour à Rügen pour goûter aux plages de Hiddensee, chercher de l'ambre sous les algues ou presser le jus des argousiers. Cette île très étroite où les maisons semblent flotter au milieu des vagues est le « Capri de la Poméranie » : on y croise les fantômes de tous les écrivains – Thomas Mann, Stefan Zweig… – qui y ont trouvé l'inspiration. Elle est interdite aux voitures et très sereine durant l'arrière-saison. De Schaprode (accessible en bus 35 depuis Bergen), le bac peut vous débarquer à Neuendorf où le sable s'étire sur 6 km de long…

09 D'Amsterdam à Budapest, les quartiers tendance

8 jours

Pays-Bas - Allemagne - Tchéquie - Slovaquie - Hongrie

Une grande traversée de l'Europe du Nord et centrale, à la recherche des vibrations de capitales audacieuses. Voilà le propos de cet itinéraire, conçu pour pister les élans architecturaux, les reconquêtes urbaines et le *lifestyle* de cités en action, portées par l'écologie et le vivre ensemble.

PARIS
AMSTERDAM

Paris-Amsterdam (Thalys, 3 h 20).

BUDAPEST
PARIS

Paris-Budapest avec 2 correspondances à Munich et Karlsruhe (env. 13 h).

Vol Paris-Budapest (2 h 25).

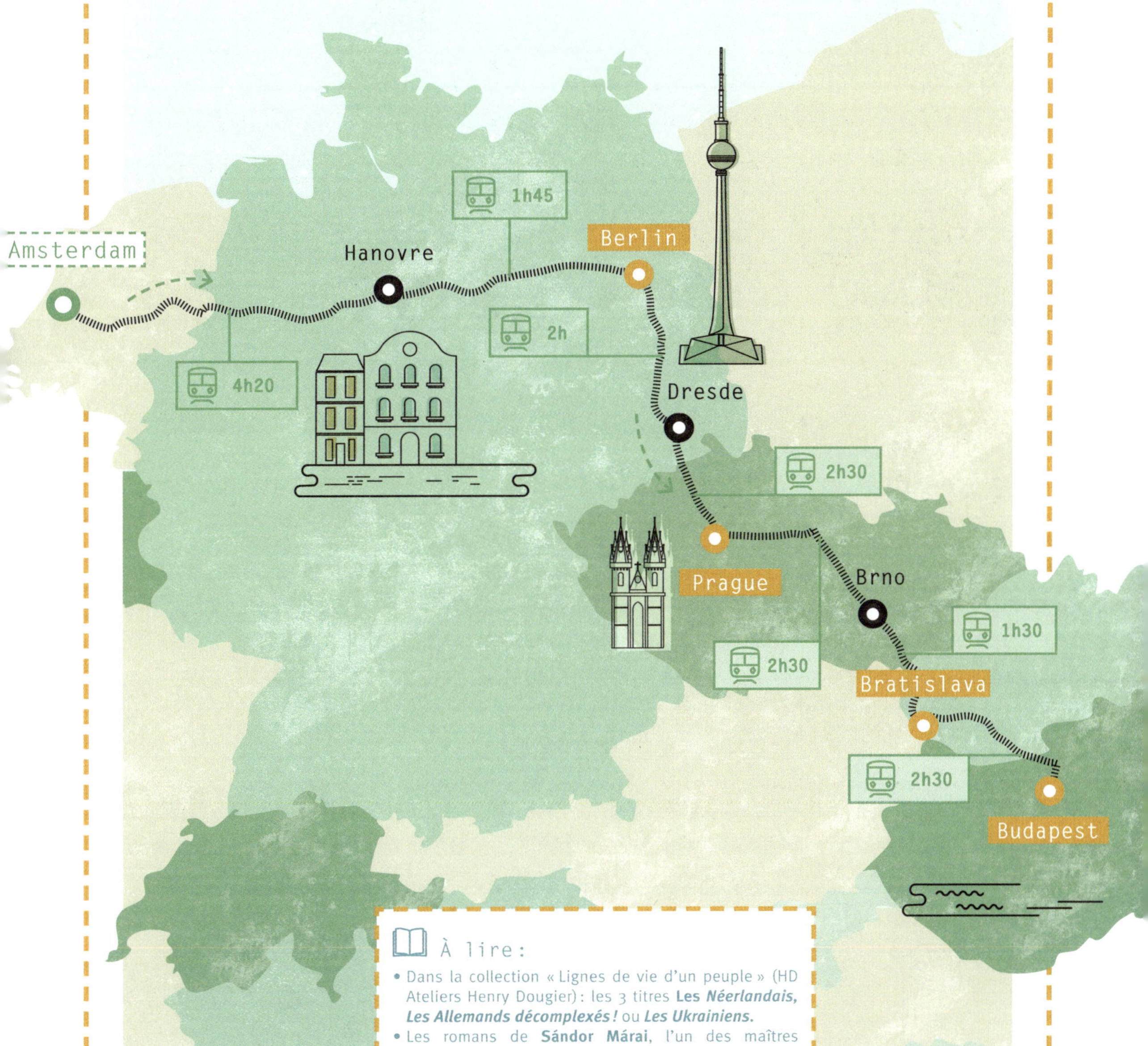

À lire :

- Dans la collection « Lignes de vie d'un peuple » (HD Ateliers Henry Dougier) : les 3 titres **Les *Néerlandais*, *Les Allemands décomplexés !*** ou ***Les Ukrainiens.***
- Les romans de **Sándor Márai**, l'un des maîtres de la littérature hongroise : ***Les Braises, Confessions d'un bourgeois, Révoltés*** (Le Livre de Poche).
- ***Les Aventures du brave soldat Chvéïk***, (Folio) du Tchèque **Jaroslav Hašek**.

JOUR•1
Amsterdam

NDSM, LA RÉSURRECTION

Le nord est l'avenir d'Amsterdam ! Rive droite du fleuve IJ, accessible en 15 minutes de ferry depuis la gare d'Amsterdam Centraal, voici NDSM, l'un des plus anciens sites de construction navale néerlandais. Un univers de grues, de hangars et de quais longtemps abandonnés. D'abord occupé par des artistes alternatifs, ce décor post-industriel est devenu un quartier branché. Hangars et entrepôts ont été transformés en lieux d'expos, restaurants bio, cafés… à l'image de l'**IJ-Kantine** et de **Pllek** (aménagé dans des containers). Aux beaux jours, on vient à NDSM pour des concerts, le marché aux puces, des festivals… Le tout au grand air du fleuve.

S'ANCRER À DE PLANTAGE

Le cœur d'Amsterdam est submergé de visiteurs. Alors, plutôt que les incontournables Rijksmuseum, canaux et balades le long des belles maisons à frontons, pourquoi ne pas visiter un quartier plus tranquille ? De Plantage, jouxtant le centre ancien, est relativement délaissé des touristes. Là se trouve Hortus Botanicus et ses 4 000 espèces de plantes. Créé au XVIIe siècle, c'est le plus ancien jardin botanique du monde ! Le zoo, lui, offre une respiration aux familles. Le quartier abrite aussi des musées moins en vue mais passionnants : Verztsmuseum, musée de l'Holocauste, Micropia… Un Amsterdam verdoyant et différent.

JOUR•2

D'Amsterdam à Berlin, *via* Hanovre

Ce qui est bien avec les trains EC allemands, c'est leur confort. Le trajet est agréable et les paysages, plats et industriels, défilent à vive allure. Après 4 h 20 de train, Hanovre, célèbre pour ses *messe* (foires-expos), mérite une visite pour l'art, le design et le shopping. À voir : le musée Sprengel (Picasso, Calder, Kandinsky) et l'inédit WoK *(World of Kitchen)*, premier musée d'Europe dédié à la cuisine et à l'alimentation. Achats *lifestyle* dans la galerie Ernst-August, *arty chic* le long de la promenade Niki de Saint Phalle (voir aussi ses trois sculptures de « nanas » colorées au bord de la Leine), design Galerie Luise. Puis reprenez le train jusqu'à Berlin Hauptbahnhof, gare ultracontemporaine proche du Bundestag.

JOUR•3

Berlin

KREUZBERG, ALTERNATIVES À L'OUEST

Avant même la chute du Mur en 1989, ce quartier au sud de Mitte (cœur historique) était à part. Quartier d'immigration, multiculturel, déjà créatif. Depuis, il s'est *hipstérisé* mais conserve sa foi alternative, hôte de collectifs d'artistes, de restaurants vegans, d'associations écolos. On déniche ces lieux de contre-culture sur des places, derrière de nobles façades ou dans des arrière-cours improbables, au cœur du quartier ou à sa marge : Künstlerhaus Bethanien, The Threehouse, le SO36, le marché bio de Chamissoplatz... Ici et là, en longeant des murs, en poussant des portes cochères, on tombe sur une œuvre de *street art* ou sur des affiches vantant des thérapies alternatives. *Multikulti*, comme on dit en allemand !

FRIEDRICHSHAIN, RÉBELLIONS À L'EST

Tout bouge à Berlin et les quartiers alternatifs d'hier deviennent les repères bobos d'aujourd'hui. Ainsi de Friedrichshain, « jumeau » de Kreuzberg, de l'autre côté de la Spree. Juste après la réunification, squatters et artistes ont investi cet ex-quartier de Berlin-Est. Trente ans après, observer les styles dans la rue (punk, gothique, piercé...) suffit à comprendre qu'il est encore différent. On flânera devant les fresques engagées de l'East Side Gallery (morceau préservé du Mur), on dénichera des squats dans Rigaerstrasse, on dansera techno jusqu'au matin au **Berghain**, on chinera au marché aux puces sur Boxhagener Platz, on socialisera dans un *vokü/küfa* (restaurant autogéré, tendance anar) autour d'un menu veggie, on jettera un œil aux immeubles « staliniens » de Karl-Marx-Allee, on s'étonnera des métissages culturels au **RAW Gelände** ou au **YAAM Beach**. Berlin est en mouvement.

JOUR•4

De Berlin à Prague, *via* Dresde

Pour Prague, cap au sud pour un voyage à travers le Brandebourg et la Saxe. Au passage, le train longe l'Elbe, à partir de Pirna. Mais juste avant, ne manquez pas de vous arrêter à Dresde : détruite en 1945 et isolée durant l'ère communiste, la ville a retrouvé son lustre. Il faut visiter le Zwinger (château des Princes et sa galerie des Maîtres Anciens) et le Residenzschloss (avec son trésor, les *Grünes Gewolbë*). L'audace architecturale est aussi une spécialité locale. Yenidze, étonnant bâtiment industriel en forme de palais arabe, près de l'Elbe, aujourd'hui centre culturel et restaurant, la Gläserne Manufaktur, usine Volkswagen en pleine ville, avec ses lignes de production visibles à travers des façades transparentes en témoignent. High-tech ! Puis poursuivez le voyage jusqu'à la frontière tchèque et la capitale.

JOUR•5 Prague

À PIED DANS HOLEŠOVICE

Difficile de passer outre les visites du pont Charles, de la place de la Vieille Ville, de l'ancien quartier juif et du château royal. Cependant l'âme de Prague est aussi ailleurs. Rive gauche de la Vltava, l'ancien quartier industriel d'Holešovice est devenu l'endroit branché de la capitale. Bistrots, restaurants modernes, galeries d'art, il flotte un air créatif stimulant. Des exemples ? Le DOX, centre d'art aménagé dans une ancienne usine. Vnitroblock, espace industriel devenu lieu *hype*, avec showrooms, dance studio, design shop… Jatka 78, un ancien abattoir, scène théâtrale et galerie-bar. Cap aussi sur le secteur voisin de Letná : depuis la terrasse du musée national de l'Agriculture ou le pavillon Hanavsky, tout Prague se dévoile.

DU CÔTÉ DE ŽIŽKOV…

Près de la gare centrale, ce quartier escarpé bâti au XIXe siècle pour loger des ouvriers est sillonné de rues étroites bordées de bars et de brasseries. On ira voir un édifice considéré comme l'un des plus « laids » au monde : la tour de Télévision ! Pas de panique, l'intérêt est de grimper à son sommet (216 m) et de profiter d'une vue circulaire magnifique sur la ville. Au passage, on aura jeté un œil sur les dix bébés géants accrochés aux colonnes de la tour, œuvres de l'artiste D. Černy. À découvrir aussi : le palais Akropolis (concerts « métal », soirées DJ, expos) ; le Superstudio Nákladové nádraží (expositions design dans une ancienne gare d'entrepôt) ; le cinéma d'art et essai Aero et son bar-terrasse.

JOUR•6

De Prague à Bratislava, *via* Brno

Bienvenue en Moravie ! Le trajet en train vers la capitale slovaque à bord de rames agréables et à travers un paysage agricole, passe à Brno, après 2 h 30 de parcours. Conviviale et festive, la ville – deuxième de Tchéquie par sa population – mérite un arrêt pour sa culture aboutie des cafés et des bars. Le **Bar qui n'existe pas**, le **Super Panda Cirkus**, le bar **Era** (cadre fonctionnaliste), l'éclectique **Music Club Fléda** (techno, hip-hop, jazz, classique, films) ou le **Bistro Soul** et ses bières sont des lieux originaux. Chaque année en mai-juin, Brno accueille le festival des feux d'artifice et de musique Starobrno – Ignis Brunensis. JazzFest, de mars à juin, est aussi réputé. Un mot de patrimoine : Brno abrite la Villa Tugendhat, moderniste, inscrite au patrimoine mondial de l'Unesco. Il est temps de traverser la frontière pour rejoindre la Slovaquie.

JOUR•7

Bratislava

Voilà le Danube ! Le grand fleuve d'Europe centrale arrose la petite capitale slovaque (430 000 habitants), prétexte à des échappées à deux roues. Cela tombe bien, la ville propose des vélos en libre-service, les *Yellow Bikes*. De quoi effectuer le tour d'une vieille cité très XVIIIe siècle, au pied de son château, mais aussi de faire comme les Slovaques : s'aérer en pédalant. Au menu : les rives du Danube, par l'Eurovelo 6 ; les zones nature comme Janko Král' Park (le plus ancien parc d'Europe centrale), Železná studienka ou Horsky Park dans les faubourgs. Bratislava est aussi « design » : le Matej Krén Passage, un « couloir-installation » de livres ; Sky Park et ses tours signées Zaha Hadid ; la tour Nivy Tower et ses 125 m de haut ; le musée d'art moderne Danubiana.

JOUR•8

Budapest

TOUS AUX BAINS !

Un « saut de puce » de 192 km depuis Bratislava et vous voici dans l'élégantissime capitale hongroise. Pour récupérer du long voyage depuis Amsterdam, si vous alliez d'abord aux bains, comme le font les habitants, écolos et *healthy*? Aucune capitale au monde ne dispose d'autant de centres thermaux que Budapest. Les plus connus sont les bains Széchenyi, bassins entourés de splendides bâtiments néo-Renaissance. D'autre préféreront les bains Gellért et leur style Art nouveau, ou bien les bains Lukács, rendez-vous de l'intelligentsia budapestoise. On y voit de vieux messieurs jouant aux échecs, de belles mosaïques enveloppées de brume... En sortant, on est d'attaque pour visiter la ville.

POST-COMMUNISME ET CULTURE *UNDERGROUND*

Le premier a généré la seconde, par un effet complexe de rébellion désenchantée. Aussi, s'il est un lieu à visiter à Budapest pour comprendre ce que signifièrent 45 années de communisme, c'est Terror Háza, la Maison de la Terreur. Dans cet ancien bâtiment de la police secrète, tous les excès du régime sont passés au crible. Émotion. Autres vestiges: l'île Csepel, ex-zone sidérurgique réinvestie par des artistes; le Memento Park, musée *outdoor* rassemblant de vieilles statues à la gloire du communisme. L'*underground* et le « bohème » à Budapest concernent surtout le 7e arrondissement, l'ancien quartier juif. Fresques géantes de *street-art*, *ruin-bars* (dans des immeubles abandonnés), clubs de nuit, disquaires, boutiques de fringues et quelques-uns des derniers vrais restaurants à musique tzigane, tel **Rézkakas Bistro**, en lisière du quartier.

CARNET D'ADRESSES

AMSTERDAM

Mercure Amsterdam Sloterdijk Station, *www.mercure-sloterdijk-station.hotelsamsterdam24.com*, qui offre une vue splendide pour le petit déjeuner. Chambre double: env. 140 €.

BERLIN

Calma Berlin Mitte, *www.lindemannhotels.de*, un « biohôtel » idéalement situé avec une petite cour intérieure. Chambre double: env. 100 € petit déjeuner inclus.

PRAGUE

Michelangelo Grand Hotel, *www.michelangelograndhotel.com*, un très bel hôtel 5-étoiles dans le centre historique. Chambre double: env. 100 € petit déjeuner inclus.

BRATISLAVA

LOFT Hotel Bratislava, *www.lofthotel.sk*, ambiance au style récup' et bière artisanale. Chambre double: env. 100 € petit déjeuner inclus.

10 La route de l'Orient-Express

7 jours

France-Allemagne-Autriche-Hongrie-Roumanie-Turquie

Le mythe débute à Paris, gare de l'Est, le 4 octobre 1883. La foule se presse pour admirer ce train révolutionnaire, qui promet de rejoindre Istanbul en 76 heures à peine. Compartiments raffinés, restaurant servant plats et vins exquis, couchettes confortables avec eau chaude et chauffage : il incarne à lui seul la quintessence du luxe ! Si cette ligne mythique a depuis cessé ses activités, il est possible grâce aux connexions ferroviaires modernes d'en suivre le tracé. Direction les Balkans : dépaysement assuré.

ISTANBUL

PARIS

Vol Istanbul-Paris (3 h 50).

À lire :

- *Le Crime de l'Orient-Express*, **Agatha Christie** (Le Livre de Poche).
- *Orient-Express*, **Graham Greene** (Robert Laffont).
- *Bons Baisers de Russie*, **Ian Fleming**
- (Bouquins) qui parut dans un premier temps sous le titre *Échec à l'Orient-Express* ; l'action se passe en partie à bord du train mythique.

JOUR•1

Paris Gare de l'Est > Munich

Le mot-clé ? Rapidité. Votre train depuis la gare de l'Est à Paris va filer à 300 km/h. À peine le temps de profiter des paysages : champs de Lorraine, Rhin à Strasbourg, hêtres et sapins bien serrés dans la Forêt-Noire… Joli clin d'œil, finalement, à l'Orient-Express, synonyme à son époque de vive allure. Vous arriverez après un peu plus de 6 heures de trajet juste à temps pour trinquer votre *Maß* (chope d'1 l) dans l'un des immenses Biergarten de Munich, une expérience en soi !

JOUR•2

Munich

« Munich est lovée entre l'art et la bière comme un village entre deux collines », écrivit le poète Heinrich Heine de la capitale bavaroise, soulignant ainsi son incroyable architecture et sa convivialité. Charmante avec ses sommets alpins en toile de fond, elle est d'ailleurs la ville la plus visitée d'Allemagne après Berlin ! L'hôtel de ville gothique de Marienplatz marque le cœur touristique. Émerveillement garanti : son carillon, doté de 32 automates et 43 cloches, raconte deux fois par jour l'histoire de la cité. N'hésitez pas à gravir les 302 marches de l'église Saint-Pierre, à quelques rues, pour avoir toute la ville à vos pieds. Une petite faim ? Direction Viktualienmarkt. Ses grandes tablées à l'ombre des châtaigniers, son atmosphère de village et ses produits de terroir réchauffent le cœur. Envie de grandeur ? Ne vous fiez pas à la façade austère de Residenz. Ce palais cache 130 pièces décorées luxueusement dans les styles Renaissance, baroque, rococo et classique. À suivre d'une balade à l'Englischer Garten, magnifique parc urbain de 373 hectares. Et comme à Munich, tous les chemins mènent aux Biergarten, vous en trouverez un déguisé… en pagode chinoise !

JOUR•3
Vienne

Impossible de détacher son regard de la silhouette des Alpes… Elles disparaissent près de Salzbourg, qui marque le passage en Autriche. Reprennent ensuite les scènes pastorales, ponctuées de petits clochers.

La ville de Sissi ! Comme elle, valsez d'un palais à l'autre, savourez une Sachertorte chez Demel (sa pâtisserie préférée), assistez à un opéra ou un concert classique dans un lieu d'exception. Ou laissez-vous surprendre : Vienne sait aussi être audacieuse, rigolote et incroyablement souriante !

Voûtes étoilées, élégantes colonnes, tables de marbre : c'est ici, au **Café Central** que Freud et Zweig avaient leurs habitudes. L'excuse parfaite pour un *melange*, mi-espresso, mi-mousse de lait ! Quelques façades baroques plus loin vous attend le somptueux palais impérial Hofburg, d'une beauté à faire pâlir Versailles. N'y manquez pas l'école d'Équitation espagnole dont les spectacles quotidiens laissent sans voix. Rejoignez à présent Stephansplatz pour découvrir les appartements de Mozart ou les toits de la cathédrale Saint-Etienne : les armoiries de la ville et de l'Autriche s'y dessinent en tuiles vernissées. Enfin, flânez sur les rives du Danube (ornées de *street art* sur des kilomètres) jusqu'à la folie architecturale d'Hundertwasser, un patchwork coloré, envahie de végétation. Un spritz pour conclure la journée ? Intérieur dessiné par Loos, adresse nichée dans un ancien passage du métro, buvette sous la treille : vous n'aurez que l'embarras du choix.

JOUR•4

Budapest

Un peu plus de 2 h 30 de train vers Budapest: la campagne, assez plate, défile… Ici point de clochers, mais des éoliennes, plus de 200! Une fois le Danube traversé, vous êtes presque arrivé(e) à la gare de Budapest Keleti, d'une belle architecture classique. Construite entre 1881 et 1884, elle était alors la plus moderne au monde.
Sur la rive droite se trouve Buda, ancien siège du pouvoir royal. Nobles façades, bains thermaux, panoramas époustouflants. Pest, de l'autre côté du fleuve, naquit plus tard, au XIXe siècle. Dynamique, créative, pétillante: c'est là qu'il faut aller faire la fête! Petit voyage dans le temps: un funiculaire relie depuis 1870 la place Clark Ádám au château. Pleine vue sur le Danube. Se visite ici l'ancienne demeure des rois de Hongrie, ainsi qu'un labyrinthe de galeries souterraines, si anciennes qu'elles servirent aussi bien d'abri préhistorique que de cave à vin. Plus loin se dessine le bastion des Pêcheurs, belvédère néoroman d'où admirer le parlement. Il est temps de s'offrir un bain chaud, une vraie tradition: Budapest en compte 123! Esprit oriental pour Gellért, néo-Renaissance pour Szechenyi… Une fois le pont des chaînes traversé, passez admirer la splendeur de la synagogue (la plus grande d'Europe) et explorez un bar en ruines, *Szimpla Kert* et le quartier d'*Erzsébetvaros*. Au fil des rues, affichant aussi bien façades Art déco que fresques de *street art*, vous arriverez à Gozsdu Court: un passage *underground* riche en restaurants et *romkerts*, célèbres bars de la ville. Au choix: prendre le train de nuit vers Bucarest… ou rester danser et chanter, et ne reprendre la route que le lendemain.

TRAIN DE NUIT VERS BUCAREST

Le charme d'une autre époque, les trains datant des années 1980-1990. Si les couleurs un peu fanées font sourire, les couchettes s'avèrent étonnamment confortables. Vous voici parti(e) pour 17 heures de voyage! Mieux vaudra prévoir un pique-nique: pas de restaurant à bord et les arrêts seront trop courts pour descendre se restaurer. La nuit tombe, le rythme berce: c'est au petit matin, en Roumanie, que vous profiterez des paysages: enfilade de collines, quelques massifs montagneux, puis ligne droite à travers la campagne jusqu'à Bucarest.
Entre la Hongrie et la Roumanie, les officiers frappent aux portes des compartiments, demandent à voir les passeports, posent quelques questions sur les raisons du voyage, jettent éventuellement un coup d'œil dans le compartiment. Rebelote une heure plus tard, une fois la frontière passée. Bref, il faut donc s'attendre à un réveil en sursaut vers 3 h, puis 4 h du matin!

JOUR•5

Bucarest

Le dynamisme de la ville attira, au XIXe siècle, intellectuels, diplomates et hommes d'affaires français. Si bien qu'on la surnomma le Paris des Balkans! À l'architecture de cet âge d'or se sont ajoutés d'imposants bâtiments sous l'ère communiste, ponctués de parcs et jardins. Que faire à Bucarest? Se perdre. Le charme de la ville repose sur son éclectisme...

La star? Le palais démentiel construit par Ceausescu, aujourd'hui nommé Maison du Peuple. Une folie qui se mesure surtout en chiffres: 20 000 ouvriers, 700 architectes, 5 ans de travail acharné, 12 étages (dont un abri nucléaire), 1 100 pièces, 2 800 lustres. La visite guidée révèle une douzaine de ces salles au luxe affolant. De là, dirigez-vous vers Lipscani, ou vieille ville, particulièrement charismatique. Bar au charme néo-gothique (**Caru' cu bere**, *www.carucubere.ro*), librairie à la grandeur haussmannienne (**Cărturești Carusel**, *carturesticarusel.ro*), minuscule, mais exquise église orthodoxe Stavropoleos. On en a presque le tournis! S'il vous reste un peu de temps, passez admirer maisonnettes traditionnelles et moulins au musée du Village roumain. Posé au bord d'un lac, dans le plus grand parc de Bucarest, il invite au pique-nique. L'occasion de faire le plein de *boreks* (feuilletés salés à la viande, aux légumes, etc.) et de *baklavas* dans une boulangerie au passage.

Goûtez aussi aux vins roumains, peu connus (quelques bars à vin se sont ouverts dans la vieille ville) et à la *palincă* (eau-de-vie à base de prune).

JOUR•6

Bucarest > Istanbul

Prêts pour une autre aventure ferroviaire ? 18 heures de trajet cette fois, déco surannée (sans restaurant), mais toujours un certain confort et des coussins vraiment moelleux. À travers les vitres, très vite de belles plaines verdoyantes. En fin d'après-midi, surprise : la frontière avec la Roumanie n'est autre que le Danube ! Le train franchit le fleuve, puis traverse de ravissantes vallées jusqu'à la Turquie. Le contrôle des passeports se fait à Kapikule, au petit matin. Un brin ensommeillés, les passagers descendent alors acheter un visa touristique et passer leurs bagages aux rayons X. Impossible de vous rendormir ? L'aube se lèvera bientôt sur la campagne : magique !

L'arrivée du train ne se fait pas en gare centrale de Sirkeci (celle où arrivait autrefois l'Orient-Express), mais à Istanbul Halkali, une gare de banlieue (à env. 25 km). Pour rejoindre la gare de Sirkeci, un dernier train (Marmaray) vous y conduira en 35 minutes.

JOUR·7 Istanbul

ARRIVÉE EN GARE DE SIRKECI

C'est ici, en contrebas du palais de Topkapı, qu'arrivait autrefois l'Orient-Express. Terminus, tout le monde descend ! On imagine le tumulte des passagers, porteurs, beaux chapeaux… Si sa beauté reste inchangée, les plateformes sont aujourd'hui bien calmes : les trains de banlieue arrivent surtout en sous-sol. Témoignent encore du faste de l'époque : de belles faïences exotiques, le restaurant où se retrouvaient les journalistes et un petit musée gratuit dédié au train mythique.

COMME VOUS, ISTANBUL S'ÉVEILLE…

Le temps de poser vos valises et vous voici devant la Mosquée Bleue, qui doit son nom aux 21 000 carreaux de faïence habillant son décor. À cette heure-ci, peu de visiteurs ! À suivre d'une autre féerie, celle des coupoles byzantines de Sainte-Sophie, toute proche. Celle qu'on appela un temps Byzance, déjà, vous a conquis… Reste à découvrir, dans la vieille ville, le Grand Bazaar. 60 allées, 4 000 échoppes, une effervescence extraordinaire. Ici, marchandage obligatoire ! Rejoignez à présent les docks, pour une croisière sur le Bosphore. Vous voici entre l'Europe et l'Asie, Istanbul étant partagée entre ces deux continents. Profitez du tour en bateau pour admirer le palais royal de Topkapı, puis finissez la journée sur *Beyoğlu*, la partie plus moderne de la capitale. Elle fourmille de galeries d'art, de cafés, d'antiquaires. Ne manquez pas de vous régaler, d'ailleurs, chez **Haci Bekir**, à qui l'on doit la création du loukoum et quelques centaines de recettes. Et puis, quelle plus belle conclusion à ce voyage qu'un hammam ? Peut-être celui de Kiliç Ali Pasa, construit au XVIe siècle par un architecte de génie, et dont on ressort embaumé de miel.

CARNET D'ADRESSES

MUNICH

Hotel Altmunchen By Blattl, *acanthus.hoteles-munich.com*, un lieu de caractère au style bavarois. Chambre double : env. 130 €.

VIENNE

Hôtel Rathaus Wein & Design, *www.hotel-rathaus-wien.at*, un hôtel design parfaitement placé, dédié… au vin ! Chambre double : env. 150 €.

BUCAREST

Hotel Moxa, *www.hotel-moxa.com*, dans une très belle maison de maître, au charme de l'époque de l'Orient-Express. Chambre double : env. 80 €.

ISTANBUL

Hotel Erguvan, *www.erguvanhotel.com*, juste derrière la Mosquée Bleue, vue à couper le souffle sur la ville historique depuis la terrasse où l'on sert le petit déjeuner. Chambre double : env. 140 €.

11 Sapins, vignes & sources chaudes

10 jours

Autriche & Slovénie

Cela commence par une prouesse technique – **la ligne de chemin de fer du Semmering** – et cela finit par une campagne vallonnée qui sent bon le raisin et le pressoir. Entre les deux, vous aurez droit à des lacs bleus, des sources chaudes et trois villes encore très habsbourgeoises: Klagenfurt, Ljubljana, Graz. Tout ce qu'il faut, en somme, pour faire de cette escapade au sud de Vienne un voyage inoubliable.

PARIS
VIENNE

Paris-Zurich (4 h), puis train de nuit Zurich-Vienne (8 h).

Vol Paris-Vienne (2 h).

À lire À écouter :

- ***Le Recommencement,*** (Gallimard) le voyage initiatique d'un Carinthien en Slovénie, par **Peter Handke**, Prix Nobel de littérature 2019.
- ***Dans ma Forêt natale,*** **Peter Rosegger** un grand classique (Hachette Bnf).
- Les ***5e, 6e et 7e Symphonies*** **de Gustav Mahler**, composées à Maiernigg.

JOUR•1

Vienne

À peine est-on sorti de la station de métro **Stephansdom** que la capitale autrichienne déroule ses plus belles rues : du Graben, on passe au Kohlmarkt pour saliver devant la vitrine du pâtissier **Demel** (leur *Fächertorte* est renversante !) et on traverse la Hofburg – l'ancienne résidence impériale des Habsbourg – pour explorer le MuseumsQuartier, alias MQ : un formidable complexe culturel dédié à la jeune création et à l'art moderne.

Empruntez un citybike – vous trouverez des bornes juste devant le MQ – et faites le tour du Ring ! Depuis les contre-allées de ce boulevard circulaire, on voit défiler, jusqu'au canal du Danube, tous les monuments phares de Vienne. Le plus fascinant est le MAK, le musée des Arts appliqués : des chaises Thonet aux tapis d'Orient, tout y est superbement présenté et son café-restaurant, le **Salonplafond**, a un jardin insoupçonné.

JOUR•2

Cap au sud !

LA SEMMERINGBAHN

Jusqu'en 1848, le train qui devait relier Vienne à Trieste – le port de l'Autriche – n'allait pas au-delà de Gloggnitz : il fallait parcourir les 40 km suivants en diligence. Par chance, un ingénieur vénitien réussit l'exploit de construire entre pics et ravins une voie ferrée qui passe par le col de Semmering à 896 m d'altitude : la Semmeringbahn. À l'époque, c'était la plus haute voie ferrée d'Europe. Aujourd'hui, elle est inscrite au patrimoine mondial de l'Unesco. Et grâce à ses 16 viaducs et 100 petits ponts, on caracole de Basse-Autriche en Styrie sans rien perdre du paysage alentour.

MÜRZZUSCHLAG-KLAGENFURT

Après Mürzzuschlag aussi, on en prend plein la vue ! Peu à peu, les sombres forêts de Styrie cèdent la place aux collines ensoleillées de Carinthie. Vous voyagez léger ? Accordez-vous une halte à Sankt Veit, qui a tout d'un délicieux boudoir, avant de poser vos valises à Klagenfurt pour la nuit.

JOUR•3

Klagenfurt

Bienvenue dans la capitale de la Carinthie! Son cœur historique, à 10 minutes à pied de la gare, n'est pas bien grand – tout se joue entre l'Alter Platz et la Neuer Platz – mais il a été joliment restauré et fleure bon le Sud. Cette touche méridionale, Klagenfurt la doit aux architectes italiens qui l'ont dotée, à la Renaissance et à l'époque baroque, d'arcades et de cours intérieures. À ne pas manquer: le Landhaus!

Le ciel est bleu? Louez un vélo Nextbike sur la Neuer Platz, près de l'office de tourisme, et longez le canal de Lend jusqu'au lac de Wörth où flotte, là aussi, un parfum de *dolce vita*. Sieste à la plage ou pique-nique sous les arbres du Metnitzstrand: il n'y a que l'embarras du choix. Si vous êtes fan de Mahler, poussez jusqu'à Maiernigg: la maisonnette où Gustav a composé plusieurs de ses chefs-d'œuvre est ouverte de mai à fin octobre.

JOUR•4

Klagenfurt-Villach

Les trains qui longent la rive nord du lac de Wörth offrent tous un lent travelling sur la Riviera autrichienne, fréquentée depuis la fin du XIXe siècle par la bonne bourgeoisie viennoise. Bien sûr, vous pouvez descendre à Pörtschach ou à Velden, mais on vous conseille de prendre plutôt vos quartiers à Villach: c'est moins mondain, plus relaxant, et la température des sources thermales *(Warmbad)* dépasse les 28 °C.

JOUR•5

Villach-Ljubljana

Villach est un nœud ferroviaire d'où l'on peut rallier Salzbourg, Venise et – plus original – la Slovénie. Montez dans un train pour Ljubljana : par beau temps, c'est 1 h 45 de pur bonheur ! À droite défile la chaîne enneigée des Karawanken avec, au premier plan, les ruines du château de Finkenstein ; à gauche, le lac de Faak ; puis vient le poste-frontière de Rosenbach et, au sortir du tunnel, la vallée de la Save. Vous voici en terre slave ! Les espaliers en bois qui strient les prairies sont des séchoirs à foin *(kozolci)*.

Une surprise vous attend après Jesenice : le lac de Bled alias Blejsko jezero, un site magique avec un îlot de conte de fées, un château sur la rive et une villa qui fut longtemps la résidence du maréchal Tito ! L'aventure vous tente ? Descendez à Lesce-Bled – bus et taxis relient la gare au lac –, voguez vers l'îlot en *pletna* – la gondole locale – et faites le plein d'énergie : les soirées à Ljubljana sont bien moins assoupies qu'on le croit !

JOUR•6 Ljubljana

C'est votre premier séjour dans la capitale slovène ? Grimpez au château – tous les chemins y mènent, mais le plus séduisant est l'Ulica na grad qui part de l'église Saint-Florian – pour profiter du panorama sur les Alpes, puis flânez dans les ruelles en contrebas jusqu'au marché de la place Vodnikov, le temps de goûter aux *skutne palačinke s pehtranom*, délicieuses crêpes au fromage frais et à l'estragon.

La Ljubljanica – la rivière qui serpente au pied de la colline – mérite elle aussi une balade. Il y a trois options possibles : on peut longer ses quais à pied, la sillonner en bateau-mouche au départ de Ribji trg ou contacter le Kanu Klub pour une sortie en kayak ! Dans tous les cas, vous verrez sous un autre angle cette ville qui oscille entre Italie et Autriche, entre baroque et Art nouveau.

JOUR•7

Vers la Toscane autrichienne

LJUBLJANA-MARIBOR

Un dernier coup d'œil au Triple Pont avant de remonter la longue rue Miklošičeva qui conduit à la gare et hop, vous voici à bord de l'Intercity pour Maribor, deuxième ville du pays. Le voyage est paisible. On longe la Save – un affluent du Danube – et on vire vers le nord-est en direction de la Drave : le vieux Maribor est là, rive gauche. Et c'est toujours un plaisir de s'y arrêter pour déjeuner : les *vinoteka* y servent un blanc bien frais et la place centrale – Glavni trg – a encore le goût de l'Autriche !

MARIBOR-BAD RADKERSBURG

Il est vrai que la frontière est toute proche, juste derrière les collines qui ondulent comme en Toscane. D'ailleurs on vous suggère, une fois dans le régional Maribor-Graz, de descendre à la première gare côté autrichien, Spielfeld-Straß, pour prendre place à bord du S51. Ce train qui longe la Mur au milieu des vignes a pour terminus le bourg frontalier de Bad Radkersburg.

JOUR•8

Barboter à Bad Radkersburg

Pour décompresser, rien de tel qu'une douce journée dans la station thermale la plus ensoleillée d'Autriche ! Au menu : une poignée de ruelles à maisons basses, très photogéniques, où le temps semble s'être arrêté ; un complexe balnéaire alimenté par des sources chaudes et une halte viticole au **Buschenschank** pour goûter, avant de rallier Graz, aux joies du *Traminer* : à lui seul, ce terroir de Styrie compte 1 200 hectares de vignes.

JOUR•9

Graz

Une fois sur la Grand-place *(Hauptplatz)*, ne vous contentez pas de faire le tour de ses façades couleur miel ou bouton d'or: prenez le tram n° 1 pour Schloss Eggenberg. Classé au patrimoine mondial de l'Unesco, ce château baroque qui compte autant de fenêtres qu'il y a de jours dans l'année se feuillette lui aussi comme un livre d'images. Rien n'y manque: une galerie d'art ancien, des salons d'apparat, de l'herbe tendre pour pique-niquer... Vous rêvez plutôt de déjeuner en terrasse?

Partez à l'assaut du Schlossberg (473 m)! Depuis le quai Franz-Josef, un funiculaire – la Schlossbergbahn – vous propulse en quelques secondes au pied du charmant café **Starcke-Haus**, en vous révélant au passage le secret n° 1 du vieux Graz: il pétille d'audaces architecturales. Vous voyez le gros coquillage au milieu de la rivière? C'est un amphithéâtre flottant avec un café à fleur d'eau. Et le vaisseau spatial qui s'est posé sur le Lendkai? C'est la Maison des Arts!

JOUR•10

Graz-Vienne

Toutes les heures, un Railjet ou un Eurocity quitte Graz pour la gare centrale de Vienne (certains ont même l'aéroport pour terminus). Si vous n'êtes pas pressé(e), faites un aller-retour à Stübing dans la matinée: de là, un sentier vous conduit en 30 minutes au creux d'une vallée bucolique à souhait où se niche le plus bel écomusée d'Autriche *(Freilichtmuseum)*. Un bon bol d'oxygène et de nature avant de regagner la capitale!

UNE ALTERNATIVE… BUISSONNIÈRE : GRAZ-VIENNE *VIA* FEHRING

Celles et ceux qui préfèrent les tortillards aux rapides, la campagne à la montagne, opteront pour le S3 Graz-Fehring et le régional Fehring-Wiener Neustadt. La correspondance est parfois longue – il n'y a qu'un train toutes les 2 heures – mais le paysage, avec ses coteaux mordorés, est d'une grande sensualité. De plus, on y croise peu de touristes ! À Wiener Neustadt, la correspondance pour Vienne est quasi immédiate.

CARNET D'ADRESSES

VIENNE

Am Brillantengrund, *www.brillantengrund.com*, un charmant hôtel vintage en plein centre de la capitale. Chambre double : env. 100 € petit déjeuner inclus.

KLAGENFURT

Der Sandwirth, *www.sandwirth.at*, pour dormir à proximité de la Neuer Platz. Chambre double : env. 115 € petit déjeuner inclus.

VILLACH

Hotel Palais 26, *www.palais26.at*, ambiance romantique en centre-ville. Chambre double : env. 120 € petit déjeuner inclus.

LJUBLJANA

Vander Urbani Resort, *www.vanderhotel.com*, à deux pas de la rivière, avec une mini-piscine sur le toit. Chambre double : env. 140 € petit déjeuner inclus.

BAD RADKERSBURG

Hotel garni Toscanina, *www.toscanina.at*, pour profiter de l'ambiance de la station thermale : piscine extérieure, salle de sport et hammam. Chambre double : env. 140 € petit déjeuner inclus.

GRAZ

Hotel Daniel, *hoteldaniel.at*, près de la gare, un grand hôtel très pratique, cool et design. Chambre double : env. 80 €.

12 Petite fugue au cœur des alpages

7 jours
& plus si affinités

Autriche

De verts pâturages, des lacs d'un romantisme absolu, des belvédères panoramiques, des stations thermales où l'on peut refaire le plein d'énergie et deux sites inscrits par l'Unesco au patrimoine mondial : Salzbourg – la ville natale de Mozart – et le délicieux village de Hallstatt, le tout relié par une belle boucle ferroviaire de 320 km.

PARIS
SALZBOURG

Paris–Salzbourg (9 h) avec correspondance à Mannheim ou Stuttgart.

Vol avec correspondance à Vienne (4 h).

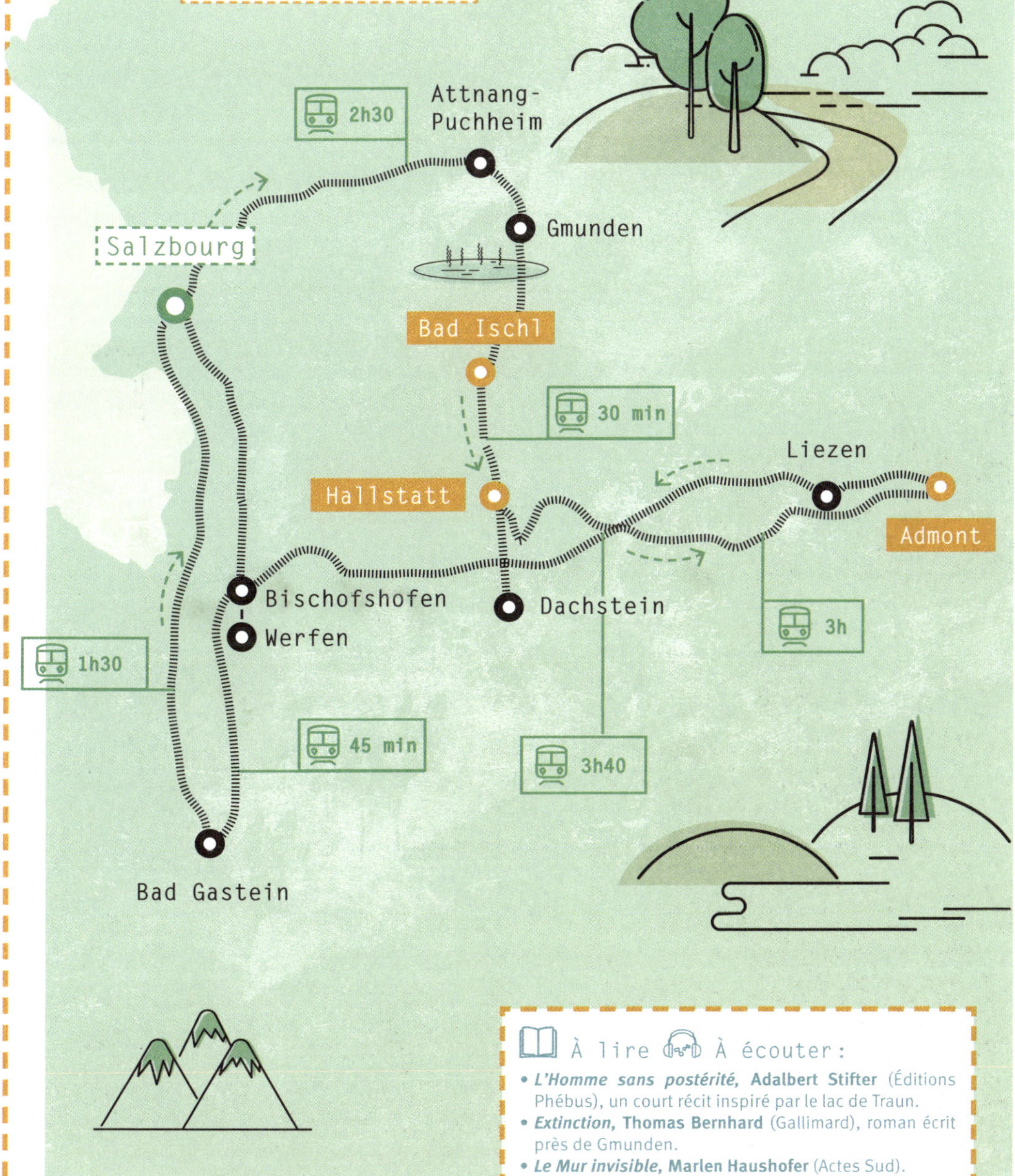

À lire À écouter :

- ***L'Homme sans postérité*, Adalbert Stifter** (Éditions Phébus), un court récit inspiré par le lac de Traun.
- ***Extinction*, Thomas Bernhard** (Gallimard), roman écrit près de Gmunden.
- ***Le Mur invisible*, Marlen Haushofer** (Actes Sud).
- ***Le Concerto pour violon n° 3 de Mozart*,** composé en 1775 à Salzbourg.
- ***Le Concerto n° 2 pour piano de Brahms*** qui conçut aussi à Bad Ischl ses Fantaisies n° 116.

JOUR•1
Salzbourg

La vieille ville a un charme fou ! Des bulbes en cuivre vert, des enseignes en fer forgé, des passages secrets : un vrai décor de théâtre ! Pour n'en rien rater, il ne faut pas hésiter à pousser les portes cochères et à grimper jusqu'au Museum der Moderne : il offre un panorama enchanteur sur les toits de cette perle baroque souvent surnommée la « Rome du Nord ». On comprend que Mozart ait trouvé là sa toute première source d'inspiration.

Les princes-archevêques, qui ont fait la splendeur de la ville au XVIIe siècle, l'ont agrémentée de ravissants jardins. Les plus incroyables sont ceux du château de Hellbrunn, accessibles en fiacre ou en bus n° 25 : avec leurs automates et leurs jets d'eau facétieux, ils ont le don d'arroser les visiteurs ! Vous préféreriez un jardin plus sage et reposant ? Optez pour celui du château Mirabell : on y donne souvent des concerts au milieu des rosiers.

JOUR•2

Salzbourg-Bad Ischl

À quelques minutes de marche du jardin Mirabell, la gare de Salzbourg vous ouvre les portes de l'une des plus séduisantes régions d'Autriche : le Salzkammergut. Pour s'y rendre, c'est simple : on saute dans un train en direction de Linz (celui de 9 h 12 par exemple) pour descendre à Attnang-Puchheim. C'est de là que part le train régional Salzkammergut-bahn qui permet de regarder l'Autriche au fond des yeux. Et de tutoyer les lacs...

D'ailleurs, sitôt quitté Attnang-Puchheim, la voie ferrée se laisse glisser en méandres sereins vers le lac de Traun. À celles et ceux qui voyagent léger, on recommande de s'arrêter sur la rive nord, à Gmunden : de la gare, un mini-tram descend vers les berges de cette coquette villégiature qui a fait le bonheur de nombreux artistes. Vous voyez le château lacustre relié par une passerelle en bois ? C'est Ort. La balade est si plaisante que, pour un peu, on en oublierait de reprendre le train pour Bad Ischl !

JOUR•3

Farniente à Bad Ischl

La station thermale que fréquentait assidûment François-Joseph est une base idéale pour s'oxygéner et rayonner dans la région. Tout est à portée de main : le pavillon de chasse de l'empereur, le cottage de son épouse Sissi, sans oublier les délices de la pâtisserie **Zauner** ! Si l'expérience « bain de saumure » ne vous tente pas, grimpez au sommet du Jainzen (835 m) ou offrez-vous un aller-retour en bus 546 à St Wolfgang, car il y a là un train à crémaillère *(Schafbergbahn)* qui gravit les alpages pour embrasser d'un seul regard tout le cœur du Salzkammergut !

JOUR•4

Bad Ischl-Hallstatt

Bad Ischl n'a plus de secrets pour vous ? Reprenez le Salzkammergutbahn : le train poursuit son petit bonhomme de chemin au royaume des vaches, mais à mesure qu'il approche de Bad Goisern (où l'on fabrique de solides chaussures de montagne !), le relief gagne en autorité. On dirait que le wagon et les Alpes ne font plus qu'un.

Bientôt, on aperçoit un lac solitaire miroiter au milieu des mélèzes et un panneau Bhf. Hallstatt : c'est le moment de descendre ! En contrebas, le batelier vous attend pour vous déposer sur l'autre rive, au pied d'un essaim de chalets de bois noir et de maisons sur pilotis : Hallstatt, un village de rêve, à laisser fondre sous la langue.

JOUR•5

Excursion au Dachstein

Si vous avez le goût des cimes, ralliez Obertraun en bus n° 543. De là, un téléphérique *(Krippensteinbahn)* vous hissera à 2 060 m d'altitude : depuis la vertigineuse plateforme des 5 Fingers, la vue sur le massif du Dachstein et le lac de Hallstatt est à couper le souffle ! Cerise sur le gâteau : de la station intermédiaire (1 350 m), un chemin conduit à un labyrinthe de cavernes plus féériques les unes que les autres : la *Eishöhle* et la *Mammuthöhle*. Retour à Hallstatt par le bus n° 543 ou par le bateau.

JOUR•6

AVANT DE REPARTIR

Hallstatt-Admont

Une dernière traversée du lac et vous voici de nouveau assis dans le train du Salzkammergut. Après Obertraun, il dodeline le long du torrent du Koppental, s'arrête dans l'aimable bourgade de Bad Aussee, puis termine sa course à Stainach-Irdning. Accordez-vous une virée à Admont. Parfois, il faut attendre un peu la correspondance sur le quai de Liezen ou Selzthal, mais l'abbaye d'Admont le vaut bien : sa bibliothèque baroque, ouverte d'avril à octobre, est absolument renversante !

JOUR•7

Admont-Salzbourg

Il est temps de regagner le pays de Salzbourg! Laissez-vous porter: le Railjet est un rapide qui suit confortablement le cours de l'Enns en déroulant devant votre fenêtre un long ruban de superbes paysages souvent enneigés. Normal: vous êtes au pied de l'un des plus grands domaines skiables d'Autriche. À droite, le massif calcaire de Dachstein; à gauche, le manteau forestier des Niedere Tauern. Attention: on est souvent obligé de changer deux fois pour pouvoir rallier la ville natale de Mozart: à Liezen et Bischofshofen, en 3 h 40 de trajet. Il existe aussi une possibilité de changement unique à Selzthal ou Amstetten; tout dépendra... Vous laisserez-vous tenter par une des prolongations ci-après, passant par Bischofshofen, avant de rejoindre Salzbourg?

CARNET D'ADRESSES

SALZBOURG

Blaue Gans, *www.blaue-gans.at*, un hôtel arty et design en plein cœur de la vieille ville. Chambre double : env. 180 €.

BAD ISCHL

Goldenes Schiff, *www.goldenes-schiff.at*, pour dormir sur les quais de la rivière Traun. Chambre double : env. 140 € petit déjeuner inclus.

BAD GASTEIN

Haus Hirt, *www.haus-hirt.com*, des chambres cosy avec de jolies vues sur la vallée. Chambre double : env. 130 € petit déjeuner inclus.

HALLSTATT

Braugasthof Lobisser Gasthof, *www.brauhaus-lobisser.com*, une chambre d'hôtes traditionnelle. Architecture gothique et vue sur le lac. Chambre double : env. 105 € petit déjeuner inclus.

ENVIE DE PROLONGER LE SÉJOUR ?

BAD GASTEIN

WERFEN

SE DÉTENDRE À BAD GASTEIN…

Si vous disposez d'un jour supplémentaire, n'hésitez pas à prendre, une fois à Bischofshofen, le premier train en direction de Bad Gastein, au sud. Cette station thermale perchée à 1083 m d'altitude dans un cirque boisé est l'une des plus célèbres d'Autriche : on y trouve de nombreux hôtels, un air vivifiant et – en face de la gare – un chapelet de piscines alimentées par des sources chaudes. Un régal, surtout à l'heure où les premiers flocons saupoudrent de blanc la chaîne des Hohe Tauern.

… OU FRISSONNER À WERFEN

Si vous avez l'âme d'un spéléologue et trois bonnes heures devant vous, arrêtez-vous à Werfen – situé entre Bischofshofen et Salzbourg – pour visiter, dans les entrailles du Tennengebirge, une petite merveille de la nature : le monde des géants de glace *(Eisriesenwelt)*. Bien sûr, il n'y fait pas très chaud – la température est inférieure à 0 °C – mais l'aventure en vaut la peine si l'on n'est pas trop claustrophobe. Un bus assure la navette entre le parking de Gries (à 5 minutes de marche de la gare) et le téléphérique qui grimpe à la grotte. La visite est guidée.

13 Au royaume de la verticalité, entre mont Blanc et Cervin

5 jours

France & Suisse

Au programme: Lacs cristallins, flocons par milliers et glaciers bleutés… Lors de ce voyage transalpin, l'eau est omniprésente et sous toutes ses formes. Sinon sachez que là-haut, quel que soit le côté du mont Blanc où vous vous trouvez, les sommets sont des stars, le fromage est une religion et les héros portent piolets et crampons!

Note: nous avons opté pour la description hivernale de ce voyage, mais celui-ci peut tout aussi bien se faire en été, dans une ambiance plus bucolique et verdoyante.

PARIS
ANNECY

Paris-Annecy (TGV, 3 h 40).

Aéroport de Genève à 44 km, liaison par autocar en 1 h. En voiture autoroute A41.

ST MORITZ
PARIS

Il faut compter environ 3 h 30 en train jusqu'à Zurich avec un changement à Coire – puis Zurich-Paris en TGV (4 h) ou en avion (1 h 15).

À lire :

- ***Double espresso*, Eric Sapin Defour** (Éditions Guérin-Paulsen) L'auteur-alpiniste porte un regard bienveillant, drôle et sensible dans ses chroniques sur les hommes et la montagne.
- ***Si tout s'arrêtait là ?*, Mélanie Valier** (Éditions Glénat) Un roman palpitant aux allures de polar qui se déroule autour de Chamonix, dans l'univers du Trail et des sports extrêmes de montagne…

JOUR•1

Annecy

Avec ses nombreux canaux, ses ruelles médiévales et son lac – le plus pur d'Europe – cerné de montagnes enneigées, la Venise des Alpes a décidément de nombreux atouts! Si vous n'avez qu'un seul jour, la visite de la vieille ville est incontournable : arpentez ses ruelles pavées aux façades colorées, marque de l'inspiration italienne, et traversez les petits ponts au-dessus de l'eau translucide. Ne manquez pas non plus l'esplanade du Pâquier : le véritable « jardin » en bord de lac des Anneciens! Et pour vous offrir l'un des plus beaux panoramas, rendez-vous au château d'Annecy : depuis la cour de celui-ci, la vue à 180 °C surplombant le lac et la ville est à couper le souffle.

Annecy est une première étape idéale pour « plonger » dans la culture alpine tout en demeurant dans un univers citadin.

JOUR•2
Chamonix mont Blanc

Depuis Annecy, le TER ou le nouveau Léman Express vous mèneront jusqu'à la gare de Saint-Gervais-les-Bains, pour grimper dans le Mont-Blanc Express et commencer l'ascension en direction des montagnes jusqu'à Chamonix. Il flotte toujours un parfum d'aventure dans les rues enneigées et très fréquentées de cette petite ville à la montagne, perçue comme la capitale de l'alpinisme. Ses légendes, son héritage historique et son potentiel sportif y attirent des visiteurs du monde entier. Partout autour de cette petite station de haute montagne, les yeux se heurtent à la neige, le rocher et la glace. Sur la place centrale, les pionniers Balmat et Saussure en statues de bronze, pointent du doigt le mythique et omniprésent mont Blanc. Les nombreuses boutiques de souvenirs, de produits de luxe et de vêtements techniques ravissent les touristes. Pour prendre encore de l'altitude et profiter réellement du cadre unique de ce lieu, ne manquez pas les deux sites exceptionnels ci-après.

LE TRAIN DU MONTENVERS

Vous n'êtes plus à un train près : vous ne résisterez donc pas à embarquer dans celui-ci, si iconique, rouge et à crémaillère, qui vous portera à flanc de montagne jusqu'au site naturel de la mer de Glace. Comptez une demi-journée pour profiter de la visite.

L'AIGUILLE DU MIDI

La haute montagne vous ouvre les bras. En 20 minutes depuis le centre de Chamonix, le téléphérique de l'aiguille du Midi vous propulse à 3777 m d'altitude, au-dessus des séracs et des glaciers. Là-haut, le panorama sur le mont Blanc et ses congénères est à couper le souffle. Comptez également une demi-journée pour la visite complète du site d'altitude, et n'oubliez pas de tester le vertigineux « pas dans le vide » !
Des images splendides plein la tête, rentrez dormir à Chamonix.

JOUR•3
Trait d'union franco-suisse

LE MONT-BLANC EXPRESS

Ce train centenaire traverse toute la vallée du Trient pour relier Chamonix à Martigny, en Suisse. Un voyage de 90 minutes en pleine nature, où les gorges sauvages laissent parfois la place aux sapins enneigés et à de petits villages authentiques, qui sont autant d'étapes idéales pour vos excursions. Arrivé(e) à Martigny, vous trouverez facilement le train pour Zermatt, puisqu'il y en a en moyenne… 31 par jour ! Le trajet dure entre 2 h et 2 h 20, avec un changement minimum.

PARENTHÈSE CULTURELLE À MARTIGNY

Férus d'arts? Profitez du changement de train pour effectuer un crochet par la Fondation Pierre Gianadda, reconnue pour ses expositions temporaires d'artistes célèbres tels que Gauguin, Manet, Modigliani ou Van Gogh. Ce lieu de culture présente aussi en permanence le Musée gallo-romain, le musée de l'Automobile, le Parc de sculptures avec des œuvres de Rodin, Brancusi, Miro, Calder, Niki de St. Phalle…

ZERMATT

Arrivés à Zermatt, vous noterez que la star n'est plus le mont Blanc mais le Cervin, localement nommé Matterhorn, qui culmine à 4478 m. Son profil pyramidal, si célèbre, vous fera immédiatement penser à la fameuse et délicieuse barre de chocolat suisse au nougat. Vous serez ravis de savoir que ce lieu entouré de 29 sommets de plus de 4000 m n'est accessible qu'en train, et ce, depuis 1947. Cette station germanophone au petit centre historique authentique est à la fois huppée et sportive. Le domaine skiable offre 360 km de pistes et s'étend jusqu'en Italie, dans la région de Breuil-Cervinia. Idéal pour profiter de la gastronomie italienne lors d'un déjeuner sur les pistes !

TOUJOURS PLUS HAUT !

Le Gornergrat Bahn est le premier train à crémaillère du monde et reste aujourd'hui le plus haut d'Europe ! Un incontournable qui grimpe au sommet de la montagne éponyme à 3098 m d'altitude ! Après 30 minutes de trajet vertical et folklorique avec vue depuis le centre de Zermatt, le panorama unique sur le Cervin et les autres géants des Alpes s'observe au sommet depuis une immense plateforme ensoleillée. Là-haut, l'accès aux pistes et aux sentiers de randonnée d'hiver est direct. **Suggestions d'activités :** luge sur une piste dédiée de plus de 200 m de dénivelé et/ou visite du village Igloo à 2727 m. Nuit à Zermatt.

JOUR•4

De Zermatt à Saint-Moritz

LE GLACIER EXPRESS : « IL N'Y A PAS LE FEU AU LAC... »

Le mythique Glacier Express n'a d'express que le nom, car il est connu pour être « le train rapide le plus lent du monde » : il faut effectivement 8 heures à ce convoi panoramique pour relier Zermatt à Saint-Moritz sur 291 km de rails. Adeptes du slow tourisme, cet itinéraire est pour vous ! Durant ce tronçon, vous plongez dans 91 tunnels, franchissez 291 ponts et un col, celui de l'Oberalp perché à 2 033 m d'altitude. Un périple ferroviaire qui invite au rêve et à la contemplation de la nature depuis les fenêtres extra-larges. La longue et encaissée vallée de Zermatt fait défiler ses sommets étincelants en suivant le cours de la rivière gelée... Glaciers immaculés, cols enneigés, torrents de montagne et cabanes d'alpages s'offrent à la vue des passagers. Puis, lorsque l'on s'approche du Rhin et de ses chutes, le paysage devient plus abrupt, les parois à pic et les forêts plus denses. Abbaye bénédictine, église baroque et viaduc vertigineux se succèdent.

Le choix des escales Le plus dur sera de quitter le confort de votre siège ! L'ambiance est feutrée, avec moquette au sol et service des plus attentionnés. Pour ne rien manquer : les écouteurs reliés à votre place livrent les informations en six langues, et si vous préférez regarder défiler ce paysage et savourer un bon repas en musique, les différents canaux vous permettent de choisir votre style. Suggestion d'escales : Fiesch, pour voir le glacier d'Aletsch... à ce jour le plus grand des Alpes ; ou Coire, chef-lieu du canton des Grisons aux nombreux atouts culturels, et plus ancienne ville de Suisse, avant l'arrivée en fanfare à Saint-Moritz.

JOUR•5

Saint-Moritz

À 1775 m d'altitude, elle est l'une des plus anciennes stations de sports d'hiver au monde. Réputée pour être ensoleillée, elle attire la haute société avec ses palaces, son lac, ses thermes et son casino ouvert depuis 1864. Hôte des jeux Olympiques en 1928 et 1948 et de nombreux championnats du monde de ski alpin, cette station du canton des Grisons possède toujours l'âme sportive! Dans ce cadre unique ont lieu des courses hippiques ainsi que la Coupe du monde de polo sur neige. C'est aussi ici qu'existe la seule piste de bobsleigh naturelle du monde. Les plus contemplatifs ne se lasseront pas d'admirer l'immense lac gelé entouré des majestueux sommets de la vallée de l'Engadine. Les autres: courez découvrir les boutiques les plus chics, les restaurants si gastronomiques et les galeries d'art de grande envergure... Saint-Moritz est à la pointe de toutes les tendances.

CONTINUER LE VOYAGE

Un train panoramique peut en cacher un autre! Arrivé(e) à Saint-Moritz, il est possible de poursuivre le chemin à bord du Bernina Express, autre voyage fantastique détaillé en page 143!

CARNET D'ADRESSES

ANNECY

Atipik hôtel, *www.atipikhotel.fr*, situation idéale à deux pas de la gare et à l'entrée de la vieille ville. Chambre double: env. 85 €.

CHAMONIX

Refuge du Montenvers, *www.refugedumontenvers.com*, à 1900 m d'altitude, au pied de la mer de Glace, mythique! Chambre double: env. 80 €.

ZERMATT ET SAINT-MORITZ

Attention, l'hôtellerie est très chère en Suisse, réservez votre séjour longtemps à l'avance.

14 Fromage, vignes et panoramas… Tout pour les yeux et l'estomac !

5 jours

Suisse

De Genève à Gstaad en passant par Bulle et Vevey, tout le charme de la Suisse romande réside dans ses contrastes, des stations huppées aux villages authentiques en passant par les centres-villes « bobos ». Découvrez ses vignes, son lac et ses petites spécialités locales (où donc peut-on manger une fondue à bord d'un train « rétro » si ce n'est dans le canton de Fribourg ?).

PARIS
GENÈVE

Paris-Genève (TGV, 3 h 20).

FRIBOURG
PARIS

Fribourg-Genève (1 h 30), puis Genève-Paris.

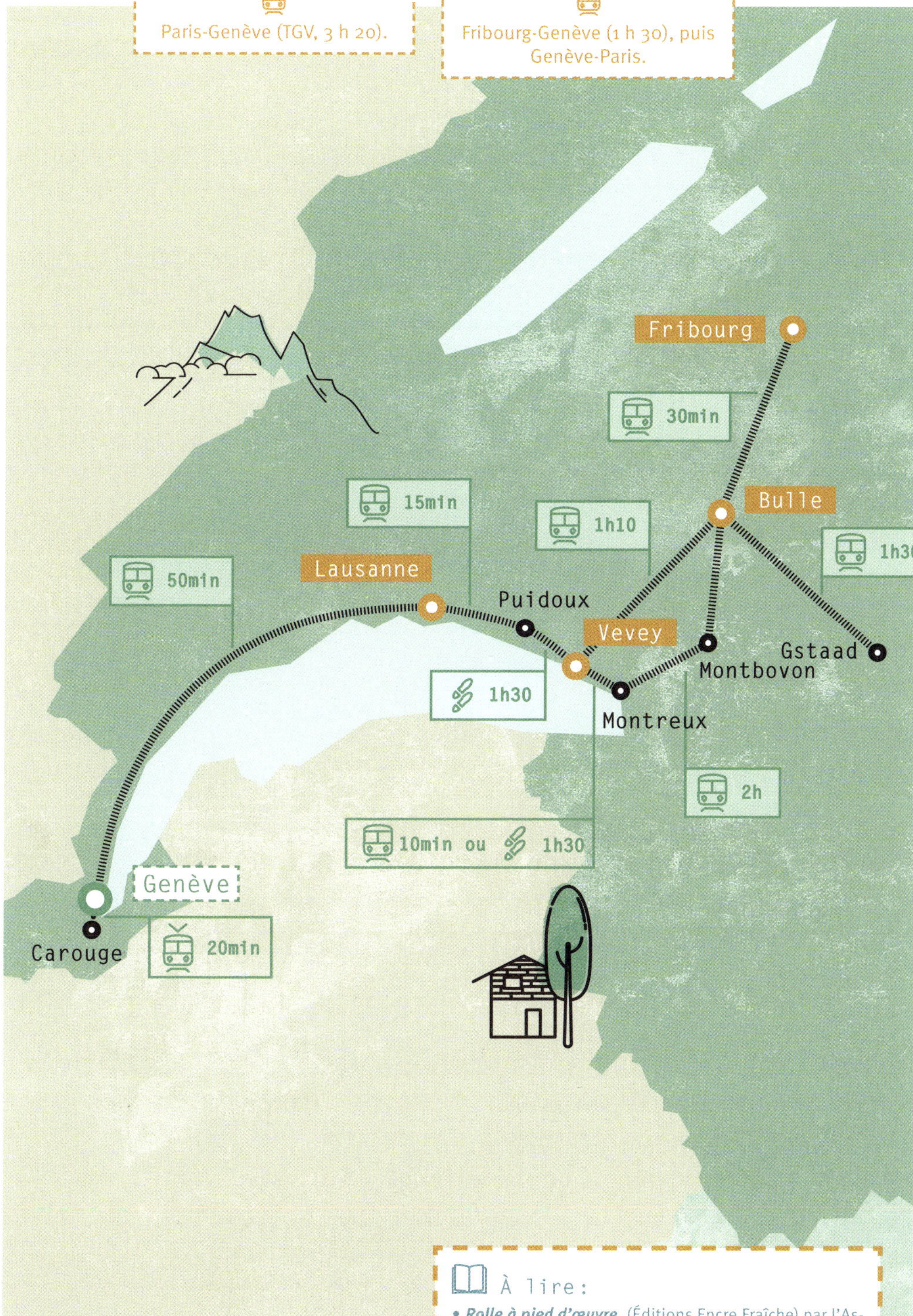

À lire :

- ***Rolle à pied d'œuvre,*** (Éditions Encre Fraîche) par l'Association des jeunes auteurs et autrices romandes et romands (l'AJAR). Une balade littéraire à travers les paysages de La Côte.

JOUR•1

Genève

Il n'y a pas que le jet d'eau et les banques à Genève ! Découvrez la vieille ville, avec ses ruelles pavées, sa cathédrale emblématique – devenue temple dans la cité de Calvin – et les différents sièges des pouvoirs politiques, sources inépuisables de scandales à la genevoise (les *genferei*, comme on les nomme presque affectueusement dans le coin).

Les adeptes de la culture alternative lui préféreront toutefois le quartier des Grottes, juste derrière la gare, impossible à manquer en raison de son immense tag lumineux en forme de tête de félin et de serpent.

Les romantiques, eux, iront se balader dans la bucolique ville de Carouge (à 20 minutes de la gare de Genève en prenant le tram n° 18), tandis que les *aficionados* de l'apéro se rabattront sur la rue de l'École-de-Médecine, qui offre un choix impressionnant de bars branchés.

Attention toutefois à rester suffisamment en forme pour prendre le train le lendemain, direction Lausanne !

En été, les rives du Rhône sont recouvertes de serviettes de bain. Des pontons et des échelles sont installés un peu partout, notamment près du **pont Sous-Terre**. Idéal pour faire trempette en pleine ville et se rafraîchir en cas de canicule !

JOUR•2

Lausanne

Moins de 50 minutes séparent Genève de Lausanne en train. Évitez les horaires des pendulaires qui, dans les deux sens, remplissent les wagons de leur mauvaise humeur !

Lausanne est une ville construite en étages. Choisissez votre camp : descendre au bord du lac, se promener en centre-ville ou prendre de la hauteur.

Côté lac. Autour d'Ouchy, vous trouverez, dans un rayon de 3 km (liste non-exhaustive) : le musée Olympique, fierté de la ville, le théâtre de Vidy-Lausanne et sa programmation pointue au rayonnement international, le Beau-Rivage Palace et sa cheffe étoilée Anne-Sophie Pic, ou le parc Bourget avec ses barbecues et ses plages de sable fin.

Deux bars ont récemment ouvert leurs portes au bord du lac : la **Jetée de la Compagnie** et le **Minimum**, qui permettent aux clients de boire une mousse les pieds dans l'eau (et au coucher du soleil, c'est encore mieux) ! Ouverts seulement en été.

Côté ville. Le centre de Lausanne est petit, mais concentre un nombre presque effrayant d'activités culturelles : les musées s'y comptent par dizaines (Plateforme 10 et le palais de Rumine renferment les plus importants), les salles de théâtre et de concert inondent le quidam de propositions alléchantes et les cinémas indépendants côtoient les deux complexes de Pathé. C'est aussi le chef-lieu de la **Cinémathèque suisse**, qui propose jusqu'à trois projections par jour.

Côté forêt. Sur les hauteurs de la ville, la forêt de Sauvabelin, avec sa célèbre tour et son lac éponymes, propose une parenthèse de verdure et de fraîcheur. Du haut des 302 marches de la tour, la vue sur le lac et les montagnes attirent tous les amoureux.

Le lac se nomme définitivement lac Léman. Les seuls à le nommer lac de Genève sont genevois. Ne commettez pas cet impair face à un Lausannois !

JOUR•3

Puidoux - Vevey

Ce troisième jour devrait vous en mettre plein la vue. D'abord grâce au train reliant Lausanne à Puidoux, en 15 minutes environ, qui traverse les vignes de Lavaux. Un conseil : asseyez-vous côté fenêtre, à droite dans le sens de la marche ! À la sortie de la capitale vaudoise, le lac scintillant, les Alpes et les vignes forment un panorama à couper le souffle, d'ailleurs classé au patrimoine mondial de l'Unesco.

Prolongez encore cette vision en descendant du train à Puidoux, pour rejoindre Vevey à pied ; comptez environ 1 h 30 pour parcourir les 8 km à travers les ceps de vigne entre lac et montagne… Décor idéal pour un petit apéro au vin blanc si vous êtes prévoyant(e). Une soirée au bord du lac dans la charmante ville de Vevey devrait achever une journée des plus agréables.

BIFURCATION

Autre possibilité pour rejoindre la prochaine étape : continuer jusqu'à Montreux et prendre le *GoldenPass Panoramic* jusqu'à Montbovon, puis changer de train pour rejoindre Bulle. À Montreux, vous ne trouverez pas l'ambiance « villageoise » de Vevey, mais son côté « bling-bling », avec son casino et son célèbre festival de jazz en juillet, peut en séduire beaucoup. Quant au GoldenPass, il n'est pas rapide, mais ses larges fenêtres et son plafond vitré vous permettront d'admirer la vue presque à 360°.

JOUR•4
Le Train Fondue

Depuis Vevey, rallier Bulle en train ne vous prendra que 1 h 10. Calculez bien : il vous faut arriver en fin de matinée, juste à temps pour le départ du Train Fondue ! C'est alors un véritable voyage dans le temps qui commence : le train « rétro », les paysages fantastiques du Pays d'En-Haut, la *Fondue du Barbu* et bien sûr la meringue avec sa crème double vous rempliront les yeux et l'estomac en un rien de temps.

Une fois le café dégusté, le Train Fondue vous dépose en gare de Gstaad. Profitez-en ensuite pour vous balader dans cette station mythique, fréquentée par la haute bourgeoisie européenne, les têtes couronnées et les stars du showbiz.

Attention toutefois à ne pas rater le train du retour, qui vous ramènera à Bulle en fin de journée. Cette petite ville située en pleine campagne abrite le meilleur restaurant de fondue de Suisse : le **Café Fribourgeois**. Même si, après une telle journée, vous n'en aurez sûrement pas envie, cet établissement reste sans conteste une excellente adresse si vous revenez un jour en terres bulloises (et si vous n'aimez pas le fromage, le décor de cette brasserie à l'ancienne ravira au moins vos yeux).

Pour *l'after*, le centre culturel **Ébullition** propose une programmation musicale riche et variée dans une ambiance intimiste, avec un bar situé dans la salle elle-même. Tous les derniers jeudis du mois, cet ancien cinéma retrouve sa vocation première en projetant des films d'auteur oubliés, méconnus ou à revoir.

JOUR•5

Fribourg

Après un petit déjeuner dans le décor lumineux de la **Brasserie Le Moderne**, vous pourrez rejoindre Fribourg (« Frib's », comme la nomment affectueusement ses habitants) en un peu plus de 30 minutes de train. Les activités ne manquent pas dans le chef-lieu du canton du même nom, troisième ville de Suisse romande derrière Genève et Lausanne.

Côté patrimoine, les fortifications, bâties entre les XIIIe et XVe siècles, sont ouvertes au public en été. En hiver, réfugiez-vous dans la cathédrale Saint-Nicolas, symbole et silhouette de la ville. La cité regorge également d'art en plein air, comme le fameux poteau patriotique (indiquant chaque parole de l'hymne national comme une destination) ou les œuvres monumentales du célèbre sculpteur fribourgeois Jean Tinguely.

Le funiculaire, classé monument historique en raison de son système de contrepoids utilisant les eaux usagées de la ville comme carburant, permet en outre de relier centre-ville et basse-ville, le quartier historique.

En fin de journée, une promenade du côté de la chapelle de Lorette s'impose pour les amoureux de panoramas – et sans doute les amoureux tout court. La vue sur la ville depuis le parvis est tout simplement magistrale et idéale pour admirer le coucher du soleil !

CARNET D'ADRESSES

GENÈVE

Hôtel Bel'Espérance, *www.hotel-bel-esperance.ch*, en plein cœur de Genève. Terrasse panoramique au dernier étage ! Chambre double : env. 180 € petit déjeuner inclus.

LAUSANNE

BnB Le Haut des Vignes, *www.bnb-lutry-lavaux.ch*, une villa d'architecte perchée dans le vignoble de Lavaux (Lutry, 5 minutes de train), avec terrasse panoramique au dernier étage ! Pensez seulement à réserver à l'avance. Chambre double : env. 140 €.

VEVEY

Hostellerie de Genève, *www.hotelgeneve.ch*, sur la grande place de Vevey, au bord du lac Léman. Chambre double : env. 150 €.

FRIBOURG

Hôtel de la Rose, *www.hoteldelarose.ch*, à deux pas de la cathédrale et du musée. Chambre double : env. 140 €.

15 Glaciers, lacs & palmiers

5 jours

Suisse & Italie

Le sud-est de la Suisse a ceci de particulier qu'un rien sépare les glaciers des bords du lac. Des cimes enneigées aux palmiers, il n'y a pour ainsi dire qu'un pas – ou, du moins, quelques kilomètres de rails. Plages ou montagnes ? Laissez-vous tenter par un itinéraire qui réconciliera les voyageurs amateurs des unes ou des autres !

PARIS
ZURICH

Paris-Zurich (TGV, 4 h), puis correspondance vers Lucerne (50 min)

COIRE
ZURICH

Coire-Zurich (1 h 30) puis Paris-Zurich (TGV, 4 h).

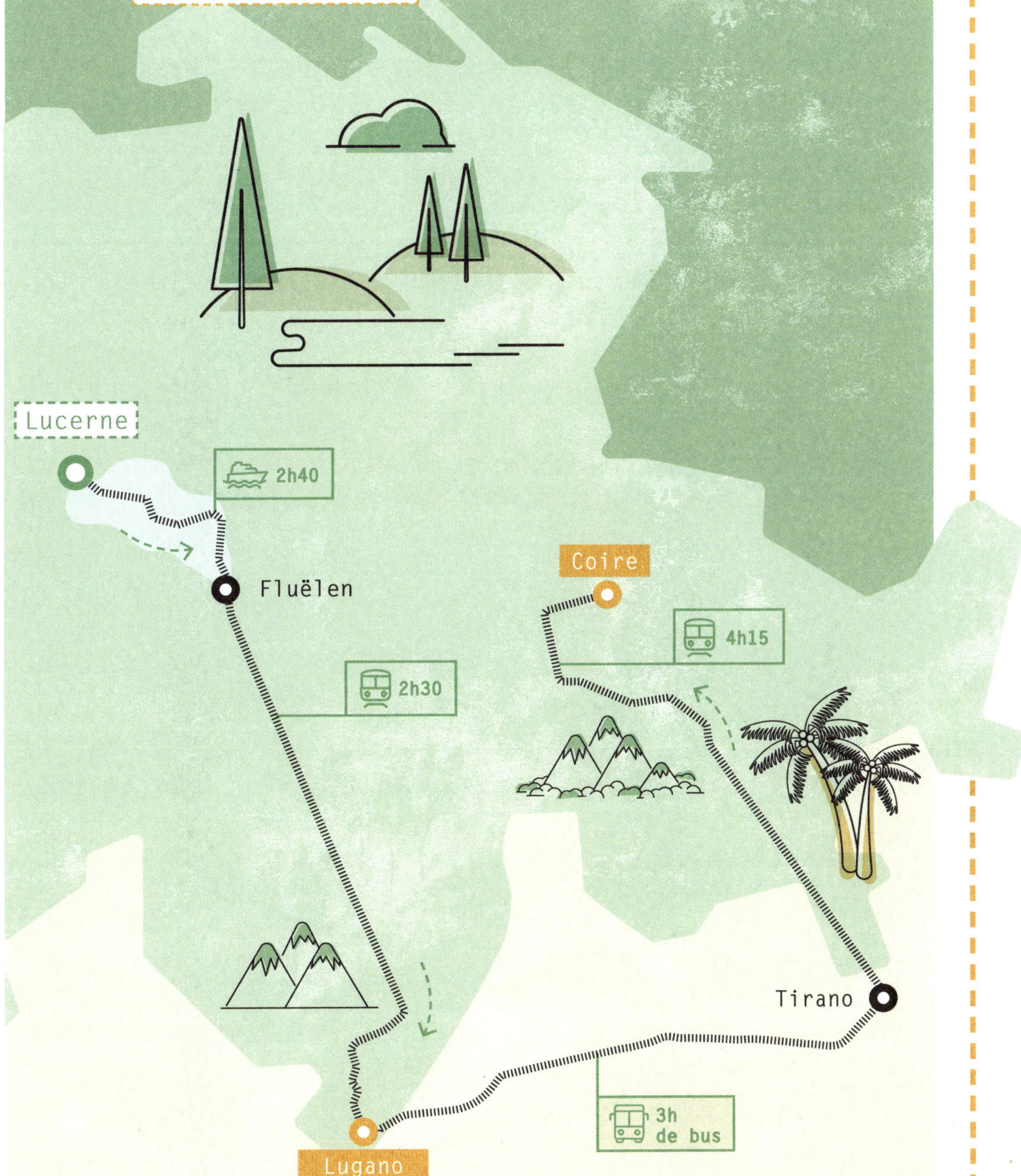

À écouter :

- Quoi de mieux, pour franchir le Gothard, que d'écouter le groupe du même nom ? Formé en 1992, il a connu un grand succès en Suisse et en Allemagne. Leurs tubes : ***Heaven, Let it Rain*** et ***Anytime Anywhere.***

JOUR•1

Lucerne

Au détour des ruelles pavées de la cité médiévale, sous le regard séculaire des façades peintes étonnamment bien conservées, de nombreuses cours accueillent le passant aux pieds fourbus pour un café en terrasse. De quoi reprendre son souffle avant de traverser le célèbre Pont de la Chapelle, véritable emblème de la ville, si ce n'est du pays, surprenant par sa structure de bois – et aussi parfois par le poids de touristes qu'il est capable de supporter.

Les plus agoraphobes préféreront sans doute le Pont de la Danse des Morts, moins fréquenté et pourtant tout aussi joli. Et puis il reste bien sûr les rives du lac, où flâner sans modération, ainsi que le lac lui-même sur lequel de nombreuses croisières sont possibles.

À découvrir : le piano de Richard Wagner, au sein du musée du même nom situé dans la maison de campagne que le célèbre compositeur a occupée durant six ans. À pied ou en bateau, la promenade pour y accéder vaut en soi le détour.

JOUR•2 Gotthard Panorama Express

Une journée haute en couleur: en bateau d'abord, puis en train, de larges vitres ouvrent la vue sur des paysages mythiques qui représentent à eux seuls un concentré d'histoire suisse: la prairie du Grütli, le rocher de Schiller, la chapelle de Tell, l'église de Wassen, le tunnel du Saint-Gothard et, bien sûr, les Alpes.
On commence donc par voguer sur le lac des Quatre-Cantons, entre Lucerne et Flüelen (2 h 45 environ). À bord, une restauration chaude est proposée: de quoi bien entamer le voyage!
Puis le Gotthard Panoramic Express (2 h 30 de trajet) franchit les Alpes, atteignant les 1100 m d'altitude, traverse la galerie ferroviaire séculaire ouverte en 1882 en ralentissant devant des représentations de monuments, de l'histoire de la région et du mythe du Gothard. Une bière du même nom est servie aux passagers du train, parmi d'autres snacks et boissons. Un guide est également du voyage pour assouvir votre éventuelle curiosité...
Puis, c'est l'arrivée à Lugano. Oui, vous êtes bien en Suisse, malgré cette atmosphère tropicale, ces palmiers à tous les coins de rue et l'italien qui résonne dans vos oreilles.
Un dîner sur les bords du lac finira votre journée en beauté!

INFOS PRATIQUES

Le Gotthard Panoramic Express ne circule qu'entre avril et octobre. Il est toutefois possible d'emprunter la ligne panoramique du Saint-Gothard, en changeant à Erstfeld.
Attention, seuls les wagons de 1re classe bénéficient de fenêtres panoramiques!
Côté pratique, téléchargez l'application *Gotthard Panorama Express* qui détaille et géolocalise tous les points d'intérêt du parcours.

JOUR•3

Lugano

Lugano et son lac turquoise ont le chic pour plonger le voyageur dans une ambiance oisive de *farniente*. N'y passer qu'un jour est un petit sacrilège. Si toutefois vous n'aviez pas le choix, faites au moins un tour dans le village de Gandria (accessible en moins de 50 minutes). Des ruelles étroites certifiées sans voitures, des escaliers biscornus dans tous les sens et l'inévitable lessive pendue au-dessus de votre tête vous donneront un avant-goût d'Italie ! Plusieurs bistrots vous accueillent en terrasse, surplombant les eaux miroitantes du lac de Lugano.

JOUR•4

Bernina Express

La journée commence par un trajet en bus de 3 heures à bord du Bernina Express Bus le long de la côte lacustre et des lacs de Lugano et de Côme (attention, il fonctionne uniquement de février à novembre). L'arrivée à Tirano a lieu vers midi, ce qui permet de faire une pause déjeuner en Italie. Laissez-vous tenter, à 12 minutes à pied de la gare, par **La Botte** (*www.ristorantepizzerialabotte.it)* doté d'une cheminée au centre de la pièce pour cuire la viande et le poisson.

Puis on remonte à Tirano dans un train panoramique, le Bernina Express cette fois-ci, dont la voie culmine à 2 253 m d'altitude. Son célèbre viaduc hélicoïdal de Brusio, astuce pour permettre au train de gravir plusieurs centaines de mètres sans crémaillère, ravira les fans de curiosités ferroviaires (et de *Harry Potter*!).
Ici, le voyage importe presque davantage que la destination : les lignes de l'Albula et de la Bernina, empruntées par le train, sont classées au patrimoine mondial de l'Unesco. Elles sont ponctuées par de nombreux viaducs impressionnants et vertigineux.

Si un arrêt au sommet vous tente, l'auberge Ospizio Bernina située sur le col (2309 m d'altitude) offre une ambiance unique pour passer la nuit ou se restaurer.

JOUR•5 Coire (Chur)

C'est le chef-lieu du canton des Grisons, l'unique région de Suisse où est parlé le romanche (qui est pourtant l'une des quatre langues nationales du pays). C'est aussi la plus ancienne ville de Suisse : les chasseurs-cueilleurs du paléolithique ont vécu temporairement dans la zone urbaine actuelle ! Située au cœur des Alpes, elle est devenue par la suite un passage important pour le commerce international. Ses monuments historiques sont, par conséquent, fort nombreux – les plus célèbres restant sa cathédrale, vieille de 800 ans, son palais épiscopal et ses vestiges du néolithique et de l'âge du bronze.

Et si les vieilles pierres ne vous intéressent pas, vous trouverez sans aucun doute votre compte en parcourant le centre-ville, fermé au trafic et regorgeant de cafés et de boutiques.

CARNET D'ADRESSES

LUCERNE

Hôtel Beau Sejour Lucerne, *beausejourlucerne.ch*, chambres rétros avec vue sur le jardin ou sur le lac. Emplacement idéal. Chambre double : env. 150 € petit déjeuner inclus.

LUGANO

Lugano Center GuestHouse, *www.luganoguesthouse.com*, une maison d'hôtes confortable au bord du lac de Lugano. Chambre double : env. 140 €.

COIRE

Ambiente Hotel Freieck, *www.freieck.ch*, demeure ancienne, proche de la gare et du centre-ville. Chambre double : env. 160 € petit déjeuner inclus.

ENVIE DE PROLONGER LE SÉJOUR ?

Pour les amoureux de la nature, les activités ne manquent pas dans les montagnes entourant le chef-lieu : randonnées, visite des domaines viticoles et accès en moins d'une heure à 26 stations thermales et de villégiature !

16 La route de Compostelle… pour les paresseux

8 jours

France, Espagne

Châteaux, expos, randos. Une route de Compostelle par la « Voie de Tours » jusqu'à la frontière, puis le *Camino del Norte*, en Espagne. Avec des classiques : minirandonnées et auberges de pèlerins, du tombeau de saint Martin à celui de saint Jacques. Et des insolites : *pintxos*, surf, scooter *vintage*, train d'exception… pour un voyage vers Compostelle garanti sans ampoules !

SAINT-JACQUES-DE-COMPOSTELLE

PARIS

Train de nuit vers Barcelone (13 h), puis Barcelone-Paris (6 h 30).

Vol Saint-Jacques-de-Compostelle-Paris (2 h).

À lire :

- ***Le Goût de Bordeaux*, Jean-Noël Mouret** (Mercure de France) anthologie littéraire réunissant des textes de Philippe Sollers, Noël Mamère, Gustave Flaubert, Théophile Gautier, Jacques Réda, François Mauriac, etc.
- ***Le Basque pour les Nuls – guide de conversation*** (Éditions First). Parlez basque et vous serez accueilli avec le sourire !
- ***Immortelle randonnée : Compostelle malgré moi*, Jean-Christophe Rufin** (Gallimard). Rufin retrace son parcours sur le *Camino Norte* en mêlant émotion, réflexion et auto-dérision. Un chef-d'œuvre.

JOUR•1

Paris

Au Moyen Âge, Paris était une étape importante sur les chemins de Saint-Jacques-de-Compostelle. Les pèlerins venant du nord de l'Europe s'arrêtaient notamment à l'église de Saint-Jacques-de-la-Boucherie, car elle abritait une relique de saint Jacques le Majeur. Les travaux d'agrandissement ont été financés par Nicolas Flamel, que les fans d'*Harry Potter* connaissent pour être le légendaire créateur de la pierre philosophale… Il ne subsiste aujourd'hui de cette église que la tour dénommée Saint-Jacques, point de ralliement des pèlerins. En passant rive gauche, au 31 de la rue Saint-Jacques, on découvre le cadran solaire de Salvador Dalí. Le peintre flamboyant a laissé là un clin d'œil discret au chemin, avec ce visage de femme en forme de coquille. On continue vers le musée de Cluny qui regorge de références jacquaires : les coquilles qui ornent la façade, les statues de l'apôtre, et des enseignes, ces petites pièces de métal achetées par les pèlerins à Santiago, rapportées en France et finalement jetées dans la Seine pour marquer le retour.
On met maintenant le cap vers Saint-Jacques que l'on peut espérer atteindre à pied en deux mois, ou pour plus de certitude en train en huit jours !

JOUR•2

Tours

Après 1 h 10 de train depuis Paris, il y a quelque chose d'émouvant à se rendre à la basilique Saint-Martin-de-Tours. Cela fait plus de seize siècles que les pèlerins viennent y honorer les reliques de saint Martin avant de se mettre en marche pour Saint-Jacques-de-Compostelle. C'est pourquoi Tours a donné son nom à l'un des chemins de pèlerinage historiques, la via Turonensis. On peut le suivre jusqu'aux Pyrénées avant de rejoindre soit le *Camino Francés*, soit le *Camino del Norte*.

Comment saisir « l'art de vivre tourangeau » ? Commencez par arpenter le quartier Colbert et vous comprendrez l'attachement assumé des habitants pour leur patrimoine historique, des maisons médiévales à ardoises aux hôtels Renaissance superbement préservés, en passant par la Maison de la pucelle-armée où a été fabriquée l'armure de Jeanne d'Arc, jusqu'à la cathédrale Saint-Gatien, connue pour sa splendide façade flamboyante. Le *Parcours Lumière Balzac,* quant à lui, illustre l'amour réciproque entre le romancier et sa ville natale. Il faut aussi absolument faire l'expérience de la célèbre place Plumereau (« Place Plume » pour les intimes). Avec ses maisons à colombages, elle est régulièrement élue « plus belle place de France pour prendre l'apéro » ! Et aux beaux jours, c'est sur les bords de Loire que ça bouge, avec concerts, guinguette et cinéma de plein air.

LA VALLÉE DES ROIS

Les majestueux châteaux de la vallée de la Loire rappellent que cette région fut la favorite des rois de France pendant des siècles. Ce patrimoine reconnu par l'Unesco est dynamisé par des animations tels la Scénoféerie de Semblançay, le Festival international des jardins à Chaumont ou l'*Escape Game* à Blois. L'office de tourisme de Tours, situé juste en face de la gare, propose plusieurs façons de découvrir la vallée. Les itinéraires de la *Loire à Vélo* sont remarquablement bien organisés et permettent de combiner route des châteaux et route des vins, pour une pause-dégustation de Vouvray, de Montlouis ou de Chinon.

JOUR•3 Bordeaux

Depuis la mise en service de la ligne à grande vitesse, on peut rejoindre Bordeaux depuis Tours en 1 h 45. Cette accessibilité rend Bordeaux encore plus attractive, elle qui séduisait déjà par son inégalable qualité de vie, l'élégance de son architecture classique, ses vignobles prestigieux et la proximité de l'océan. Pour pouvoir profiter d'une journée à Bordeaux, concentrez-vous sur la vieille ville. De la gare Saint-Jean, prenez le tram et descendez vers l'emblématique place de la Bourse. C'est le matin qu'on y fait les plus belles photos, en profitant de l'ensoleillement des façades. Le miroir d'eau, immense bassin réfléchissant, est une œuvre d'art hypnotisante. Les quais sont le lieu de détente des Bordelais, avec terrains de sport, jeux pour enfants et espaces verts propices à la sieste. Continuez la balade vers le très chic Triangle d'or, le jardin public (poumon vert de la ville inspiré par les jardins de Versailles), et la cathédrale gothique Saint-André. En fin de journée, montez les 233 marches de la tour Pey Berland pour un magnifique point de vue sur la ville au soleil couchant. Si votre séjour est trop court pour planifier la visite d'un vignoble ou de la Cité du Vin, il ne faudra pas repartir sans avoir poussé la porte d'un bar à vins. Chez **Le Pépère**, place Gambetta, on dîne à la bonne franquette : vins locaux, saucissons, chansonniers et humour au coin du comptoir.

JOUR•4

Bayonne

Le voyage se poursuit le lendemain matin par 2 heures de train à travers le Parc Naturel des Landes de Gascogne. À l'arrivée à Bayonne c'est un dépaysement total. La ville clame haut et fort son identité basque : patois chantant qui émane des bistrots, panneaux en deux langues et ferveur des locaux pour la pelote basque... Aux fenêtres, les Bayonnais affichent leurs revendications : que ce soit pour l'indépendance du Pays basque, l'accueil des réfugiés ou encore contre le dérèglement climatique. En marchant le long des quais de la Nive, on se laisse charmer par les maisons pluricentenaires aux volets rouges, bleus ou verts qui se reflètent dans l'eau. Le marché quotidien de Bayonne au Carreau des Halles est un concentré du terroir. Les producteurs locaux viennent y proposer leurs spécialités : le fromage de brebis, le piment d'Espelette, les poivrons farcis à la morue, le gâteau basque et le fameux jambon, bien sûr... Quant à l'humeur festive, qui explose lors des fêtes de l'été, elle est bien palpable toute l'année !

LE CAMINO DEL NORTE

Bayonne, c'est le point de départ officiel du *Camino del Norte* (ou Chemin côtier). Il traverse les quatre régions du nord de l'Espagne : le Pays basque, la Cantabrie, les Asturies et la Galice. Longtemps délaissé, car réputé être fréquenté par des brigands et des loups, ce n'est que récemment qu'il est redevenu une alternative pour rejoindre Saint-Jacques-de-Compostelle. Entre ciel et mer, les montagnes et l'océan, du haut des falaises jusqu'aux petits ports, on monte et on descend plusieurs fois par jour, tous les jours ! Il convient aux marcheurs sportifs qui cherchent davantage de solitude.

JOUR•5

Rando sur le *Camino* à Saint-Sébastien

Après un voyage de 1 h 30 longeant la côte basque avec un changement à Hendaye, on arrive à Saint-Sébastien, dans le nord verdoyant de la péninsule ibérique. On peut faire un tour rapide dans la vieille ville, charmante avec son architecture Art déco, et se prélasser à Zurriola, la plus jeune et sportive des trois plages, repaire des surfeurs. Mais pas trop longtemps, car c'est aujourd'hui qu'on va enfin se confronter au chemin de Compostelle ! On enfile ses chaussures de marche pour une randonnée de 3 heures, accessible depuis la plage. Le chemin est jalonné de balises ornées de la symbolique coquille. On longe la mer sur la montagne Ulía qui borde le côté est de la ville, par le sentier sauvage du *Camino del Norte*. À San Pedro, on prend un petit bateau aux couleurs basques, vert, rouge et blanc, jusqu'à Pasajes de San Juan, un charmant village de pêcheurs. Rien de tel qu'un excellent plateau de fruits de mer pour se remettre de ses efforts. Un service de bus permet de rentrer passer la nuit à Saint-Sébastien.

JOUR•6

Bilbao

Après 1 h 15 de bus depuis Saint-Sébastien, vous voilà prêts pour profiter des multiples attraits de Bilbao ! Ces vingt dernières années, l'art, le design et la mode ont façonné cette cité à l'atmosphère à la fois dynamique et décontractée. Descendez à la station Matiko, la plus proche du célébrissime musée Guggenheim. Dessiné par Frank Gehry et exposant des artistes tels Jeff Koons, Mark Rothko ou Louise Bourgeois, il a été pensé comme un grand terrain de jeu et d'éveil. Pour déjeuner à l'heure locale, on traverse la Ria direction la Ribera – plus large marché couvert d'Europe. Vous pourrez y déguster entre deux doigts les fameux *pintxos*, tapas épinglés sur du pain par un cure-dents. Et pour une virée shopping, les rues médiévales de la vieille ville regorgent de boutiques de créateurs. On se perd facilement dans ce labyrinthe… mais c'est ce qui crée les meilleurs souvenirs !

JOUR•7

Santander

En 2 h 30, le train vous transporte du Pays basque à la Cantabrie et sa capitale, Santander. Membre du très select « Club des plus belles baies du monde », Santander est réputée pour ses plages citadines et ses spots de surf. Une promenade depuis le port jusqu'au parc de la Magdalena, situé à 3 km de là sur une presqu'île, est un bon moyen de l'apprécier. On peut y pique-niquer à l'ombre des pins en admirant le palais où la famille royale passait ses étés jusqu'au début du xxe siècle. Les férus d'art contemporain visiteront le Centro Botin, imaginé par Renzo Piano. Et ceux qui veulent simplement profiter d'une vue panoramique accéderont gratuitement à la passerelle au plancher de verre. Vertigineux ! Revenez dans le centre et laissez-vous charmer par les nobles façades : même les banques sont élégantes !

Pour un dîner coup de cœur garanti, réservez les yeux fermés à la **Bodega del Riojano** *(www.bodegadelriojano.com)* : le décor est rustique avec grosses poutres et tonneaux décorés par des artistes et la cuisine fait l'unanimité. Mention spéciale pour la tortilla… Beaucoup ne viennent que pour elle.

RANDONNÉE SUR LE *CAMINO* JUSQU'À L'AUBERGE DE GUËMES

Rien de tel qu'une randonnée à pied - même courte - pour avoir une expérience intime du Chemin de Compostelle. Depuis Santander, prenez un bateau passeur jusqu'à Somo pour une traversée d'une vingtaine de minutes. Puis, durant presque trois heures, en longeant le chemin sur la crête des falaises, au rythme des vagues, on met ses pas dans ceux de l'Histoire ! Vous arriverez à l'**Auberge de Guëmes**, tenue par le père Ernesto, une figure mythique parmi les marcheurs. Plus qu'un refuge, c'est aussi un lieu communautaire, propice à la réflexion et ouvert à toutes les cultures. Vous vous laisserez vite gagner par l'esprit de camaraderie du *Camino*.

JOUR•8

Saint-Jacques-de-Compostelle

La Galice ne se distingue pas par l'efficacité de son réseau ferré. La meilleure solution pour effectuer le dernier tronçon du parcours est encore de prendre les bus modernes Alsa. En partant tôt le matin, on arrive à Saint-Jacques-de-Compostelle en début d'après-midi. Au sortir de la gare routière, dégourdissez-vous les jambes sur les 2 km qui mènent à la cathédrale tant attendue. Elle renferme les reliques de l'apôtre saint Jacques, et c'est l'un des foyers les plus vivants de la dévotion catholique. Le spectacle de l'arrivée des pèlerins en pleurs, éreintés, fiers et nostalgiques donne une grande leçon d'humilité. Vous ne pourrez pas prétendre à la *compostela,* le certificat de pèlerinage, réservé à ceux qui ont parcouru au moins les 100 derniers kilomètres à pied. Mais chassez vite ce syndrome de l'imposteur ! Car ce qui compte sur le Chemin de Compostelle, ce n'est ni le mode de transport, ni la performance, c'est de trouver son rythme !

Il faut maintenant songer à un autre chemin, celui du retour. Vous avez le choix du train de nuit jusqu'à Barcelone qui fait arriver à Paris le lendemain après-midi. Ou d'un avion depuis Santiago ou Porto, qui n'est pas si loin.

CARNET D'ADRESSES

TOURS

L'Adresse, *www.hotel-ladresse.com*, au cœur du vieux Tours, élégance contemporaine, tons reposants et intemporels. Chambre double : env. 110 €.

BORDEAUX

Hôtel Gambetta, *www.hotel-gambetta.com*, idéalement situé à 5 minutes du Triangle d'or, de Gambetta, de Saint-Pierre et de l'hôtel de ville. Chambre double : env. 100 €.

BAYONNE

Hôtel Côte basque, *www.hotel-cotebasque.fr*, un hôtel qui a du charme, à l'image de ses avant-toits Art déco néo-basques. Proche de la gare. Chambre double : env. 120 €.

SAINT-SÉBASTIEN

Sercotel Codina, *www.sercotelhotels.fr*, un hôtel très calme entre le centre-ville et la plage. Chambre double : env. 130 €.

BILBAO

NH Collection Villa de Bilbao, *www.nh-hotels.fr*, excellent emplacement au centre-ville, chambres rénovées et spacieuses. Chambre double : env. 130 €.

SANTANDER

Le Petit Boutique Hotel, *www.lepetithotelsantander.com*, idéalement situé sur le front de mer, à proximité immédiate du palais de la Magdalena. Chambre double : env. 100 € petit déjeuner inclus.

17 La route des artistes de Méditerranée

11 jours

France, Espagne

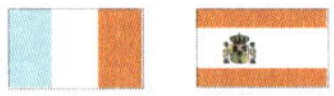

Au programme: baignades, sentiers côtiers, promenades sur les traces de peintres célèbres, échappées belles à bord de trains exceptionnels... Voici un périple entre France et Espagne pour découvrir les merveilles naturelles et artistiques de la grande bleue.

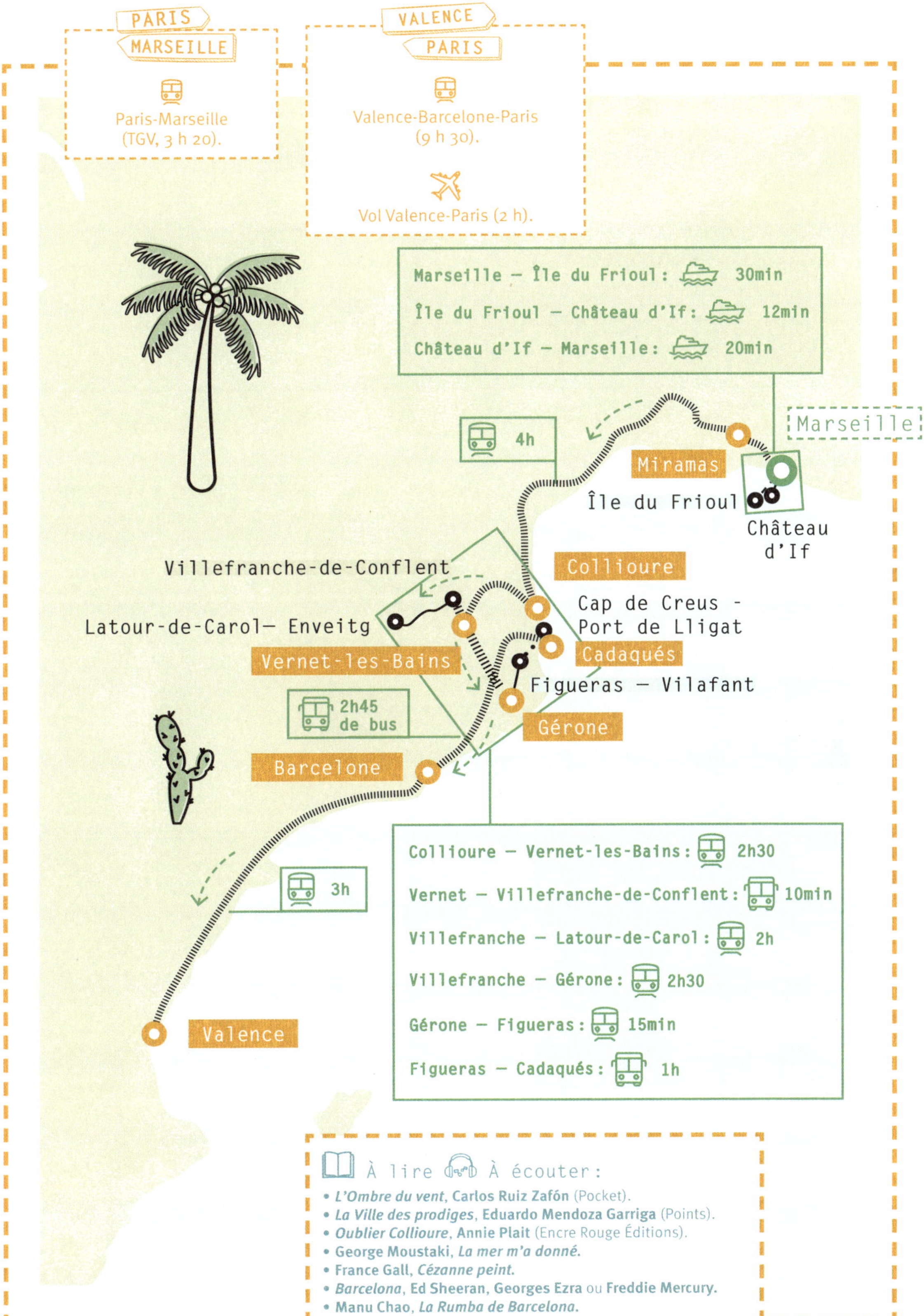

À lire À écouter :

- ***L'Ombre du vent*, Carlos Ruiz Zafón** (Pocket).
- ***La Ville des prodiges*, Eduardo Mendoza Garriga** (Points).
- ***Oublier Collioure*, Annie Plait** (Encre Rouge Éditions).
- **George Moustaki, *La mer m'a donné*.**
- **France Gall, *Cézanne peint*.**
- ***Barcelona*, Ed Sheeran, Georges Ezra** ou **Freddie Mercury.**
- **Manu Chao, *La Rumba de Barcelona*.**
- **Nino Ferrer, *On dirait le Sud*.**
- **Tino Rossi, *La Méditerranée*.**

JOUR•1

Marseille

La deuxième plus grande ville de France a tant à offrir qu'on pourrait y passer deux semaines ! Pour un séjour plus court, on se concentre sur les indispensables en mettant le cap sur le Vieux-Port pour une visite du très authentique marché aux poissons, qui se tient tous les matins sur le quai de la Fraternité. Ensuite, direction le MuCEM, musée flottant entre ciel et eau, pour une plongée dans l'histoire des civilisations méditerranéennes. Prenez le temps de flâner sur les espaces extérieurs pour découvrir le panorama. On prolonge la quête de la plus belle vue sur la cité phocéenne en grimpant vers « la Bonne Mère », surnom de la basilique Notre-Dame-de-la-Garde, avant d'aller se reposer les gambettes dans un restaurant du quartier du Panier, dont les vieilles ruelles escarpées ont inspiré le décor du célèbre feuilleton *Plus belle la vie*... Dans l'assiette : une bouillabaisse ou une soupe au pistou.

JOUR•2

Train de la Côte Bleue

Dès le matin, rejoignez la gare de Marseille Saint-Charles et montez à bord du train de la Côte Bleue pour découvrir les calanques de Marseille à Miramas. Entre viaducs et tunnels, le parcours, achevé en 1917 et long de 32 km (1 h 15), est un spectacle à lui seul : bien installé dans votre fauteuil, vous verrez défiler criques aux eaux turquoise et ports de charme. Plusieurs arrêts sont possibles pour s'offrir un plongeon : le petit port de Niolon, Carry-le-Rouet ou encore le port de l'Estaque, immortalisé par les peintres Derain, Cézanne et Braque. Pour les randonneurs, possibilité, en descendant à Ensuès la Redonne, de rejoindre, via le sentier côtier, de nombreuses calanques (Figuières, Méjean...).

De retour dans la cité phocéenne, ne manquez pas la spectaculaire cathédrale de la Major pour admirer son architecture d'inspiration byzantine. La première pierre fut posée par Napoléon III en personne !

Ceux qui voudraient prolonger leur séjour marseillais peuvent rejoindre, en navette maritime, les îles du Frioul et le château d'If. Cette ancienne prison a inspiré Alexandre Dumas pour son célèbre roman *Le Comte de Monte-Cristo* !

JOUR•3

Collioure

À quatre heures de train de Marseille (correspondance à Narbonne ou Perpignan), rejoignez Collioure. Avec ses anchois, ses ateliers d'artistes, ses terrasses en bord de mer, ses maisons colorées et son port de charme, le village offre une belle échappée aux portes de l'Espagne. Parcourez ses ruelles pour rejoindre l'église Notre-Dame-des-Anges, construite sur une ancienne tour de guet médiévale, avant de rejoindre la chapelle Saint-Vincent, qui offre un superbe panorama sur la ville et la mer. Ce décor haut en couleur a inspiré les peintres Matisse et Derain, qui sont venus s'y installer durant l'été 1905, bientôt suivis par Braque, Picasso, Dufy et Chagall. Aujourd'hui, le *Chemin du Fauvisme* permet de (re)découvrir 19 reproductions d'œuvres qui y ont été réalisées par Matisse et Derain au cours d'un circuit qui traverse la ville.

En petit train touristique, on parcourt les vignobles sur les hauteurs de la ville pour rejoindre le fort Saint-Helme. Après un arrêt pour admirer la vue, le petit train redescend jusqu'à Port-Vendres et regagne Collioure par la corniche.

JOUR•4

Vernet-les-Bains

À 2 h 30 de train de Collioure, Vernet-les-Bains est une station ensoleillée idéale pour les amoureux de nature et de randonnée. Point de départ pour l'ascension du mont Canigou (la montée, très sportive, est réservée aux adeptes de la haute montagne), la station héberge aussi un grand Village Arboretum (avec 2 000 arbres répertoriés), des thermes indépendants ouverts de mars à novembre ainsi qu'un spa où l'on peut s'offrir « une journée détente ». Le vieux village est l'occasion d'une belle promenade à travers les ruelles pavées et fleuries, jusqu'à l'église Saint-Saturnin, édifice roman du XIIe siècle. Dans la ville basse, sur la rive gauche du Cady, de belles bâtisses de style Belle Époque témoignent du passé glorieux de la ville (*Grand Hôtel du Portugal*, casino), baptisée, pendant les Années Folles, « Paradis des Pyrénées ».

Le saviez-vous ?
Le chanteur Cali est originaire de Vernet-les-Bains. L'attachement à son village natal est si fort qu'il a donné son nom à l'un de ses albums !

JOUR•5

Le petit Train Jaune

C'est un parcours de 63 km qui dessert une vingtaine de gares des Pyrénées catalanes. Créée au début du XXe siècle, la ligne ferroviaire avait pour objectif de relier les plateaux catalans au reste de la région. Désormais, elle accueille le petit Train Jaune (aussi surnommé « le Canari ») pour un voyage spectaculaire à travers le paysage cerdan, entre vallée et montagnes. De Vernet, prenez un bus pour rejoindre la gare de Villefranche-de-Conflent, d'où part le train. Avec une vitesse moyenne de 30 km/h, le convoi, qui va jusqu'à la gare de Latour de Carol - Enveitg, traverse 19 tunnels (dont le tunnel du Planes, long de 337 m ou encore celui du Pla de Llaura long de 380 m) et des ponts remarquables comme le pont Gisclard, à 80 m au-dessus d'un précipice ou encore le viaduc du pont Séjourné, avec ses deux étages suspendus à 65 m du sol. L'été, le voyage est encore plus magique avec le wagon à découvert ! Frissons garantis. De retour à la gare de Villefranche, reprenez de la vitesse en montant dans le train vers Gérone que vous atteindrez en moins de 2 h 30 (correspondance à Perpignan).

JOUR•6

Gérone

À une petite centaine de kilomètres de Barcelone, Gérone est une cité catalane méconnue, mais pleine de charme ! Sa vieille ville et ses remparts médiévaux constituent un cadre idéal pour une balade paisible. Ses ponts, et notamment le pont rouge construit par Eiffel, offrent de beaux points de vue sur la rivière Onyar dans laquelle se reflètent les bâtiments colorés ; pour un peu, on se croirait à Florence ! Dans le quartier juif, les passages, escaliers et ruelles forment un magnifique labyrinthe où il fait bon se perdre. Côté monuments, ne ratez pas la cathédrale sur les hauteurs de la ville, son cloître et son musée. L'édifice, dont la voûte gothique affiche des dimensions spectaculaires, a servi de lieu de tournage pour une saison de *Game of Thrones* ! Plus tard, allez découvrir les vestiges des bains arabes, inspirés des bains romains, avant de rejoindre la place de l'Indépendance pour un verre et quelques tapas sous les arcades.

Pour les amateurs de musées, la ville regorge de possibilités : musée d'art dans le cadre magnifique de l'ancien palais épiscopal, musée d'histoire de la ville ou encore musée du cinéma.

JOUR•7

Cadaqués

Des maisons blanches face à la mer: Cadaqués est un petit paradis qui évoquerait presque un village des Cyclades. Pour s'y rendre, prenez le train de Gérone jusqu'à Figueras-Vilafant (15 minutes), puis un bus (environ 1 h). Avec ses ruelles pavées, ses maisons fleuries, ses galeries d'art, ses restaurants et ses jolies boutiques, son centre historique peut justifier à lui seul une journée de balade. Sur les hauteurs, le parvis de l'église de Santa-Maria, dont il faut aller admirer le somptueux retable baroque, offre un beau point de vue sur la mer. Du port, de nombreuses excursions en bateau sont proposées, dont certaines permettent de rejoindre Port Lligat (également accessible à pied en venant du village – comptez une vingtaine de minutes). Dans ce charmant petit port, ne manquez pas la maison de Salvador Dalí et son oliveraie, où le peintre vécut et travailla jusqu'à la mort de sa femme en 1982.

JOUR•8

Le Cap de Creus

Pour ce deuxième jour à Cadaqués, ceux qui cherchent le repos iront le trouver sur l'une des plages de la ville – mention spéciale pour celle qui démarre juste après la « Maison bleue », surnom de la magnifique Casa Serinyana, qui domine la baie depuis 1910. Les plus sportifs, en revanche, enfileront leurs chaussures de randonnée pour rejoindre, via le sentier côtier, le Cap de Creus, l'extrémité orientale de la péninsule Ibérique et des Albères. Comptez une journée de marche pour faire (tranquillement) l'aller-retour. À l'arrivée, l'effort est très généreusement récompensé : le panorama sur les montagnes et la mer est époustouflant. En chemin, plusieurs criques permettent de ponctuer la promenade de baignades. Végétation sauvage et eaux turquoise au rendez-vous... Le Cap de Creus est également accessible par la route.

JOURS•9 ET 10 Barcelone

De Cadaqués, on rejoint Barcelone en bus (compagnie Sarfa) ou en bus, puis train via Figueras-Vilafant. Dans la capitale catalane, direction le Barrio Gòtico, quartier historique aux ruelles médiévales et aux places pleines de charme. Après une visite de la cathédrale Sainte-Croix, son cloître, ses terrasses et ses chapelles, perdez-vous dans les ruelles environnantes pour découvrir la place Sant Jaume, le musée Picasso, le musée d'histoire de la ville ou encore la place du Roi. Rejoignez ensuite le marché de la Boqueria pour une pause-déjeuner dans l'une de ses nombreuses cafétérias. De là, empruntez la fameuse Rambla pour une promenade qui vous mènera jusqu'au port, ou prenez de la hauteur en embarquant à bord du téléphérique pour grimper sur la colline de Montjuic. Outre un beau panorama sur la ville, vous trouverez là un ensemble de musées : la Fondation Miró, le musée archéologique, le musée national d'art catalan. Mais aussi, pour une pause au grand air, le jardin botanique...

SUR LES TRACES DE GAUDÍ

Architecte et figure emblématique du modernisme catalan, Gaudí est omniprésent dans Barcelone. Visitez l'incontournable Sagrada Família puis partez à la découverte de ses nombreuses réalisations dans les rues barcelonaises : Casa Vicens (qui se visite depuis quelques années), Casa Mila, Casa Batlló... Ne manquez pas non plus le parc Güell, inscrit au patrimoine mondial de l'Unesco. Après un petit tour par la maison-musée de l'artiste (il y vécut pendant 20 ans), prenez la pause sur l'un des célèbres bancs ondulés habillés de céramique. Rejoignez enfin le Palau Güell, première grande création de Gaudí, dont vous admirerez les spectaculaires colonnes de marbre et les étonnantes cheminées sur le toit.

JOUR•11

Valence

Destination moins célèbre que Barcelone et Madrid, la troisième ville d'Espagne a pourtant de nombreux trésors à dévoiler. De la gare de Barcelone-Sants, comptez un trajet en train de trois heures en moyenne pour la rejoindre. Commencez sa visite par la majestueuse cathédrale qui domine trois places de la vieille ville. Grimpez les 207 marches de la tour du Miguelete pour découvrir, au sommet, un point de vue spectaculaire sur la ville. Perdez-vous ensuite dans le Barrio del Carmen, cœur de la Valence médiévale. Franchissez les Tours de Quart, qui témoignent de l'ancien rempart de la ville et partez à la découverte de ce labyrinthe chargé d'histoire riche en points d'intérêt: Palau de la Generalitat, Institut Valencien d'Art Moderne (IVAM), maison-musée du peintre Benlliure, centre culturel La Beneficencia... Faites un crochet par le Mercado Central pour une pause-déjeuner sous la coupole, avant d'aller vous reposer à l'ombre d'un palmier du jardin botanique. Vous pouvez aussi louer des vélos pour remonter les jardins du Turia, coulée verte de 7 km construite sur l'ancien lit du Turia qui traverse la ville. Ou passer l'après-midi à la Playa de las Arenas, plage de sable fin située à deux pas de la marina.

CARNET D'ADRESSES

MARSEILLE

Hôtel La Residence du Vieux-Port, *www.hotel-residence-marseille.com*, chambres colorées au décor rétro-chic, vue imprenable sur le vieux port et sur Notre-Dame-de-la-Garde. Chambre double: env. 150 €.

COLLIOURE

Hôtel Madeloc, *www.madeloc.com*, un établissement calme en plein centre-ville, beau jardin avec une vue exceptionnelle. Chambre double: env. 130 €.

VERNET-LES-BAINS

Villa Delphina, *www.villa-delphina.fr*, une villa élégante implantée sur les hauteurs de Vernet-Les-Bains. Chambre double: env. 100 € petit déjeuner inclus.

GÉRONE

Hotel Carlemany, *www.hotelcarlemanygirona.com*, chambres spacieuses proches de la gare et de la vieille ville. Chambre double: env. 100 €.

CADAQUÉS

Hotel La Residencia, *www.laresidencia.net*, une ancienne bâtisse décorée en hommage à Dali faisant face à la mer. Chambre double: env. 120 € petit déjeuner inclus.

BARCELONE

Hotel Nouvel, *www.hotelnouvel.es*, pour dormir dans un établissement dont les courbes rappellent celles de la Sagrada Família ou du parc Güell. Chambre double: env. 150 €.

18 De Madrid à Tanger, d’un continent à l’autre

7 jours

Espagne, Maroc, Royaume-Uni

Madrid la belle festive, puis un grand tour sous le soleil de l’Andalousie à la rencontre d’une culture et d’une histoire d’une richesse inouïe. Un prolongement par le mythique détroit de Gibraltar jusqu’à la médina de Tanger. Trois pays, deux mers et deux continents qui s’effleurent sans se ressembler.

PARIS
MADRID

Paris-Madrid avec correspondance à Barcelone (env. 9 h 15).

Vol Paris-Madrid (2 h).

TANGER
PARIS

Vol Tanger-Paris (2 h 40).

À écouter :

- ***L'ouverture du Barbier de Séville***, l'opéra le plus connu de **Rossini**.
- **Paco de Lucía**, né à Algésiras, considéré comme l'un des meilleurs guitaristes de flamenco.
- **Bachir Attar and the Masters of Jajouka**, groupe dans la lignée des Jajouka, cette confrérie millénaire de musiciens originaires des montagnes du Rif dans le nord du Maroc.

JOUR•1

Madrid

C'est dans la capitale colorée et dynamique de l'Espagne que commence le périple. Ses quartiers bien distincts sont comme autant de petits villages. Le point de départ logique, c'est la Puerta del Sol, lieu de rencontre des Madrilènes et cœur palpitant de la ville. Le Madrid de *los Austrias*, entre la Plaza Mayor et la Plaza de Oriente, est un concentré d'histoire avec ses édifices du XVIIe siècle, époque du règne des Habsbourg. Allez admirer le palais des rois d'Espagne entouré de magnifiques jardins à la géométrie soignée. Le marché de San Miguel permet de réaliser la richesse gastronomique de l'Espagne. On y déguste une sélection de tapas debout au comptoir. Puis à l'est de la ville, la « promenade de l'art » a de quoi étourdir : elle regroupe, sur un peu moins d'un kilomètre, des trésors artistiques tels les chefs-d'œuvre de Velázquez et de Goya au Prado, et le fameux *Guernica* au musée Reina Sofía. Pour apprécier l'incontournable mais immense parc du Retiro, faites-vous plaisir et louez un Segway ! Pas question d'aller se coucher à 22 h. C'est le moment où Madrid se réveille ! Mêlez-vous à la jeunesse espagnole et festoyez à Chueca, le « Soho madrilène » pour une nuit délurée qui vous laissera des souvenirs.

JOUR•2
Séville

Avant de sauter dans le train, prenez le temps de découvrir la gare Atocha de Madrid : unique en son genre, elle abrite un magnifique jardin tropical en son cœur, sous une grande verrière voûtée.

À bord du train à grande vitesse, on est transporté à Séville en 2 h 30. C'est là que sont nés les personnages enflammés de *Don Juan* et de *Carmen*, et que Christophe Colomb (qui y repose) et Magellan ont préparé leurs périples fous. Pour un premier rendez-vous avec « la belle Andalouse », commencez par la somptueuse place d'Espagne, imposante par sa taille et par l'harmonie de son architecture. En face, laissez-vous attirer par les essences exotiques du parc Maria Luisa, délicieux pour une promenade à la fraîche. La cathédrale, débauche d'or, d'argent et de décors sculptés est l'un des joyaux architecturaux qui illustrent la fusion des cultures chrétienne et mauresque propre à l'Andalousie. Elle a été érigée à l'emplacement même de la grande mosquée et on peut monter au sommet de la Giralda, l'ancien minaret. Continuez vers l'emblématique Alcázar. Au sein d'une forteresse, ce palais royal couvert d'ornements précieux du sol au plafond promet une expérience onirique dans un pur style arabo-andalou. Finissez la journée par une flânerie aux accords de flamenco dans le quartier populaire à l'âme gitane de Triana. *Olé !*

ASSISTER À UN SPECTACLE DE FLAMENCO

Robes aux couleurs chatoyantes qui virevoltent et talons qui claquent, le flamenco est assurément l'expression la plus pure du folklore andalou. Ses origines remontent à l'arrivée des gitans à Séville au XVe siècle. Des spectacles se jouent tous les jours dans les *tablaos* (cabarets andalous), les *peñas flamencas* (associations de quartier) ou au *musée interactif del Baile Flamenco*.

JOUR•3 Cordoue

De bon matin, on embarque à nouveau dans un train à grande vitesse, et à peine son sandwich *bocadillo* terminé, on arrive à Cordoue. Bordée, elle aussi, par les eaux tranquilles du Guadalquivir, elle n'échappe pas aux comparaisons avec Séville. Elle aura peut-être votre préférence : moins touristique, plus petite, plus discrète, et tellement attachante !

Romains, musulmans, juifs et catholiques y vécurent longtemps dans un accord (presque) parfait. La Mezquita est l'exemple le plus abouti de cette synthèse des cultures. Cet ancien temple romain devint église, puis mosquée, avant de se muer en cathédrale au XVIe siècle après la reconquête chrétienne. On aura beau en avoir vu des dizaines de photos, son histoire unique ainsi que ses proportions gigantesques, rythmées par une forêt de 856 colonnes aux arcades rayées de rouge et blanc, suscitent la fascination. Aventurez-vous aussi dans le pittoresque quartier de la Judería et goûtez à la cuisine juive traditionnelle. Ça change des tapas !

Si la fatigue du voyage se fait sentir, accordez-vous un massage aux huiles de fleur d'oranger au hammam **Al Andalus**. Un pur moment de délassement et d'évasion.

LES PATIOS FLEURIS

Selon une tradition ancestrale, les habitants de Cordoue sont férus d'horticulture. Leurs mains vertes transforment leurs cours intérieures en de véritables oasis, agrémentées de puits de lumière, de fontaines et de fleurs. Tous les ans en mai, ils invitent le public et se défient lors de la *Fête des patios*, ou « bataille des fleurs ». Le reste de l'année, on peut visiter le palais de Viana et ses douze patios pour en apprendre plus sur ce savoir-faire.

JOUR•4

Grenade

En route pour une autre étape incontournable de cette grande boucle andalouse. Le train file au milieu de vastes plaines plantées de châteaux et de champs d'oliviers. Grenade se dévoile enfin, après 1 h 30 de trajet, perchée entre les sommets de la Sierra Nevada et les plages de la Costa Tropical.

Autant commencer par ce qui sera le point d'orgue de la journée, le palais de l'Alhambra et les jardins du Generalife. Ils sont perchés sur une colline rocheuse au-dessus de la ville, où les rois nasrides avaient élu résidence. L'Alhambra tient de la véritable cité, énorme forteresse avec 2 200 m de remparts et contenant musées, patios, bains, et escaliers d'eau. Il est à parier que vous y passerez quatre bonnes heures. C'est depuis le quartier arabe de l'Albayzin avec ses ruelles qui grimpent qu'on en a le point de vue le plus photogénique. Enchaînez ensuite avec un parcours culturel d'un autre genre : la tournée des bars à tapas, tout à fait de rigueur. D'autant qu'une tradition sympathique perdure : un tapa offert par la maison pour chaque boisson commandée !

JOUR•5 Ronda

La matinée se passe à bord d'un train à la cadence plus tranquille. Il sillonne un petit éden rural où les paysages fauves sont ponctués çà et là d'éclatantes *fincas* (propriétés). Et au bout de 3 heures, lorsqu'apparaît finalement Ronda, on n'est pas à l'abri d'un coup de foudre esthétique ! Accrochée sur la falaise, la petite ville est scindée en deux par un immense ravin. Depuis la gare, quelques minutes de marche suffisent pour se rendre sur le fameux Puente Nuevo, le pont de pierre vertigineux qui relie la vieille ville au centre récent. Il offre une vue saisissante sur les environs. Pensez à régler votre appareil photo en mode panoramique ! La vieille ville offre une balade très agréable. Vous y trouverez notamment de belles arènes du XVIIIe siècle. Ronda semble avoir un futur prometteur dans l'œnotourisme, alors laissez-vous tenter par une dégustation à la Bodegas Descalzos Viejos, l'une des plus charmantes caves d'Andalousie.

JOUR•6 Gibraltar

On effectue le dernier trajet en train en Andalousie et les paysages qui défilent à la fenêtre ne lassent pas : au détour des collines se dressent fièrement les *pueblos blancos*, ces villages aux maisons blanchies à la chaux, avec de généreux orangers et une profusion de bougainvilliers… On descend à la gare de San Roque (1 h 15 de trajet), on saute dans un taxi pour rejoindre la ville de La Linea, on montre son passeport au poste frontière et après quelques pas… *Welcome to Gibraltar* !

Cette ville hybride, minuscule enclave britannique sous le soleil espagnol, interpelle. Elle n'a ni le charme, ni le tempérament des cités andalouses, mais on aime son flegme britannique, l'étrangeté des cabines téléphoniques rouges, des bus à deux étages et des pubs qui détonnent sous pareil climat. À part pour le shopping (Gibraltar est une juridiction exemptée de TVA), la ville en elle-même n'a pas grand intérêt. La visite du rocher d'Upper Rock, en revanche, est incontournable. On y grimpe à pied ou en téléphérique et sa position est exceptionnelle. On est au milieu d'une réserve naturelle, à la pointe de l'Europe et on voit le Maroc à l'œil nu. Sans compter qu'on est accueilli par les mascottes locales : 300 macaques sauvages qui évoluent en liberté. Rangez les casse-croûte !

En fin de journée, retournez à La Linea où vous prendrez le lendemain un bus ou un taxi pour le port d'Algésiras.

LE PROJET AFROTUNNEL

L'idée de relier l'Europe à l'Afrique au niveau du détroit de Gibraltar est un serpent de mer. Le projet enflamme les imaginations depuis le XIXe siècle. Un tunnel sous-marin ferroviaire permettrait de renforcer la coopération économique entre les deux pays en plaçant Casablanca à quelques heures de train de Madrid. Mais les obstacles sont très nombreux. La géographie du détroit imposerait de creuser le tunnel sous-marin le plus profond du monde. Des plaques argileuses et des tremblements de terre ont été recensés et la zone est beaucoup moins stable que sous la Manche, par exemple. Ces défis d'ingénierie sans précédents, l'impact écologique, les tensions géopolitiques et le coût exorbitant (on parle de 5 à 10 milliards d'euros pour une construction sur quinze ans) font que les ferries sur le détroit ont encore un bel avenir !

JOUR•7

Tanger

La traversée de 1 h 30 en ferry sur le détroit de Gibraltar a quelque chose d'exaltant, un goût d'aventure, comme une promesse d'exotisme teintée de nostalgie. Le bateau jette l'ancre à Tanger-Med, un port sorti de nulle part en 2007, aujourd'hui deuxième d'Afrique. En bus ou en taxi, on parcourt les 40 km de côte jusqu'au centre-ville.

Tanger est un prolongement de l'Europe aux réminiscences sahariennes. Elle est méditerranéenne et atlantique. On tombe immédiatement sous le charme de la ville, comme nombre d'artistes par le passé – Delacroix, Hemingway, Truman Capote ou Jack Kerouac. Tanger, c'est avant tout une ambiance. Dans la kasbah, en hauteur, les enfants courent après un ballon et les femmes lavent le linge à la fontaine. Pour une imprégnation optimale, on flâne dans la médina en suivant les chats, le chant du muezzin et les odeurs de curcuma. On s'amuse à marchander au souk et à rendre des sourires au marché aux poissons du Grand Socco. On fait une pause rêverie au **Café Hafa**, en sirotant un thé à la menthe, les yeux plongés dans la baie...

Et pour donner à votre nuit un caractère vraiment spécial, cherchez un hôtel du côté du musée de la Kasbah, et demandez une chambre avec vue.

Si vous devez rentrer en France et que vous avez pris goût aux traversées maritimes, Sète est à moins de deux jours en ferry. Et si le temps ne vous est pas compté, vous pouvez continuer votre périple en train jusqu'à Rabat, Casablanca et Marrakech.

CARNET D'ADRESSES

SÉVILLE

Hospes Las Casas del Rey de Baeza *www.hospes.com/fr/casas-rey-baeza/,* dans une magnifique bâtisse typiquement sévillane dans le centre historique. Avec cours intérieures, petites fontaines, couloirs ornés d'*azulejos*, et même une petite piscine sur le toit ! Pensez à réserver tôt pour profiter de ce petit bijou. Chambre double : env. 240 € petit déjeuner inclus.

RONDA

Hotel Montelirio *www.hotelmontelirio.com/fr/,* un bel hôtel 4-étoiles niché dans un palais du XVIIe siècle. Sa situation exceptionnelle, en bord de falaise, dévoile un panorama saisissant sur la rivière Guadalevín et le Puente Nuevo : demandez une chambre avec vue ! Piscine ouverte en saison. Chambre double : env. 130 € petit déjeuner inclus.

GRENADE

Gar-Anat Hotel Boutique *garanat.com-granada.com/fr/*, un petit hôtel charmant du XVIIe siècle, situé à quelques pas de l'Alhambra. Superbement restauré, il a conservé la plupart de ses caractéristiques d'origine. Chaque chambre est différente, spacieuse et confortable. Chambre double : env. 75 € petit déjeuner inclus.

19 Des cathédrales, de l'art et du vin

4 jours

Espagne

Entre vignobles, champs de céréales et de colza, ce périple en Castille-et-León nous transporte vers des villes au patrimoine remarquable. De vertigineuses cathédrales en sublimes palais, sans oublier une bonne tournée de tapas pour goûter à la douceur de vivre espagnole, préparez-vous à en prendre plein la vue – et les papilles !

PARIS
BURGOS

Vol Paris-Madrid (2 h), puis train Madrid-Burgos (2 h 30).

SALAMANCA
PARIS

Train Salamanca-Madrid (3 h), puis vol Madrid-Paris (2 h).

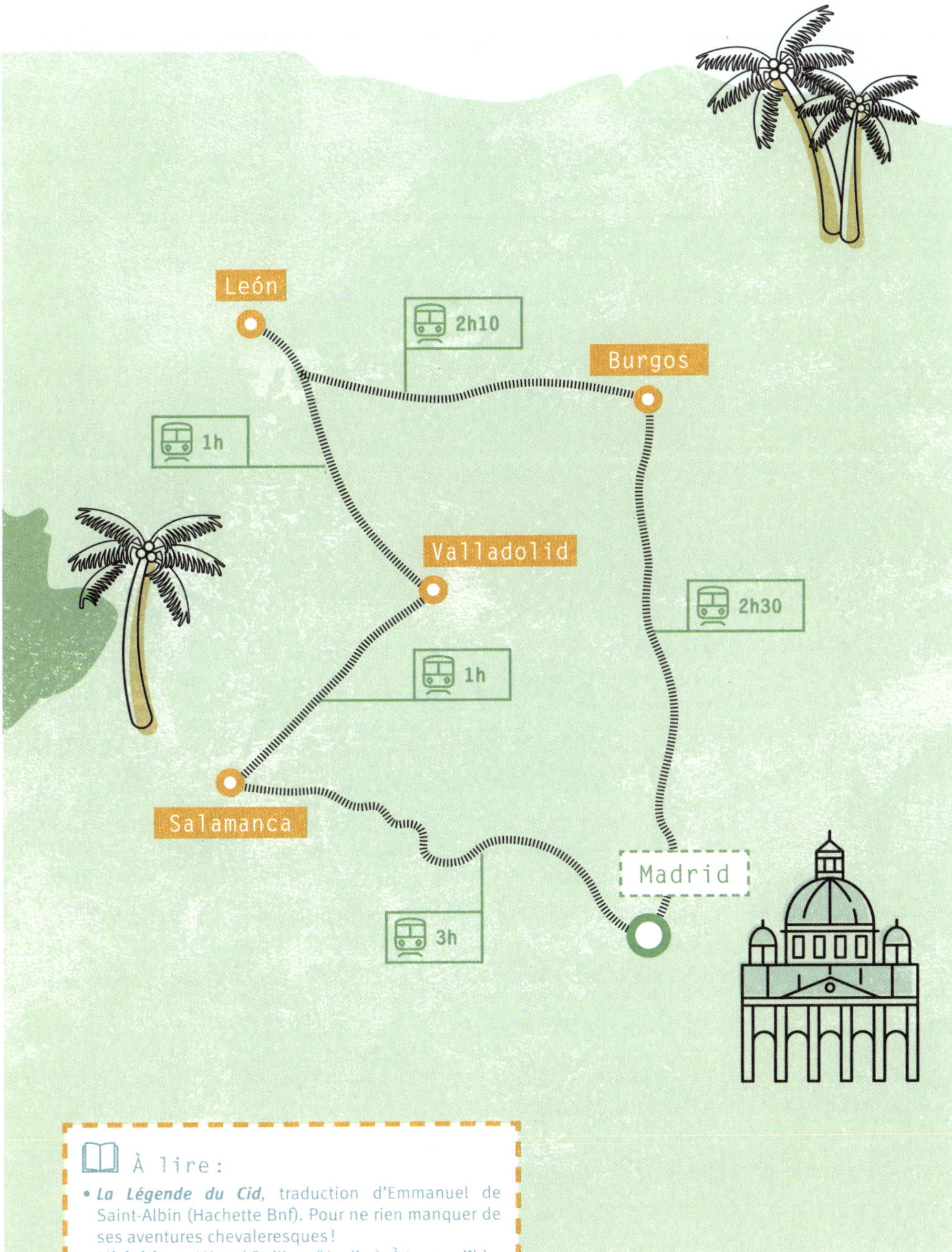

À lire :

- ***La Légende du Cid***, traduction d'Emmanuel de Saint-Albin (Hachette Bnf). Pour ne rien manquer de ses aventures chevaleresques !
- ***L'hérétique***, Miguel Delibes (Verdier). À travers l'histoire de Cipriano Salcedo, l'auteur dresse un portrait vivant de Valladolid à l'époque de Charles Quint.

JOUR•1

Burgos

De Madrid, il faut à peine 2 h 30 en train pour atteindre Burgos, juchée à 900 m d'altitude, au nord de la Castille-et-León. Nous voici arrivés dans la patrie du Cid Campeador ! Capitale unifiée de la région pendant près de cinq siècles, la ville a conservé une architecture médiévale remarquable. Dans le centre historique, la plaza Santa María abrite une éblouissante cathédrale, l'une des merveilles du gothique espagnol. Haute de 84 m, elle impressionne par ses dimensions vertigineuses, ses statues, ses balcons, ses arches et sa rose centrale. L'intérieur est tout aussi renversant, avec ses retables, ses vitraux, ses tombeaux… Tout près de là, les boutiques, bars et restaurants de la colorée et conviviale plaza Mayor sont l'occasion de prendre le pouls de la ville. On se perd ensuite dans les ruelles étroites du centre historique, où l'on découvre de charmantes placettes et de beaux édifices, comme la Casa del Cordón, palais qui accueillit la rencontre historique entre les Rois Catholiques et Christophe Colomb. Les rives du fleuve Arlanzón, sous-affluent du Duero, offrent aussi un joli cadre pour une balade mêlant nature et histoire. Arrêtez-vous au pont de San Pablo avant d'emprunter la jolie promenade arborée du Paseo del Espolón, puis franchissez l'arc de Santa María, la plus belle porte médiévale de Burgos. Encore un petit effort et vous atteindrez le mirador del Castillo pour profiter d'une vue imprenable sur la ville.

JOUR•2

León

Le train part en milieu d'après-midi pour León, la capitale de la province éponyme, qu'il rejoint en 2 h 10. Des grandes vallées aux zones montagneuses, les paysages défilent à toute allure. Important carrefour sur le chemin de Compostelle, León regorge de belles églises de toutes les époques et de tous les styles. Ne manquez pas sa sublime cathédrale gothique, parée de 145 vitraux, et la Real Colegiata de San Isidoro, véritable Chapelle Sixtine de l'art roman espagnol, dont le panthéon royal, superbement décoré de fresques romanes, abrite les sépultures de rois et reines de León et de Castille. Les amateurs de Gaudí visiteront la Casa Botines, un grand château moderniste marqué de l'empreinte du célèbre architecte catalan. Outre son patrimoine historique et artistique, la ville a conservé toutes ses traditions, notamment celle de la *tapa* gratuite accompagnant une boisson. Pour s'imprégner de l'ambiance locale à l'heure de l'apéro, le Barrio Húmedo, quartier populaire de León, concentre une pléthore d'établissements bon marché. De bars en tavernes, on s'y laissera tenter par les spécialités du coin : la *cecina*, un jambon de bœuf, et la soupe à la truite, poisson abondant dans les fleuves de la province. Le tout arrosé d'un bon vin de la Tierra de León.

JOUR·3
Valladolid

En seulement une heure de train, nous voici à Valladolid, capitale provinciale posée au cœur du vaste plateau de la Meseta. Tournée aujourd'hui vers l'industrialisation et le développement urbain, la ville a pourtant conservé quelques belles églises, palais et demeures d'antan, témoins de sa grandeur passée. Son histoire se lie intimement avec celle de l'Espagne, puisqu'elle abrita les noces des Rois Catholiques, qui unifièrent le pays. Valladolid offre une agréable visite à pied, entre son parque Campo Verde, véritable poumon vert de la ville, sa plaza Mayor et ses ruelles étroites adjacentes. Sans oublier l'église de San Pablo et sa façade magnifiquement sculptée, joyau du gothique isabélin. À deux pas de là, le Colegio de San Gregorio, dont la façade isabéline dévoile une ornementation tout aussi raffinée, abrite une collection unique en Europe de sculptures religieuses en bois polychrome. En fin de journée,

les rives du Pisuerga sont très appréciées des habitants qui viennent s'y détendre ou faire de l'exercice. Embarquez à bord de la *Leyenda del Pisuerga* (https://leyendadelpisuerga.com), un beau bateau à roues à aubes, pour une balade romantique au coucher du soleil, avant de rejoindre le quartier animé de l'université, autour de la cathédrale, pour picorer quelques tapas et déguster un bon verre de vin de la Ribera del Duero.

TERRE DE VIGNES

Réputée pour ses vins de caractère au goût fruité, la Castille-et-León enregistre le plus grand nombre d'appellations d'origine contrôlée du pays ! Retenons les plus fameuses d'entre elles : Ribera del Duero, Rueda, Toro et Cigales. C'est sur les hauteurs nord de la Meseta que mûrissent ces cépages, souvent du cabernet sauvignon, plantés sur des terrasses en pente douce. Le climat, sec et rigoureux, leur est favorable pour produire des vins de première qualité. Faites la tournée des *bodegas* pour apprécier tous leurs arômes…

JOUR•4

Salamanca

Direction le sud-est de la région et Salamanca, l'une des plus belles villes d'Espagne, qui se trouve à seulement une heure de train. Découvrir cette capitale provinciale, c'est plonger dans des siècles d'histoire, d'art et de patrimoine. Cervantès, Lope de Vega et Calderón... Les plus grands écrivains du Siècle d'Or ont fréquenté les bancs de son illustre université, l'une des plus anciennes d'Europe. Attirant des étudiants du monde entier, Salamanca est une ville cosmopolite et vivante durant l'année universitaire ; l'été, elle est plus paisible mais la chaleur peut y être accablante. Pour palper son ambiance animée, rejoignez la superbe plaza Mayor, avec ses édifices baroques percés de 88 arcades. Levez un peu la tête pour contempler les médaillons à l'effigie de personnages historiques tels que Christophe Colomb, les Rois Catholiques et Le Cid. La balade mène ensuite à la jolie plaza Anaya et ses jardins verdoyants. Étudiants, touristes et habitants viennent passer du bon temps sur cette place pittoresque. En continuant un peu, on se trouve captivé par les deux cathédrales de Salamanca, adossées l'une à l'autre, qui offrent un bel ensemble architectural mêlant roman tardif, baroque et gothique. Promenez-vous sur une passerelle métallique posée sur les toits menant à la Torre del Gallo pour découvrir de beaux panoramas sur la ville. Au coucher du soleil, la lumière teinte les édifices d'une belle couleur dorée, due à l'utilisation pour leur construction de la pierre blanche de Villamayor. La vie nocturne s'éveille alors, plongeant Salamanca dans une ambiance jeune et festive. C'est l'heure de suivre les étudiants dans leur tournée des bars à tapas.

CURIOSITÉ

Sur la façade principale de la Catedral Nueva, avez-vous remarqué cet étrange astronaute perdu dans la frise végétale de l'ébrasement gauche ? Non, les sculpteurs de l'époque n'ont pas eu de prémonition ! Elle date de 1992, lors de la rénovation de cette porte qui avait été endommagée. Suivant une tradition en architecture, les sculpteurs chargés de la restauration ont marqué leur travail en intégrant des figures contemporaines. En scrutant bien, on peut aussi y voir un dragon avec un cornet de glace, une cigogne et un lynx !

CARNET D'ADRESSES

BURGOS

Abba Burgos Hotel, *www.abbahoteles.com*, à deux pas de la cathédrale, des chambres confortables et une belle vue panoramique sur la ville. Chambre double : env. 100 € petit déjeuner inclus.

VALLADOLID

Hotel Colón Plaza, *https://hotelcolonplazavalladolid.com-hotel.com*, tout près de la gare, un charmant hôtel décoré dans des tons chauds. Chambre double : env. 100 € petit déjeuner inclus.

LEÓN

Palacete Colonial, *www.palacetecolonial.com*, un boutique-hôtel de luxe installé dans un bel édifice des années 1900. Chambre double : env. 130 € petit déjeuner inclus.

SALAMANCA

Salamanca Luxury Plaza, *www.salamancaluxuryplaza.com*, des chambres élégantes offrant des vues sublimes sur la plaza Mayor. Chambre double : env. 140 €.

20 De Porto à Faro : migrer avec les cigognes

10 jours

Portugal

Suivez la route migratoire des cigognes de l'Ouest européen (entre mai et juin), de la France au Maghreb en passant par l'Espagne, et faites comme celles qui ont décidé de passer par le Portugal: elles s'y sont arrêtées... Sans doute parce que c'était vraiment joli à regarder.

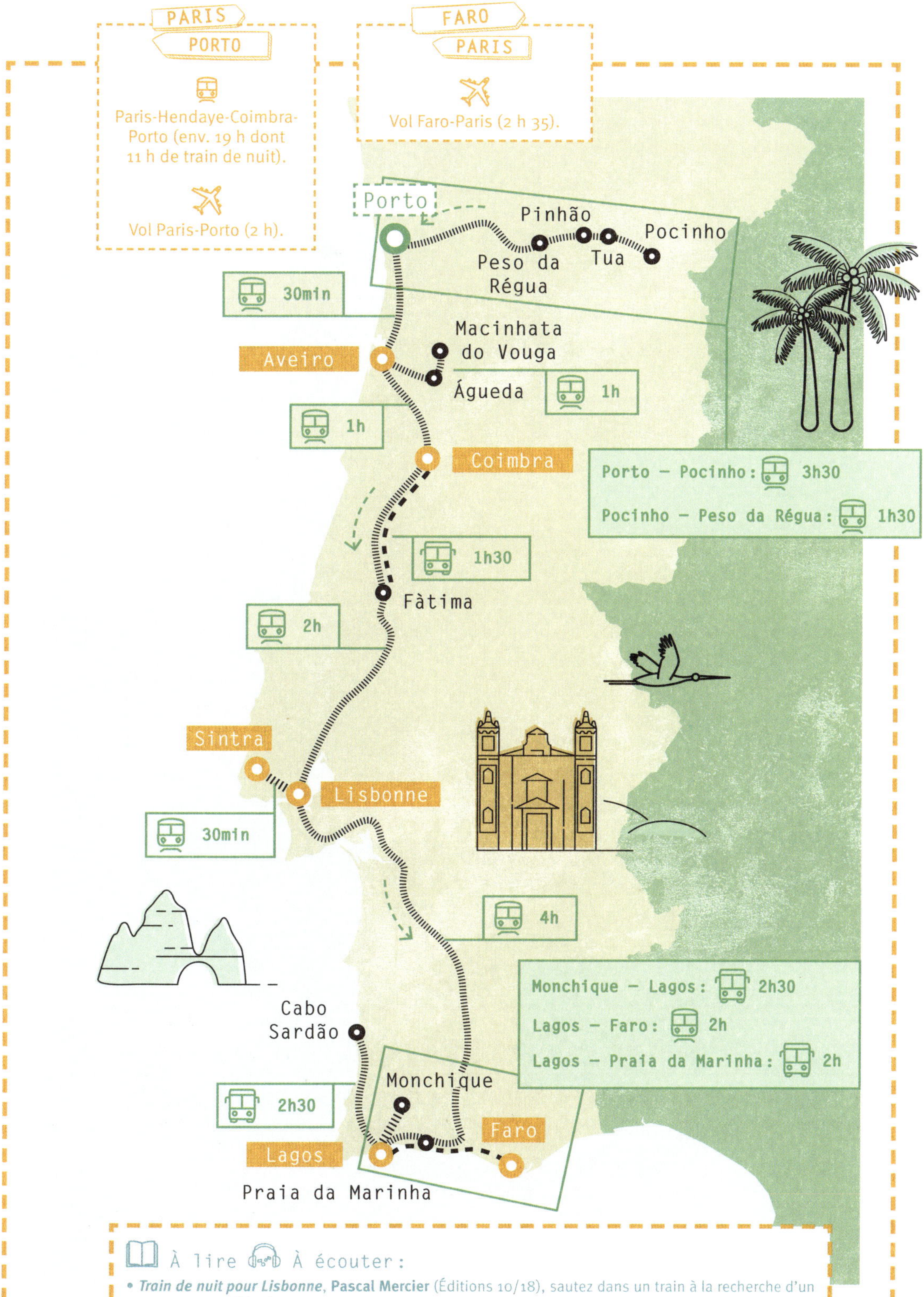

À lire À écouter :

- ***Train de nuit pour Lisbonne*, Pascal Mercier** (Éditions 10/18), sautez dans un train à la recherche d'un nouveau sens à la vie.
- ***Lisbonne*, Fernando Pessoa** (Éditions 10/18), promenez-vous avec le célèbre auteur dans les rues de la capitale.
- **Cristina Branco**, pour vous imprégner des airs mélancoliques du *fado*.

JOUR•1

Porto

À Porto, fêtez l'aventure en train qui vous attend en vous offrant un brunch au **Cafe Majestic** (*Rua Santa Catarina 112*). Ce sublime bâtiment Art déco était autrefois le rendez-vous privilégié des grands noms de Porto. Baladez-vous ensuite dans les rues de la vieille ville qui montent et descendent, et ne faites pas l'impasse sur les ponts : ils vous offriront des vues spectaculaires. Faites une dégustation dans l'une des nombreuses caves à porto de la ville, puis découvrez le marché Bolhao, explorez la célèbre Librairie Lello et grimpez sur la Torre Dos Clerigos.

Empruntez ensuite l'un des très vieux tramways de la ville : celui qui vous conduira jusqu'à la mer, où vous pourrez peut-être assister à un coucher de soleil.

Revenez en ville, afin de terminer la soirée dans la bonne humeur à la brasserie **Cervejaria Brasão** (*Ramalho Ortigão 28* ou *Passos Manuel 205*), où vous pourrez déguster une *francesinha*. Plat typique de Porto, c'est une version nettement améliorée du croque-monsieur, dégoulinante de fromage.

JOUR•2

Pinhão et la *Linha do Douro*

Remontez le cours du fleuve Douro sur la magnifique *Linha do Douro* (ligne ferroviaire du Douro), de Porto jusqu'à Pocinho en passant par les vignes du Haut Douro. Le trajet, sans interruption, dure environ 3 h 30. La ligne, reconnue comme l'un des plus beaux trajets en train d'Europe, mérite certainement un aller-retour.

OPTION 1 : TRAIN JUSQU'À PINHÃO, PUIS CROISIÈRE JUSQU'À TUA

Sur le chemin, vous pourrez vous arrêter à Pinhão (2 h 30), où il vous sera possible de rejoindre une croisière. Le tronçon de fleuve qui mène à Tua est le plus beau et vous offrira une magnifique variété de paysages.

OPTION 2 : TRAIN HISTORIQUE DU DOURO

Si vous rêvez de monter à bord d'un train à vapeur, achetez vos billets pour un spectacle inoubliable : celui des vertes vignes et vallées de la région du Haut Douro, inscrite au patrimoine mondial de l'Unesco. À bord vous attendent une animation musicale et folklorique, des douceurs et un verre de porto. Vous aurez aussi l'opportunité de vous arrêter brièvement à Pinhão. Le trajet aller-retour depuis Peso da Régua dure environ 3 heures.

OPTION 3 : TRAIN JUSQU'À POCINHO, PUIS RETOUR À PESO DA RÉGUA

Empruntez un train direct jusqu'à Pocinho (3 h 30) pour la beauté du paysage, puis rebroussez chemin jusqu'à Peso da Régua (1 h 30), afin de vous offrir une dégustation de vin dans l'une des nombreuses *quintas* (domaines viticoles) qui bordent le Douro. La Quinta da Pacheca, par exemple, vous permet de visiter ses vignes et déguster ses vins, mais aussi, si vous souhaitez rester une journée de plus, de dormir dans des barils. Pensez cependant à réserver ces excursions à l'avance.
De Peso da Régua, vous pourrez rejoindre à pied le belvédère de Casal de Loivos (environ 1 h 30 de randonnée) et visiter le musée du Douro où vous sera racontée l'histoire de la région et de ses vignes.

Quelle que soit l'option choisie, on regagne ensuite Porto, de merveilleux souvenirs en tête.

JOUR•3

Aveiro

Depuis Porto, un train relativement rapide (environ 30 minutes) vous conduira à Aveiro. La première partie du trajet est particulièrement belle puisque vous traverserez le Douro et longerez la mer. Surnommée la Venise du Portugal en raison de ses canaux (vous y verrez d'ailleurs de nombreuses gondoles), Aveiro saura vous charmer grâce à ses façades Art nouveau et ses ruelles décorées *d'azulejos* (carreaux de faïence colorés) : parcourez-la à pied et arrêtez-vous à la **Pastelaria Veneza** *(Praça General Humberto Delgado 6)* afin d'y déguster une pâtisserie typique à base *d'ovos moles* (jaunes d'œufs et sucre).

Mais c'est surtout sa plage, la station balnéaire de Costa Nova, qui mérite un détour. Prenez un bus et parcourez sa large étendue de sable clair agitée par les vents. Les cabines et maisonnettes striées de bleu et blanc qui la bordent rendent le paysage très singulier.

LE TRAIN HISTORIQUE DE VOUGA

Un autre train à vapeur vous attend au départ d'Aveiro (uniquement le samedi de juin à octobre), à destination de Macinhata do Vouga. Il effectue aussi un arrêt à Águeda, où vous aurez un peu de temps pour visiter le centre historique et admirer la célèbre installation artistique *Umbrella Sky*. Comme pour le train historique du Douro, des animations vous attendent à bord, ainsi qu'une visite du musée ferroviaire de Macinhata do Vouga, incluse dans le prix.

UNE NUIT DANS UN PALACE ?

Si vous avez envie de vous offrir le luxe d'une nuit dans un lieu historique à un prix tout de même raisonnable (à partir de 100 €/nuit, petit déjeuner compris), prenez un train d'Aveiro à Luso. Le trajet dure environ 2 heures, avec une attente assez longue à Pampilhosa. Il vous faudra ensuite appeler un taxi pour rejoindre le **palais de Buçaco** et ses magnifiques jardins. Ancien château désormais transformé en hôtel, c'est un endroit intense, chargé de magie. La vétusté des chambres et des équipements n'est pas à la hauteur d'un cinq-étoiles, mais le cadre les mérite. Notez que sur place vous serez isolé(e) et ne trouverez pas d'autre option de restauration que le restaurant de l'hôtel. Vous pourrez cependant vous rendre en taxi dans le village de Mealhada, au bas de la colline, et dîner au **Rei dos Leitões** *(EN1 Av. Restauração 17)* qui propose une excellente carte portugaise traditionnelle.

JOUR•4 Coimbra

Un court trajet d'environ 1 heure en train vous conduira de la Venise portugaise à Coimbra, cité étudiante par excellence. Promenez-vous dans ses rues séculaires et ne manquez pas d'en visiter l'université ainsi que ses très nombreux édifices inscrits au patrimoine mondial de l'Unesco. L'université héberge également la bibliothèque Joanina, un chef-d'œuvre d'architecture baroque protégé par une colonie de chauve-souris qui dévorent les insectes bibliophages. Allez ensuite visiter le jardin botanique qui recèle des milliers d'espèces récentes et antiques.

En ville, observez les balcons des républiques de Coimbra: la tradition de ces maisons étudiantes remonte au XIVe siècle et a joué un rôle important durant les luttes estudiantines des années 1960.

Le soir venu, joignez-vous aux étudiants dans les bars de la ville ou offrez-vous un concert de *fado* typique de Coimbra, aussi surnommé le « *fado* étudiant ».

DÉTOUR PAR FÁTIMA

Si vous souhaitez découvrir l'un des plus hauts lieux de culte chrétien en Europe, rendez-vous à **Fátima** en bus, en 1 h 30 depuis Coimbra. Que vous soyez croyant(e) ou non, vous serez sans doute impressionné(e) par les rites particuliers et la ferveur qui se dégage du lieu.

JOUR•5 Lisbonne

Après un peu moins de 2 heures de train depuis Coimbra, vous voilà arrivé(e) dans la capitale portugaise. Allez prendre votre petit déjeuner à la **Fábrica dos pastéis de Belém** *(R. de Belém 84-92)* où vous pourrez déguster les plus célèbres pâtisseries portugaises du même nom et bien d'autres délices. Profitez de votre passage dans le quartier pour vous promener en bord de mer jusqu'à l'emblématique tour de Belém.

Empruntez ensuite les transports publics, afin de vous rendre au **Time Out Market**, où les restaurants les plus en vogue de la ville ont posé leur stand: une excellente manière de découvrir la scène culinaire portugaise contemporaine. Essayez par exemple un risotto noir chez **Alexandre Silva**, ou un *fish and chips* chez **Henrique Sà Pessoa**. Pour finir, rendez-vous dans le quartier le plus pittoresque de la ville, l'Alfama, et savourez-en les couleurs, les ruelles encaissées, le *street art*, les terrasses et la vue sublime sur la baie et la ville.

JOUR•6
Sintra

Une demi-heure en train suffit pour rejoindre la voisine de Lisbonne, Sintra, dont le centre historique est classé au patrimoine mondial de l'Unesco : faites-en le tour tranquillement. Ensuite, marchez durant une vingtaine de minutes jusqu'au chef-d'œuvre gothique de la Quinta da Regaleira, un jardin et un château surprenants construits au début du XXe siècle.
Du centre de Sintra, vous pourrez prendre un bus (30 minutes) vers le très coloré palais de Pena, au mélange de styles très original. Il s'agit probablement de l'attraction la plus célèbre et la plus intense du Portugal.
Si vous n'êtes pas lassé(e) de visiter tous ces monuments, continuez votre périple par une visite au château des Maures, construit au IXe siècle sous le califat de Cordoba. Il est accessible en 10 minutes à pied depuis le centre de Sintra. Pour finir, rejoignez le palais de Montserrate et ses jardins, à 10 minutes en bus du centre-ville. C'est, lui aussi, un assemblage architectural très particulier mâtiné d'influences indienne, arabe et gothique.

JOUR•7
Le parc naturel de Sintra-Cascais

Rendez-vous au Cabo da Roca, le point le plus occidental du continent européen : des falaises majestueuses vous y attendent (bus 403 depuis Sintra, 1 heure). Prenez ensuite la route vers le village pittoresque de Azenhas Do Mar, où vous pourrez admirer la force de l'océan frappant les rochers, observer les pêcheurs et, pourquoi pas, vous baigner dans la piscine naturelle au pied du village (depuis Cabo da Roca, bus 403 jusqu'à Calares, puis bus 441, 1 heure).
Si vous préférez une plage plus traditionnelle, mais sans sacrifier le paysage, rendez-vous à Magoito, une petite station balnéaire bien équipée (bus 444 depuis Sintra, 45 minutes). Vous pourrez monter à pied au sommet de la falaise qui la surplombe, afin de vous offrir une vue spectaculaire sur les alentours.
Retour à Sintra en fin de journée.

JOURS•8 ET 9

Lagos

De Lisbonne vous attend un trajet d'un peu plus de quatre heures vers Lagos, avec un changement à Tunes. Lagos est une ville plutôt touristique, mais tout de même très agréable durant les mois de mai et de juin : on y respire le bon air des vacances à pleins poumons. Idéalement située, elle est un point de départ parfait pour de nombreuses excursions sur les falaises de l'Algarve.

Arrivez vers midi et offrez-vous un délicieux repas au restaurant gastronomique **Casa do Prego** *(R. Lançarote de Freitas 18)*. Revigoré(e), partez à la découverte du monument naturel de Lagos, le Ponte da Piedade. Observez les kayaks traverser cette impressionnante arche de pierre et promenez-vous le long des falaises. Si vous en avez le courage, descendez les 200 marches en bois qui vous mèneront à Camilo Beach, une petite crique où les rochers, l'eau d'émeraude et le paysage grandiose rendront, malgré la foule, l'expérience inoubliable. Le soir, savourez un *fish and chips* dans l'ambiance branchée du pub **Ol' Bastard's** *(R. Cândido dos Reis 115)*.

Le lendemain, prenez un petit déjeuner au curieux bar à croissants **Croissanteria 29** *(R. da Estrema 29)*, puis partez explorer les alentours de Lagos en choisissant quelques-unes des suggestions ci-dessous.

À FAIRE ET À VOIR AUTOUR DE LAGOS

Louez un kayak et explorez la célèbre **grotte de Benagil**, accessible uniquement par la mer.

Visitez **Monchique**, un charmant village de montagne (environ 2 h 30 en bus).

Allez vous baigner sur la magnifique plage **Praia de Marinha** (environ 2 h en bus).

Rendez visite aux cigognes qui ont décidé de nicher sur les falaises au **Cabo Sardão** (environ 2 h 30 en bus).

JOUR•10 Faro

Vous atteindrez Faro en moins de 2 heures de train depuis Lagos. Le trajet vous offre une belle variété de paysages et l'arrivée, lorsque le train semble pratiquement posé sur la mer, est émouvante. Félicitations! Comme de nombreuses cigognes, vous avez bouclé la dernière étape de cette migration. Faro semble être leur havre de prédilection puisqu'elles y nidifient partout, notamment sur les chapiteaux des églises, déjà très esthétiques, qu'elles les redécorent à leur manière. Profitez aussi de la beauté de cette petite ville en bord de mer, particulièrement calme et accueillante en basse saison. Promenez-vous dans ses ruelles et observez tous les détails, comme les magnifiques jacarandas qui ponctuent de mauve les murs blancs. Dégustez un petit déjeuner ou un café à la **Padaria Urbana** *(R. Conselheiro Bivar 6)* et, plus tard, des tapas et un verre de vin sur la terrasse du restaurant **Old Tavern** *(Largo D. Afonso III 11)*. Si vous en avez le temps et l'envie, partez en randonnée dans le parc naturel de Ria Formosa où vous attendent des kilomètres d'îles et de lagunes.

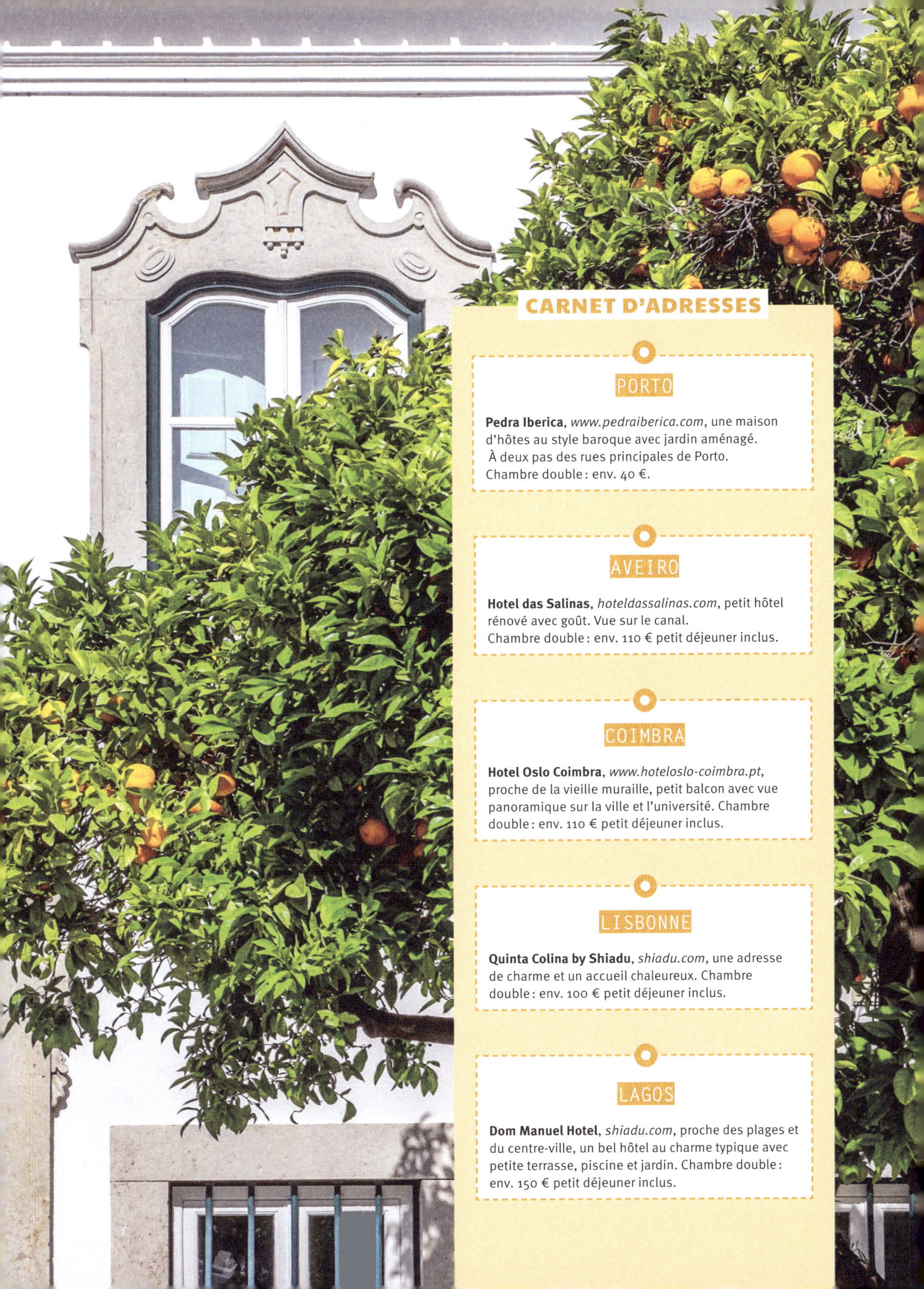

CARNET D'ADRESSES

PORTO

Pedra Iberica, *www.pedraiberica.com*, une maison d'hôtes au style baroque avec jardin aménagé. À deux pas des rues principales de Porto. Chambre double : env. 40 €.

AVEIRO

Hotel das Salinas, *hoteldassalinas.com*, petit hôtel rénové avec goût. Vue sur le canal. Chambre double : env. 110 € petit déjeuner inclus.

COIMBRA

Hotel Oslo Coimbra, *www.hoteloslo-coimbra.pt*, proche de la vieille muraille, petit balcon avec vue panoramique sur la ville et l'université. Chambre double : env. 110 € petit déjeuner inclus.

LISBONNE

Quinta Colina by Shiadu, *shiadu.com*, une adresse de charme et un accueil chaleureux. Chambre double : env. 100 € petit déjeuner inclus.

LAGOS

Dom Manuel Hotel, *shiadu.com*, proche des plages et du centre-ville, un bel hôtel au charme typique avec petite terrasse, piscine et jardin. Chambre double : env. 150 € petit déjeuner inclus.

21 Mare, moda e cucina…

6 jours

Italie

Après le saisissant champ-contrechamp entre Milan la terrienne (Lombardie) et Gênes la maritime (Ligurie), une promenade toute en douceur au rythme de la côte, touchante et chamarrée. Avant de découvrir les charmes méconnus de l'Émilie-Romagne et de trois noms familiers aux amateurs de cuisine: Parme, Modène et Bologne.

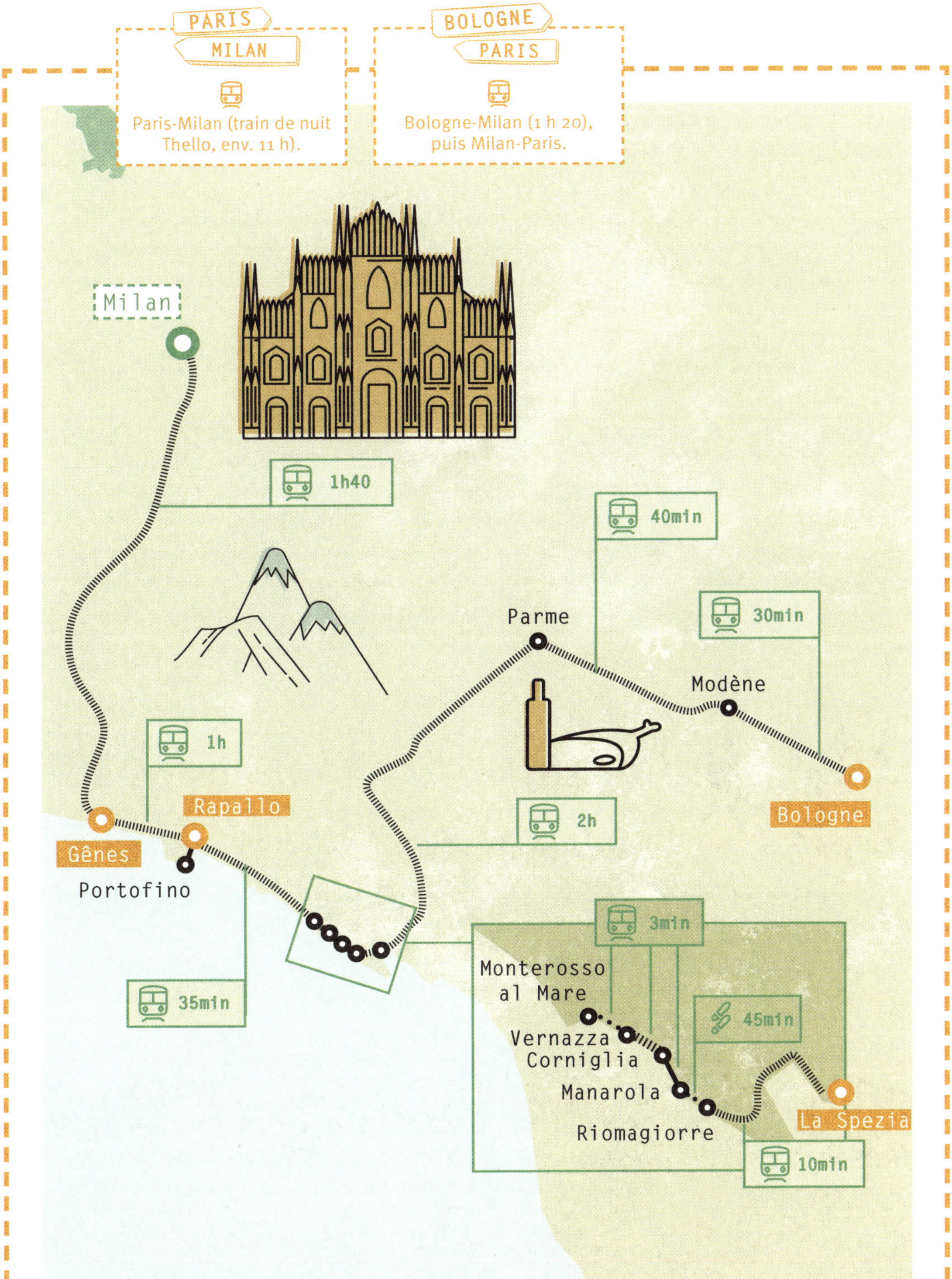

À lire À écouter :

- **Giuseppe Verdi,** l'œuvre intégrale (Decca Classics) : du compositeur national, né en 1813 à Roncole, près de Parme. Pour plonger à fond dans le voyage écouter en particulier ***Les Lombards*** (I Lombardi) ou ***Simon Boccanegra***, qui se passe à… Gênes !

JOUR•1 Milan

Découvrir la capitale lombarde, c'est d'abord s'offrir le trio immanquable : le Duomo, sublime cathédrale gothique en dentelle de marbre ; le puissant château des Sforza et l'embarras du choix de ses huit musées ; le touchant petit opéra de la Scala – que vous ne savourerez jamais mieux qu'en vous offrant un opéra – italien, bien sûr. Milan est aussi *la* ville de l'orgueilleuse architecture *risorgimentale*, inspirée par le patriotisme de l'Unité italienne. Elle culmine avec les 50 m de l'impressionnante galerie Victor-Emmanuel, où se succèdent boutiques chic et *ristoranti* guindés. Mais Milan, c'est aussi la sévère géométrie de l'Art déco, privilégiée par l'époque fasciste, qui nous a laissé le somptueux musée du Novecento, mais aussi votre point de départ pour l'escapade dans le nord du Bel Paese : la gare Milano Centrale.

À ceux qui la connaissent un peu mieux, Milan offre l'éclat très tendance du Quadrilatero della Moda (station de métro Montenapoleone), où scintillent vitrines et grands noms de la mode et du design : Gucci, Prada, Alessi... Quelques rues plus au nord, vous détaillerez les tours très contemporaines de verre, d'acier et de murs végétaux de Porta Nuova, avant de finir la journée au sud, dans le trépidant quartier des canaux (Navigli), dessinés par Léonard de Vinci. C'est le meilleur endroit pour partager l'immanquable *aperitivo* milanais – car vous êtes dans la ville de Campari et de Martini... avant de dîner dans une *trattoria* voisine et de rejoindre votre hôtel.

JOUR•2

Gênes

1 h 34 à bord de l'un des nombreux trains IC depuis Milano Centrale pour vous laisser bercer sur la tranquille plaine du Pô, puis percer les puissants monts Apennins afin de vous déposer à la gare de Genova Piazza Principe.

On débarque à Gênes (Genova) pour bourlinguer dans l'histoire maritime. La plus sudiste des cités du Nord a donné le jour à Christophe Colomb et… mis à l'ombre Marco Polo, qui séjourna dans les geôles du palais Saint-Georges, alors centre du pouvoir. Sur le front de mer vrombit la rocade surélevée : elle toise l'immense aquarium, qui reconstitue divers milieux marins avec vagues, plantes et animaux vivants. Comme de jolis zèbres, les églises de Gênes se repèrent à leurs belles rayures noires. Dans les anciens palais, fonctionnaires et employés s'affairent sous les sculptures Renaissance et les plafonds dorés. Pour cette richesse fanée, les jardins suspendus semblent tresser des couronnes au Vieux Port, juste en dessous, devenu marina : sur ces quais, les marins ont déballé des siècles durant épices et soieries venues de toute la Méditerranée et de la mer Noire. Avant de vous coucher, embrassez la capitale ligure et son crépuscule en filant vers les hauteurs grâce à l'un des trois funiculaires.

UNE CUISINE D'ÉCHANGES

À la pizza, la Ligurie préfère *la farinata*, galette de pois chiches qu'on retrouve à Nice sous le nom de *socca*. Amatrice de légumes, Gênes a partagé avec le monde son *minestrone* et son *pesto genovese* à base de basilic et de pignons – et pas de noix de cajou ! Le pesto agrémente les *trofie*, pâtes locales légèrement torsadées. Au menu, on met les anchois à toutes les sauces, mais aussi le *stoccafisso*, version italianisée du… *stockfish*, importé de Norvège. Quant au *pandolce* aux raisins et fruits confits, il a été copié, accusent les Génois, par les marins de Dundee – sous la forme très british du cake !

JOUR•3

La côte ligurienne

DE GÊNES À RAPALLO

Vous repartirez au matin depuis une autre gare de la ville, Genova Brignole. Très vite se déploieront des vues généreuses : à droite, la mer ; à gauche, les sublimes monts Apennins, roches rousses plantées d'agaves et de figuiers de barbarie. Vous ferez halte dans la coquette ville de Rapallo. En 10 minutes, un téléphérique conduit au point de vue idéal sur la cité : le parvis de l'église Notre-Dame de Montallegro. En 1549, Rapallo a subi une attaque terrible du pirate ottoman Dragut, qui reprit la mer avec des centaines de captifs qu'il vendit sur le marché aux esclaves de Tunis. Pour éviter toute récidive, Rapallo a construit son splendide château gris qui sommeille désormais au ras de l'écume. Une rapide visite et vous pourrez flâner sur le *lungomare* jusqu'à atteindre les embarcadères de bois où tintent les filins de cent voiliers blancs.

L'EXCURSION À PORTOFINO

Depuis Santa Maria Ligure (prendre le bus 7 à la gare de Rapallo), vous rallierez Portofino par le bus 82. Mieux : de début mars à fin octobre, un service de ferry (*traghetto*) opère toutes les heures et en 30 minutes le trajet Rapallo-Portofino. À la fois paradis touristique et repaire de la *jet-set*, Portofino est un port joyeusement encombré de yachts immaculés et de barques de pêcheurs peintes et repeintes au fil des ans. Marconi, l'inventeur de la radio, Pirelli le baron du pneu et Maupassant qu'on ne présente pas, ont passé ici d'heureuses vacances. De retour de Portofino, Rapallo est parfaite pour passer la nuit.

JOUR•4
Les Cinq Terres

Quittant Rapallo (ou Levanto), votre journée s'écoulera au gré des émotions des Cinque Terre. Ce petit coin de paradis se blottit dans l'est de la côte ligurienne ; ces « cinq terres », ce sont cinq villages de toutes les couleurs. Bâtis à flanc de roc, ils semblent hésiter, comme sous l'empire de l'ivresse, entre les vagues de la mer et celles du vignoble. Chacun de ces petits bijoux chatoyants a sa propre gare. Le train les relie en 2 à 5 minutes. Le jeu est de multiplier les arrêts (avec un forfait *Cinque Terre Treno* de 1 à 3 jours). Le plus grand village est Monterosso, avec sa longue plage et ses non moins longues volées d'escaliers. Vernazza est le plus intimiste. Corniglia se distribue entre ses pitons, comme entre les joyaux d'une couronne. Manarola est célèbre pour son très inspirant « sentier de l'Amour » qui mène aux maisons suspendues de Riomaggiore, dernière étape avant La Spezia. Au gré de vos envies, vous profiterez de l'absence de vent propre aux Cinque Terre pour goûter au plaisir de la baignade sur l'unique plage de sable de Fegina, ou dans une crique plus secrète, telle Framura voire — pour les naturistes – Guvano.

La Spezia, terminus du train (9 minutes depuis Riomaggiore), est l'un des plus glorieux ports d'Italie. Dans l'ombre du château Saint-Georges, entre les rues colorées et les arcades néoclassiques, s'ouvre l'arsenal avec son musée de la Marine (Museo Tecnico Navale). Il est apprécié pour ses innombrables maquettes et surtout sa merveilleuse salle des figures de proue. Dormez à La Spezia pour vous lever au petit matin et profiter d'une incursion en Émilie-Romagne.

JOUR•5

Jambon et vinaigre

PARME

De La Spezia à Parme, il faut 2 heures de train. Vous tournez le dos à l'énergique Ligurie au profit de l'épicurienne Émilie-Romagne, cœur symbolique de la gastronomie italienne. Par les fenêtres, votre regard se perd sur une campagne apaisante, tout en collines, champs et bosquets. Ici a grandi Giuseppe Verdi, le compositeur national. À Parme, le baptistère (à 700 m de la gare) vaut à lui seul la halte. Vous resterez confondu(e) par la puissance des voûtes peintes et des tourbillons de fresques du Duomo et de la basilique Sainte-Marie-de-la-Palissade (Santa Maria della Steccata) : un nom étrange dû aux planches de bois dressées pour protéger un portrait miraculeux de Jean-Baptiste de la folie des pèlerins. Se promener dans Parme, c'est s'exposer à la tentation répétée d'un palais ou d'une église, tous estampés par les grands noms de la Renaissance : Le Corrège, Léonard de Vinci… Ce qui n'interdit pas d'apprécier la sobriété élégante du palais de la Pilotta.

MODÈNE

On atteint Modène en 40 minutes de train. Le centre-ville est à 500 m de la gare : cette autre merveille de l'Émilie-Romagne vous laissera l'impression d'un minutieux assemblage d'arcatures et de colonnes ajoutées, comme par habitude, par chaque siècle. La ville sent à plein nez le très médiatique vinaigre balsamique alias *aceto balsamico di Modena*. Vous n'avez pas fini de déchiffrer ces mots sur les étiquettes ! Ici, le précieux condiment est fabriqué à partir de moût de raisin cuit mis à macérer dans des fûts. En sus de sa jolie cathédrale du XIIIe siècle, d'une finesse racée, Modène est aussi la ville de Lamborghini et surtout de Ferrari, qui a ici son musée – ultra-design comme il se doit.

JOUR•6 Bologne

Après 30 minutes de train depuis Modène, quand vous sortez de la gare, vous ne pouvez pas manquer le monument aux 85 victimes de l'attentat du 2 août 1980, monté de toutes pièces pour accuser la gauche italienne. À deux pas de là commencent les quarante kilomètres d'arcades débordantes de vie dès l'heure de la *passeggiatta* (la promenade rituelle du soir). La cité se savoure le nez au vent, en n'omettant cependant pas les trois statues de Michel-Ange du sanctuaire baroque de Saint-Dominique, encore moins les sept églises (Sette Chiese) qui composent, chacune dans son style, l'ensemble labyrinthique de Saint-Étienne (Santo Stefano).

Des presque deux cents tours de brique dressées au Moyen Âge par les familles rivales, seules vingt subsistent. Universitaire, Bologne est la ville de la jeunesse et de la contestation. Capitale culinaire de l'Italie, Bologne n'est guère connue, à l'international que pour les universels « spaghettis sauce bolo », qu'on appelle ici… *al ragù* – les spaghettis étant, par ailleurs, des tagliatelles! Tours vermillon, université, gastronomie expliquent pourquoi Bologne est surtout associée à trois adjectifs: *la rossa, la dotta, la grassa*… (la rouge, la docte, la grasse).

CARNET D'ADRESSES

MILAN

Ostello Bello, *www.ostellobello.com*, la plus chaleureuse des auberges de jeunesse, en plein centre. Chambre double : env. 82 €, dortoir : env. 28 €.

GÊNES

Hotel Cairoli, *www.hotelcairoligenova.com*, au dernier étage d'un palais du XVIe siècle. Chambre double : env. 100 €.

BOLOGNE

Hotel Accademia, *www.hotelaccademia.com*, près de l'université et à quelques pas du quartier du Ghetto. Chambre double : env. 180 €.

22

Le sud de l'Italie? Un pied… de nez au nord!

7 jours

Italie

Au programme: on commence par Rome, affleurant le bas de la botte italienne, effleurant ce Sud vociférant. Puis de Naples à Salerne, on butine cette Campanie volcanique bardée de sites antiques, mirant ses pépites balnéaires dans la mer tyrrhénienne. Enfin, on se glisse dans le talon pour picorer l'architecture baroque et médiévale des Pouilles et arpenter ses ports tournés vers l'Orient.

PARIS → ROME

Paris-Rome en Thello (train de nuit, via Milan, 15 h).

Vol Paris-Rome (2 h).

POUILLES → PARIS

Vols Bari-Paris (2 h 20) ou Paris-Brindes (2 h 30).

À écouter :

On suit **Pino Daniele** à Naples, on embraye avec **Lilicub** dans son voyage en Italie pour Capri ; on écoute du jazz à l'italienne avec **Raphael Gualazzi**. Pour un moment vivifiant, on opte pour **CapaRezza**, un rappeur des Pouilles plutôt corrosif avant de se laisser envoûter par la voix puissante de **Maria Mazzota**.

JOUR•1

Rome

Qui n'a jamais rêvé d'admirer un jour le Capitole, l'une des sept collines romaines ? Et le centre historique, et le Vatican ? On ne fera pas à Rome l'injure d'une seule journée de découverte. Mais il faudra faire des choix sans renoncer à l'essentiel. Du Colisée aux vestiges tellement impressionnants, à la basilique Saint-Pierre et sa vue extraordinaire. Du forum romain aux enivrants jardins Farnèse, voici bientôt le Panthéon plus petit qu'on ne le croyait ! Navone, du Peuple, d'Espagne : à elles seules, les places du centre racontent un pan d'histoire romaine. Et leur ambiance, un morceau de la vie quotidienne. Le meilleur exemple ? Le marché du Campo dei Fiori, enflammé par les harangues des marchands. Puis on traversera le Tibre pour se perdre dans le délicieux dédale du Trastevere, populaire et un peu décati, mais tellement vibrant.

JOUR•2

Naples

1 h 10 de *Frecce*, le TGV italien, et l'on passe du Nord plutôt sage au Sud dissipé. À commencer par Naples, brouillonne et bougonne, indisciplinée autant que râleuse : une fois posé ce constat, on peut alors apprécier l'enfant terrible de l'Italie, tenter d'en saisir les extravagances et pardonner les excès de celle qui fut un grand royaume. Il faut s'y lancer par la Port'Alba, égrener les églises de la rue Tribunali, s'enfoncer encore plus profond dans un *underground* souvent méconnu, celui des galeries souterraines qui percent la ville, dans une partie du Decumanus avec ses boutiques romaines ou encore dans les caveaux mystérieux des catacombes de Capodimonte. S'enfoncer pour mieux prendre de la hauteur et zigzaguer depuis le port jusqu'à la colline du Pausilippe : la vue nocturne sur la baie de Naples y est simplement sublime.

JOUR•3

Autour de Naples

Des divers moyens de découvrir les sites majeurs qui gravitent autour de Naples, le *Campania Express* est le plus agréable. Pour quelques euros de plus que la *Circumvesuviana* – équivalent de notre RER – ce train est moins bondé et plus rapide. Ainsi, on part tôt le matin de la gare centrale pour 15 minutes de trajet jusqu'à Herculanum. Un peu moins célèbre que Pompéi dont elle copie, hélas, la tragédie, ses ruines sont tout aussi émouvantes. Envahies par les herbes folles, ses rues desservent maisons et basilique, *thermopolium* et boutiques, dévoilent ici une splendide mosaïque, là quelques amphores. On se penche sur ce bas-relief délavé par les ans, on détaille cette sculpture de marbre. Et l'on se tait, bouleversé(e) par ces squelettes recroquevillés à l'ombre d'un mur. En une demi-heure on arrive à Pompéi qu'on parcourt tranquillement avant de filer à Sorrente, toujours en train. Avec ses maisons qui dégringolent de la falaise, voici un joli prélude à la journée du lendemain.

JOUR•4
La côte amalfitaine

Aujourd'hui, c'est en bus (arrêt des bus Sita, juste à côté de la gare de Sorrente) que l'on part à l'assaut des pépites qui ont fait la renommée de la côte. On contemple les dômes de Positano, on glisse entre les terrasses de citronniers du sentier des dieux à Agerola, on s'abandonne au vertige des falaises d'Amalfi, on arpente le mythique belvédère de Ravello. Pour l'une des plus belles vues sur la baie, direction le **Ristorante Marina Grande** (Amalfi) pour déguster des délicieuses pâtes ou salades de fruits de mer. C'est à Salerne que l'on termine la journée. Un coup d'œil à la cathédrale érigée par Robert Guiscard, un autre à la belle collection d'ivoires médiévaux du musée avant de siroter un *granita di limone* à l'ombre des palmiers du *lungomare*.

Depuis Salerne, un train *(InterCity Notte)* part vers Reggio di Calabria, et de là, traverse vers la Sicile… en bateau le détroit de Messine. Une expérience unique si l'on a le temps.

UN BUS PEUT EN CACHER UN AUTRE !

Une seule route, sinueuse et très empruntée aux beaux jours permet de découvrir l'ensemble de la côte. Inutile donc de se fier aux horaires des bus qui circulent de 6 h à 21 h 30 tous les jours. On prend son temps pour découvrir chaque village avant de retourner à l'arrêt : il finira bien par arriver. Il faut seulement veiller à ne pas manquer le dernier!

JOUR•5 Tarente

Après la journée de la veille, on est content(e) de savourer 3 h 30 de train pour rallier Tarente. Il a des airs de Bari, ce port industriel ouvert sur la Méditerranée. Il abrite une vieille ville médiévale que l'on atteint par un pont tournant, et surtout un musée archéologique, l'un des plus importants d'Italie: céramiques grecques, joyaux en or, bas-reliefs et le Poséidon d'Ugento, impressionnante autant qu'inquiétante statue de Zeus. Il suffit de 15 minutes de train pour découvrir un tout autre monde à Massafra: cette gorge profonde et abrupte cache en effet une vingtaine de superbes cryptes byzantines aux niches peintes de couleurs vives.

Il n'y a pas si longtemps, dans les Pouilles ou en Campanie, on applaudissait quand le train arrivait à l'heure. On apprend vite le vocabulaire: *ritardo*, *annullatto*, ou *sono in sciopero* (« ils font la grève! ») Réserver à l'avance a plus d'inconvénients que d'avantages. Avoir de quoi se distraire, savoir profiter d'un arrêt prolongé pour visiter une bourgade, discuter avec ses voisins plus liants que dans le Nord: une autre façon de supporter les aléas du voyage!

JOUR·6

Lecce

Pas de temps à perdre, on file en 1 h 30 de train vers Lecce. La *Lupiae* latine est un brouillon – réussi ! – de Florence. Elle brandit le baroque assumé de sa basilique et de sa cathédrale, tout en préservant soigneusement les ruines d'un bel amphithéâtre. On part du centre historique avant de flâner au gré des ruelles, des places assoupies à l'heure de la sieste, dénichant ici un palais ocré, là une église. Pour échapper à la chaleur, on file – en bus – à la plage dont la région n'est pas avare ; à celle de Torre dell Orso (la tour de l'ours), superbe mais bondée en été, on peut préférer la plus intime Quarto di Monte, près d'Ostuni. On revient à Lecce en fin de journée, sur la place Sant'Oronzo pour guetter l'heure de la *passeggiata*, quand amis, voisins et familles se retrouvent pour deviser avant le dîner.

Du baroque on passe aux barriques, des palais aux papilles : les vignobles des Pouilles commencent à tirer leur épingle du jeu et certaines appellations comme *Castel del Monte*, *Gravina* ou *Copertino* jouissent d'une jolie réputation.

JOUR•7 Bari

Bari, la *Barium* antique, n'est qu'à 1 h 20 de train de Lecce : avec ses artères encombrées, ses zones industrielles, son *lungomare* à l'architecture désordonnée mais aux rues sagement quadrillées, elle désarçonne un peu. On se laisse pourtant amadouer par les ruelles tourmentées de la vieille ville, ses toits en terrasse et sa basilique aux audacieux mélanges pisan et lombard. Et on est définitivement conquis par les remparts puissants du château, héritage de Frédéric II. Il faut compter un peu moins de 2 heures de bus pour plonger dans le charme étrange de la vallée d'Itria : c'est ici, au milieu des champs d'oliviers que l'on trouve la plus grande concentration de *trulli*, ces drôles d'habitations blanchies à la chaux et au toit conique coiffé de tuiles noires : un conseil, mieux vaut y aller tôt pour éviter la foule estivale.

Pour se trouver un saint patron, des marchands de Bari volèrent les restes de saint Nicolas à Myre (Turquie actuelle), alors aux mains des musulmans. À la douane, ils déclarèrent qu'il s'agissait de… côtes de porc. Depuis, les reliques sont exposées dans la cathédrale. Il devint ensuite patron des marins et des voyageurs, puis de la Russie, et c'est lui aussi qui, laïcisé par les protestants, devint *Santa Claus* en tunique rouge : le père Noël était né !

CARNET D'ADRESSES

ROME

Residenza Bollo, *www.bolloapartments.com*, un ancien couvent du XVIIe s. transformé en résidence hôtelière entre le Campo dei Fiori et la place Navone. Chambre double : env. 115 €.

NAPLES

B&B Donna Regina, *www.donnaregina.info*, un édifice du XIVe s. à quelques minutes de la cathédrale et du centre. Chambre double : env. 120 € petit déjeuner inclus.

SORRENTE

Romantic relais Sorrento, *www.romanticrelais.com*, pour dormir avec vue sur la baie de Naples. Chambre double : env. 150 € petit déjeuner inclus.

TARENTE

Hotel L'Arcangelo, *www.hotelarcangelotaranto.it*, cadre romantique aux portes de la vieille ville. Chambre double : env. 100 € petit déjeuner inclus.

23 Palais, baignades et *pasta* en Sicile

8 jours

Italie

Églises baroques, palais, amphithéâtres, marchés typiques, jardins et volcans: la Sicile a de nombreux trésors à dévoiler. Les destinations se rejoignent facilement par train et les distances sont courtes. Embarquez pour un condensé de *dolce vita*!

PARIS → PALERME

Une journée de voyage avec des correspondances à Turin et à Rome.

Vol Paris-Palerme (2 h 30).

SYRACUSE → PARIS

Une journée et une nuit de voyage avec correspondances à Rome et à Milan.

Syracuse-Catane en train (1 h 15), puis vol Catane-Paris (2 h 40).

À lire :

- *Nouvelles siciliennes*, **Vincenzo Consolo** (Folio).
- *L'Été dernier à Syracuse*, **Delia Ephron** (Michel Lafon).
- *Le Guépard*, **Giuseppe Tomasi di Lampedusa** (Points).
- *L'Art de la joie*, **Goliarda Sapienza** (Le Tripode).

JOUR•1 Palerme

La plus grande ville de Sicile est multiple : un beau patrimoine historique y côtoie des quartiers plus modernes. On entame la visite sur la Piazza Indipendenza, où le palais des Normands héberge aujourd'hui le parlement sicilien. Un incontournable de la ville, avec sa cour intérieure, ses appartements royaux et sa chapelle palatine couverte de mosaïques en or. Non loin, partez à la découverte de l'église Saint-Jean-des-Ermites, de style arabo-normand, et ne manquez pas son charmant jardin. L'après-midi, rejoignez la cathédrale, construite au XIIe siècle et dont l'architecture témoigne de l'influence musulmane. Octroyez-vous ensuite une petite pause sur sa place, immense et arborée, avant de regagner la Piazza Pretoria pour admirer l'une des plus belles fontaines de Sicile. Toute proche, la Piazza Bellini, avec ses vieilles églises ornées de palmiers, achèvera de vous faire tomber amoureux(se) de Palerme : l'église de la Martorana, avec ses fresques et ses mosaïques byzantines à fond d'or, est l'une des plus belles de la ville. Et pour calmer les fringales, direction le Mercato del Capo, ouvert toute la journée : au menu, poisson frit, *arancinis* ou encore *panelle* de Palerme (galettes de pois chiches).

DE L'AIR !

Pour prendre de la hauteur, rien de tel que de grimper en haut de la **Torre di San Nicolo all'Albergheria** : au sommet de cette tour du XIVe siècle, le panorama à 360° est superbe. Et si vous souhaitez vous éloigner de la ville et de la foule, allez flâner du côté du **Foro Italico**, grande pelouse aménagée sur le front de mer. Encore plus loin du centre, enfin, mais déconseillée aux âmes sensibles, la visite des **catacombes** de Palerme marquera forcément les esprits : momies et squelettes habillés (par centaines) au programme !

JOUR•2 Cefalù

À 45 minutes de train de Palerme, le port de pêche de Cefalù est planté au pied d'une immense falaise en bord de mer. Commencez la visite en traversant la vieille ville : remontez le Corso Ruggero bordé de palais et d'églises baroques. Rejoignez la grandiose cathédrale qui renferme d'impressionnantes mosaïques byzantines. Les plus courageux feront ensuite l'effort de grimper au sommet de la Rocca, le rocher qui surplombe la ville et couronné des ruines d'une ancienne forteresse. Leur performance sportive (presque 300 m de dénivelé et 2 km aller-retour) sera récompensée : en haut, le panorama est spectaculaire. S'il fait très chaud, il est possible de s'arrêter à la fin de l'escalier, avant le début du sentier, d'où la vue est déjà magnifique. Terminez la journée en rejoignant le port égayé par les embarcations colorées. Ou la plage, qui s'étend ensuite sur plusieurs kilomètres !

JOUR•3 Milazzo

La ville de Milazzo, où le train vous conduira, est le point de départ pour les îles Éoliennes. Mais elle mérite aussi une journée de visite. On la débutera avec le Castello, grande citadelle perchée au sommet d'une colline qui abrite notamment une belle cathédrale. De là, vue impressionnante sur la baie. On continuera la journée en visitant la partie ancienne de la ville, riche en belles villas, somptueux palais (Palazzo Municipale, Palazzo d'Amico) et beaux monuments religieux. Parmi eux, le sanctuaire de San Francesco di Paola ou l'église de Notre-Dame du Rosaire dont l'intérieur est décoré de belles fresques. On finira la journée en rejoignant le Capo di Milazzo à l'extrémité de la presqu'île, en 40 minutes de marche, pour une balade le long de la mer au coucher du soleil.

JOUR•4 Lipari

En face de Milazzo, l'archipel éolien compte sept îles : Alicudi, Filicudi, Lipari, Panarea, Salina, Stromboli et Vulcano. Si l'origine de l'archipel est volcanique, aujourd'hui seuls les volcans de Stromboli et de Vulcano sont actifs. Pour une visite rapide, choisissez la plus grande île – Lipari – pour séjourner, sachant qu'il vous sera possible de rayonner pour visiter les autres îles. À Lipari, ne manquez pas le bastion-acropole, les ruelles pittoresques, le port de pêche ou encore le musée archéologique. À pied, à vélo ou en scooter, partez découvrir le reste de l'île : grimpez jusqu'à la vieille église de Quattropani d'où vous bénéficierez d'un panorama exceptionnel sur l'ensemble des îles (sauf Vulcano) ou rejoignez les jolis villages de Canneto ou Acquacalda.

UNE JOURNÉE À VULCANO OU À STROMBOLI

Stromboli est la plus connue des îles éoliennes, immortalisée sur grand écran par Roberto Rossellini. Si vous souhaitez grimper au sommet de son volcan, envisagez de rester sur place jusqu'au lendemain, car le retour de la randonnée se fait souvent à la nuit tombée. Attention, l'ascension s'effectue obligatoirement avec un guide et il est recommandé de réserver à l'avance. Autre option pour les amoureux des volcans, mettre le cap sur Vulcano et se lancer dans l'ascension de la Fossa. Au sommet, spectacle prodigieux : paysage lunaire, fumerolles… Après l'effort, le réconfort version île Éolienne : *farniente* sur l'une des plages de sable noir ou bain de boue sulfurée !

JOUR•5

Taormina

Si la ville est envahie par les touristes à la haute saison, Taormina reste une destination de charme, avec vue imprenable sur l'Etna. De Milazzo, on la rejoint en train en 2 heures environ. Surnommée la Saint-Tropez sicilienne, la ville est riche en boutiques de luxe (sur le Corso Umberto). Mais elle vaut surtout le détour pour son splendide théâtre antique (encore utilisé pour des spectacles), sa sublime Piazza IX Aprile avec sa terrasse panoramique surplombant la baie, son jardin public arboré ou encore sa petite chapelle Madonna della Rocca creusée dans la roche. En contrebas, enfin, la plage d'Isola Bella offre un décor paradisiaque aux baigneurs. À certaines heures, il est possible de rejoindre, à pied, la jolie petite île en face.

JOUR•6 Catane

À moins d'une heure de train de Taormina, la capitale économique de la Sicile a de quoi séduire les visiteurs. Commencez sa visite sur la Piazza del Duomo, cœur piéton de la ville qui abrite notamment la « fontaine de l'éléphant ». La légende raconte que ce symbole de Catane, qui date de l'Antiquité romaine, permettait de calmer les ardeurs de l'Etna ! Sur la même place, la cathédrale de Sant'Agata, chef-d'œuvre baroque, abrite la sépulture du compositeur italien Bellini. Pour le déjeuner, direction la *Pescheria* (le marché aux poissons) qui, comme son nom ne l'indique pas, vend également légumes, fruits et fromages italiens. Et pour la digestion, rien de tel qu'une petite pause dans le parc de la Villa Bellini, où les fontaines côtoient de grandes pelouses. Achevez votre promenade en rejoignant la Via Etnea, l'artère principale de la ville aux dalles en pierre de lave taillée. Très animée le soir, elle regorge de magasins, de restaurants et de bars à vins.

JOUR•7 Le Circumetnea

Si certains décident de gravir l'Etna, une façon amusante (et beaucoup moins fatigante) de découvrir le volcan est d'emprunter le *Circumetnea*, un train historique (inauguré en 1898) qui tourne autour de la montagne ! Il quitte Catane à la station Catania Borgo. Plusieurs traces de coulées de lave sont visibles tout au long du trajet. N'hésitez pas à vous arrêter dans quelques-uns des villages desservis, comme Bronte (dont la spécialité est la pistache) et Randazzo, petite bourgade miraculée à deux kilomètres des coulées de lave. Vous pourrez y observer de nombreux bâtiments construits avec des blocs de lave ! Le train rejoint Riposto, son terminus, en 3 heures. De là, il est possible de regagner Catane en 1 heure environ.

JOUR•8

Syracuse

« J'aimerais tant voir Syracuse », chantait Henri Salvador, qui avait bien raison. De la gare centrale de Catane, on rejoint cette cité maritime de la côte ionienne par le train en 1 h 15. Le centre historique de Syracuse, situé sur l'île d'Ortygie, est accessible par trois ponts. Ici, les ruelles sont étroites et la circulation limitée. Le cadre est idéal pour une journée de promenade entre les maisons aux jolis portails de la via Veneto, les ruines du temple d'Apollon, construit par les Grecs aux VIe siècle, et surtout la somptueuse Piazza Del Duomo. Ornée de palais baroques qui rivalisent de beauté, la place héberge aussi l'incroyable cathédrale de Syracuse : vous pourrez notamment y admirer les colonnes du temple grec sur lequel elle fut bâtie.

LE PARC ARCHÉOLOGIQUE DE NÉAPOLIS

À 30 minutes de marche de la vieille ville, partez à la découverte de ce parc, qui réunit un ensemble de monuments grecs et romains. Vous y découvrirez le théâtre grec, creusé à même la roche au Ve siècle avant JC et qui peut accueillir 15000 personnes, mais aussi un amphithéâtre romain ou encore des « latomies », des carrières de pierre creusées en sous-sol. Parmi elles, l'Oreille de Denys doit son surnom au Caravage qui vint la visiter ! Pour ceux qui voudraient approfondir le sujet, le musée archéologique se situe de l'autre côté de la route.

CARNET D'ADRESSES

PALERME

Hotel Letizia, *hotel-letizia.hotel-palermo-it.com*, une adresse de charme parfaitement située. Chambres avec petites terrasses sur cour. Chambre double : env. 70 € petit déjeuner inclus.

CEFALÙ

Hotel La Giara, *hotel-ristorante-la-giara.cefalu.hotels-sicily.net*, seul hôtel situé au cœur du centre historique, pourvu d'une agréable terrasse sur le toit, qui offre une vue circulaire sur Cefalù. Chambre double : env. 100 € petit déjeuner inclus.

MILAZZO

Petit Hotel, *www.petithotel.it*, chambres décorées de céramiques artisanales siciliennes, en face du port des ferries. Chambre double : env. 80 € petit déjeuner inclus.

TAORMINA

Hotel Bel Soggiorno, *www.belsoggiorno.it*, hôtel de charme avec un superbe jardin et une magnifique vue sur la mer et sur l'Etna. Chambre double : env. 100 € petit déjeuner inclus.

CATANE

Hotel La Collegiata, *la-collegiata.hotel-in-catania.com*, emplacement idéal au milieu de la via Etnea, chambres décorées avec goût. Chambre double : env. 110 € petit déjeuner inclus.

24 Une république peut cacher un empire

7 jours

Italie & Croatie

On ouvre un sacré livre d'histoire avec cet itinéraire, qui rappelle que si Venise domina un temps toute la côte Adriatique, l'empire austro-hongrois passa aussi par là ! Et si l'architecture s'impose en fil conducteur, la nature s'invite tout autant dans ce voyage.

PARIS
VENISE

Paris-Venise en train de nuit (Thello, 14 h).

Vol Paris-Venise (1 h 35).

DUBROVNIK
PARIS

Vol Dubrovnik-Paris avec escale à Zagreb (env. 4 h 30).

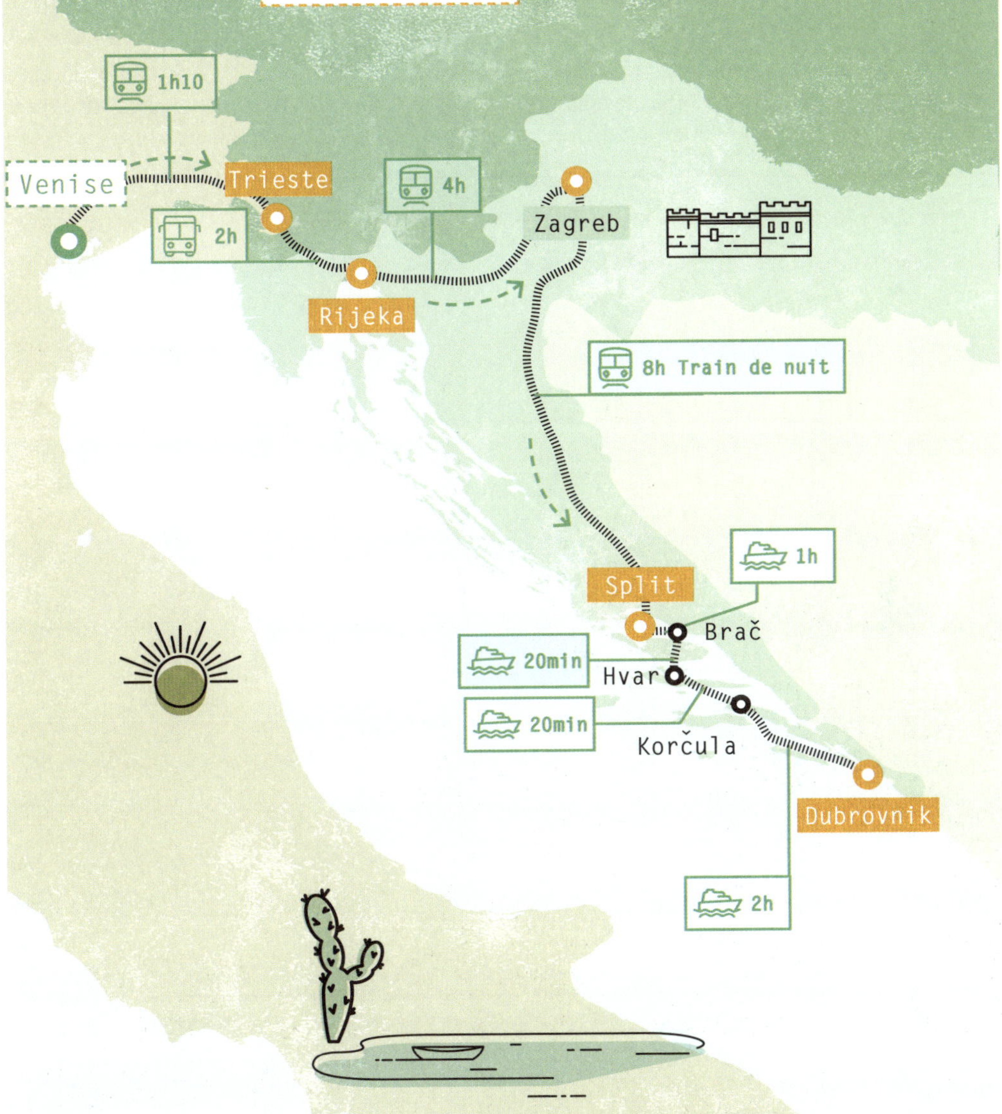

À lire :

- *Venises*, **Paul Morand** (Gallimard).
- *Trieste ou le sens de nulle part*, **Jan Morris** (Nevicata).
- *La Martre et le Léopard : carnet d'un voyage en Croatie*, **J-M Laclavetine** (Gallimard).

JOUR•1

Venise

Si vous arrivez par le train de nuit, vous serez récompensé(e) par la vision surréaliste du Grand Canal court-circuitant le parvis de la gare avec ses gondoliers en maillot rayé. On n'échappe ni aux gondoles, ni aux pigeons de Saint-Marc, pas plus qu'à la basilique ou au palais des Doges. Mais Venise ne doit pas être réduite à sa réputation de ville-musée ! Car visiter la « Sérénissime », c'est aussi se perdre dans l'invraisemblable entrelacs de ruelles, sautiller de pont en pont, s'enticher d'un palais restauré ou s'apitoyer sur un fronton décati. À l'abri d'un palais du XVIIIe siècle, la fondation Peggy Guggenheim vaut aussi le détour ; elle déploie les œuvres les plus remarquables de tous les grands courants du XXe siècle : cubisme, surréalisme, futurisme, abstrait... Et aux gondoles hors de prix, on préfère le charme des *vaporetti*, ces bus marins qui sont le métro vénitien !

Une lettre - mais tout un monde - sépare les îles de Murano et Burano. Si la première doit sa célébrité à ses souffleurs de verre, c'est la dentelle qui fit la notoriété de sa voisine. On y savoure une quiétude bien agréable entre placettes et jardins et l'on chemine entre les maisons toutes colorées où pendent des filets qui sèchent.

JOUR•2

Trieste

Entrouvrant la porte des Balkans à 1 h 10 de train de Venise, accrochée aux collines du Karst, l'héritière de la *Mitteleuropa* placarde son histoire au fil de ses façades, au gré de ses *riva*, dans les recoins de ses cafés. Esplanade monumentale – plus d'un hectare – la place de l'Unité Italienne ouvre grand ses bras à l'Adriatique et conte l'empire austro-hongrois à travers ses pompeux palais. Mais c'est sur la colline Saint-Juste que naquit l'ancienne Tergeste. Là sommeillent un château couvert de lierre, des colonnes grignotées par les siècles et la cathédrale. Bonne initiative que de grimper dans son solide campanile : on se fait ainsi une idée précise de la topographie de Trieste, du damier de ses rues d'où émergent ici le théâtre antique, là le canal qui n'a de grand que le nom !

DE L'AUTRICHE DANS L'ASSIETTE

Zampone (pied de porc), langue de bœuf, saucisse de Vienne ou de Karst, raifort, pancetta accompagnent bien volontiers le chou : l'Autriche est passée par ici. Et les habitués reviennent toujours par là. Pour un repas sur le pouce, saucisse ou viande farcissent un petit pain rond, façon *panino* au **Buffet da Pepi** *(www.buffetdapepi.it)*.

UN CAFÉ S'IL VOUS PLAÎT !

À Trieste, on ne demande pas un *espresso*, mais un *nero*, l'équivalent du petit noir, servi dans une tasse à moins de préciser *« in b » in bicchiere*, une tasse en verre. Un *goccia* ? On ajoute une goutte de lait sans mousse et un *capo*, avec de la mousse. Pour ceux qui préfèrent les décaféinés, il suffit de rajouter *deca*. Et pour un *cappuccino* ? On commande un *caffèlatte* !

JOUR•3

Rijeka

Cette fois, depuis Trieste, le plus rapide est de prendre le bus : moins de 2 heures contre plus de 4 heures avec changements en train ! Un peu coincée contre la montagne, l'ancienne *Fiume* n'a plus que 2 % de population italienne. Elle a cependant gardé le caractère enjoué et la bonne cuisine des anciens locataires. *Fiume* ou *Rijeka* : les deux noms signifient « le fleuve ». Il s'agit de la Rjecina et de son grand canal qui découpe dans la ville un triangle tel une part de gâteau. Maisons peintes, demeures bourgeoises, palaces à colonnes et architecture balnéaire : le front de mer et les trois môles de Rijeka constituent une jolie riviera à eux seuls, celle de la côte du Kvarner, qu'on parcourt à plaisir en prenant, au hasard, les bateaux qui arpentent le port ou vrombissent vers les îles, en descendant le lac vers le sud.

Zagreb JOUR•4

La peu médiatique capitale de la Croatie entretient le caractère proprement croate du pays. Il y a certes quelques influences austro-hongroises dans la cuisine et l'architecture, mais elle a échappé aux italianismes de la côte. Des cavaliers en costumes anciens caracolent sur le pavé. Soutenue par des contreforts et des murailles percés de portes et d'escaliers, la ville haute (*Gornji Grad*) entasse vieux palais et monastères baroques que squattent administrations et ministères. Plus aéré, plus vert aussi, le damier de la ville basse (*Donji Grad*), propose, entre autres, un musée d'Art moderne fort de 800 œuvres allant du XIXe siècle à nos jours. Celui d'archéologie cache une mystérieuse momie égyptienne emballée dans des bandelettes... qui forment la plus longue inscription connue rédigée en étrusque! Pour le repos, après les visites et quelques courses sur un marché très animé, la rue Tkalciceva égrène, le long du lit d'une rivière tarie, boutiques, terrasses, cafés turcs ou gargotes bondés dès que le soleil apparaît. Mais il ne faudra pas manquer le train de nuit qui vous déposera à Split au petit matin!

JOUR•5

Split

L'empereur Dioclétien a eu du nez lorsqu'il a choisi cette baie bien abritée pour y construire son palais, non loin de Salone, la capitale de la Dalmatie. Ce palais, tout à la fois résidence impériale et camp militaire – il couvrait pratiquement 40 000 mètres carrés à l'époque! – constitue, aujourd'hui encore, le noyau historique de la cité: pour preuve, de nombreux habitants logent dans ses murs antiques! Pour autant, la deuxième ville du pays ne s'endort pas sur ses vestiges; bien au contraire, elle a dynamisé son centre historique à coups de bars aussi achalandés que joliment décorés. Après avoir bien musardé, on s'arme de courage pour grimper sur la colline de Marjan qui découvre un superbe point de vue, tant sur la mer que sur la ville. Puis on redescend déambuler sur le Riva, la promenade du front de mer bordée de palmiers et de terrasses.

JOUR•6

D'île en île

Aux 600 kilomètres de côte de la Dalmatie s'ajoutent les îles et îlots éparpillés sur l'Adriatique. Alors plutôt que de rejoindre Dubrovnik par la route, on opte pour un voyage maritime en sélectionnant quelques étapes envoûtantes, mais souvent envahies de touristes en été.

Ainsi, en 1 heure depuis Split, on relie Brač et son incroyable plage qui tire une langue goguenarde dans une eau d'une insolente limpidité puis, en 20 minutes de catamaran, Hvar et ses enivrantes senteurs de lavande. On continue ensuite vers Korčula en 1 heure de traversée environ. Marco Polo y serait né. Fondée par Antenor, un héros troyen, Korčula, la ville homonyme, est l'un des neuf villages que compte cette île longue de 47 km et large de 6 km. Des fortifications du XIVe siècle, des palais et des rues tortueuses, il y a comme un air de déjà-vu. On comprend mieux son surnom de « petite Dubrovnik » ! Après 2 heures de navigation, apparaissent les remparts de Dubrovnik : 25 mètres de haut et jusqu'à 6 mètres d'épaisseur.

JOUR•7 Dubrovnik

Quelle ironie, celle dont la devise est *Non bene pro toto libertas venditur auro* (même pour tout l'or du monde, il ne faut pas vendre sa liberté), se retrouve prisonnière… de son succès ! Car en pleine saison, il faut s'armer de patience pour, à petits pas et au milieu d'une foule compacte, arpenter les ruelles de cette splendide cité-forteresse estampillée au patrimoine mondial de l'Unesco et admirer, comme tout le monde, le joli cloître du couvent franciscain, la colonne de Roland sous la tour de l'Horloge et la cathédrale et ses Titien !

On joue à saute-bateau, pour découvrir 2 ou 3 des 14 îles Élaphites qui regardent Dubrovnik ; pour leurs chapelles du XVIe siècle, leurs églises Renaissance et leurs maisons patriciennes. Et l'on s'attarde, selon ses goûts, sur la superbe plage de Lopud, dans les prairies de Sipan, les bois de Kolocep ou les forêts de Lokrum. Sur cette dernière, qui accueillit l'archiduc Maximilien de Habsbourg, se dresse un fort construit par Napoléon.

CARNET D'ADRESSES

VENISE

Locanda Fiorita, *www.locandafiorita.com*, un hôtel romantique à la façade colorée recouverte de glycine dans le quartier San Marco. Chambre double : env. 140 € petit déjeuner inclus.

TRIESTE

Urban Hotel Design, *www.urbanhotel.it*, chambres au design épuré, à la froideur réchauffée de bois clair et de fauteuils peps signés Ron Arad. À deux pas de la place de l'Unité Italienne. Chambre double : env. 130 € petit déjeuner inclus.

SPLIT

Hotel Slavija, *www.hotelslavija.hr*, en plein cœur de Split, dans le palais de Dioclétien. Chambre double : env. 130 € petit déjeuner inclus.

DUBROVNIK

Villa Gloria, *www.villa-gloria.com*, sur les hauteurs de Ploče, proche de la vieille ville, petit jardin avec piscine et vue sur la mer. Chambre double : env. 80 €.

25 La Grèce, entre ciel et terre

7 jours

Grèce

Si la Grèce est plutôt connue pour ses innombrables îles, son continent recèle des trésors aux charmes variés et des paysages enchanteurs où se succèdent plaines, champs d'oliviers et montagnes. D'Athènes, capitale bouillonnante et contrastée, à la multiculturelle Thessalonique en passant par les monastères des Météores, comme suspendus dans le ciel, partez à la découverte de trois joyaux grecs.

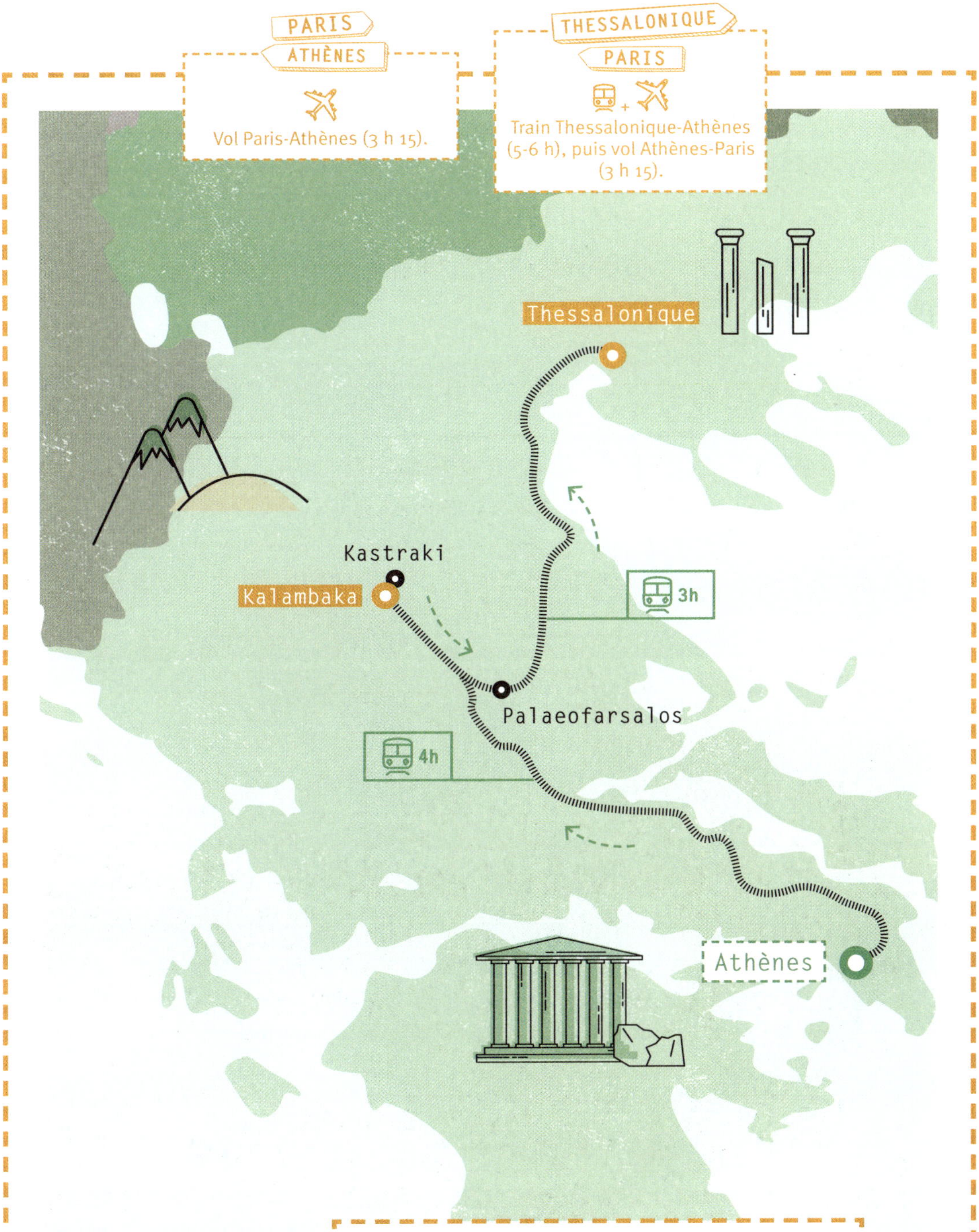

À lire À écouter :

- **Imam Baïldi**, un groupe de musique athénien qui revisite des classiques du *rebetiko*, ces chants mélancoliques et populaires.
- ***La Verrerie***, Menis Koumandareas (Quidam Éditeur). Un roman sensible et réaliste dans l'Athènes populaire des années 1970.
- ***L'été grec***, Jacques Lacarrière (Pocket). Une lecture incontournable pour comprendre l'âme grecque.
- ***Gioconda***, Nikos Kokantzis (L'Aube). Une histoire d'amour sensuelle et tragique dans la Thessalonique de la Seconde Guerre mondiale.

JOURS•1 ET 2

Athènes

Commencez la visite d'Athènes en son cœur historique, symbole d'un héritage culturel millénaire, en déambulant au petit matin dans les ruelles de Plaka. Puis, découvrez le très beau musée de l'Acropole, surprenant de modernité, et faites une pause dans son café pour savourer un café grec et des *loukoumadès* (beignets), le Parthénon en ligne de mire. Poursuivez le nez au vent jusqu'à la célèbre Acropole, continuez vers l'Agora, Thisio et Monastiraki et laissez-vous surprendre par l'histoire qui rejaillit à chaque coin de rue.

Si la saison le permet, goûtez à ce qui fait l'âme d'Athènes : les cinémas en plein air ! Le plus vieux cinéma de la ville, le Thision, tourné vers l'Acropole, offre l'une des plus belles vues que l'on puisse imaginer. Pour le dîner, direction le quartier pittoresque de Plaka et la taverne typique Anafiotika pour picorer quelques mezzés.

Le lendemain, débutez votre journée à la Fondation d'art contemporain Goulandris, où vous attend une riche collection d'art grec et international. Puis, dirigez-vous vers le marché central d'Athènes en traversant le Jardin national et la place du Parlement, Syntagma. Une fois arrivés, tous vos sens seront mis à contribution ! Il y a là une ribambelle de sons, d'odeurs, d'images. Imprégnez-vous de cette ambiance... Faites une halte pour déjeuner chez Ta Karamanlidika tou Fani, où vous goûterez une cuisine épicée et savoureuse. Explorez aux alentours les rues Sokratous et Evripidou, avant de rejoindre le quartier alternatif d'Exarchia, lieu de rendez-vous des âmes bohèmes, anarchistes et révolutionnaires : c'est ici qu'a émergé en 1973 la contestation étudiante qui a mis fin à la dictature des colonels ! Si vous avez encore de l'énergie, montez sur le mont Lycabette jusqu'à Prasini Tenta pour savourer une bière ou un verre de *tsipouro* en contemplant le coucher de soleil.

La Grèce n'est pas vraiment le pays des trains et, malgré des travaux de modernisation récents des voies et des wagons, le réseau de bus est davantage utilisé, car plus rapide. Ne soyez pas surpris si la voie de départ est parfois difficile à trouver, si votre train a du retard ou s'arrête pour en laisser passer un autre... Ce qui fait le charme du voyage, c'est ce côté *siga siga*, comme on dit ici (lentement, lentement). Profitez-en pour nouer contact avec les Grecs, ils sont toujours très heureux d'échanger et d'aider les voyageurs !

JOURS•3 À 5
Les Météores

Levez-vous de bonne heure pour attraper le seul train direct quotidien entre Athènes et Kalambaka, en Thessalie (pensez à réserver votre billet à l'avance). Avant de partir, achetez à un vendeur ambulant un *koulouri* (pain au sésame) : c'est le petit déjeuner athénien par excellence, simple et rapide. Embarquez ensuite pour un trajet d'environ 4 heures à travers la campagne grecque, qui vous déposera au pied des fabuleux monastères orthodoxes des Météores, classés au patrimoine mondial de l'Unesco. Ces pitons rocheux, « rochers envoyés du ciel » selon leur étymologie, seraient plutôt des sédiments laissés par le passage d'un fleuve aujourd'hui disparu. Installez-vous à l'hôtel Alsos House : à proximité de la gare, il offre une vue magnifique sur les Météores et est situé tout près d'un sentier de randonnée qui vous permettra de vous retrouver rapidement parmi ces formations rocheuses fantastiques.

DANS LES PAS DES ANCIENS PÈLERINS…

Très agréable au printemps et à l'automne, la marche vous permettra de profiter de la nature et d'apercevoir la faune locale (tortues, lézards) tout en savourant l'approche lente des monastères, comme ont pu le faire les pèlerins avant vous. Mais attention, les dénivelés peuvent être importants. Le village de Kastraki est un bon point de départ (10 minutes de bus depuis Kalambaka). Vous pouvez vous procurer une carte des sentiers à l'office de tourisme de Kalambaka ou contacter l'agence Visit Meteora, qui organise des randonnées guidées. Il est également possible de rallier les monastères en bus, en passant par une agence ou de manière autonome. Attention, une fois à destination, il vous faudra tout de même gravir de nombreuses marches pour parvenir aux monastères.

L'EMBARRAS DU CHOIX !

Six d'entre eux sont aujourd'hui ouverts à la visite et ils sont tous différents. Situé à 615 mètres au-dessus d'une gorge, Varlaam est peut-être le plus impressionnant. Je garde un souvenir ému de ma visite à Agios Nikolaos : sur la petite terrasse, face à une vue magique, des moines avaient entonné des chants sacrés ! Le mieux reste de les visiter pour vous faire votre propre avis !

Pensez à vérifier les horaires d'ouverture des monastères et ceux des bus à l'office de tourisme, ainsi qu'à avoir une tenue vestimentaire adéquate au risque de devoir l'acheter à l'entrée de certains monastères : épaules couvertes, pantalon pour les hommes et jupe longue pour les femmes.

JOURS•6 ET 7

Thessalonique

De Kalambaka, un trajet en train de trois heures environ vous mène à Thessalonique, la deuxième plus grande ville de Grèce. Après un changement de train à Palaeofarsalos, vous longerez le mont Olympe avant d'atteindre la « Jérusalem des Balkans ». Kaléidoscope de cultures et ville portuaire ouverte sur le monde, Thessalonique fut tour à tour hellène, romaine, byzantine, ottomane et grecque et hébergea une communauté juive importante, dont il reste aujourd'hui peu de traces. Pour vous imprégner de l'ambiance de la ville, promenez-vous sur le front de mer jusqu'à l'emblématique Tour blanche (Lefkos Pyrgos). Fortification, prison puis lieu d'exécution, elle renferme aujourd'hui un intéressant musée sur l'histoire de la cité. Puis perdez-vous dans les ruelles du centre jusqu'à découvrir l'une des plus anciennes églises de Thessalonique, Agia Sofia, et finissez la soirée dans le grouillant quartier des huileries, les *ladadika*.

Le lendemain, commencez votre journée en dégustant chez Bantis la pâtisserie la plus emblématique de Thessalonique : la *bougatsa*, faite de pâte filo et de crème à la semoule, saupoudrée de cannelle. Installé depuis 1969, il tiendrait la recette de son grand-père, arrivé de Cappadoce…
Gagnez ensuite la vieille ville et l'Acropole, d'où s'ouvre une vue magnifique sur la ville. Ici, l'ambiance est plus calme. C'est l'ancien quartier ottoman qui a échappé à l'incendie destructeur de 1917. Ne manquez pas le monastère Vlatadon, véritable havre de paix dans la ville, ainsi que la discrète Agios Nikolaos Orfanos aux fresques du XIVe siècle. Enfin, dirigez-vous vers les entrepôts du port pour découvrir le Musée de la photographie, dont les expositions sont toujours passionnantes, ou bien visitez le somptueux Musée archéologique, l'un des plus importants du pays.

CARNET D'ADRESSES

ATHÈNES

Acropolis View, *www.acropolisviewhotel.gr,* bon rapport qualité-prix et charmant toit-terrasse donnant sur le Parthénon, à deux pas du musée de l'Acropole. Chambre double : env. 120 € petit déjeuner inclus.

KALAMBAKA

Alsos House, *www.alsoshouse.gr,* un emplacement idéal, non loin du centre de Kalambaka et accessible à pied depuis la gare. Les chambres ont vue sur les Météores. Chambre double : env. 70 €.

THESSALONIQUE

Colors Urban Hotel, *www.colorshotel.gr,* un hôtel design confortable dont certaines chambres offrent une vue (lointaine) sur la mer. Tout près du centre-ville. Chambre double : env. 90 € petit déjeuner inclus.

26 Slovénie grandeur nature

7 jours

Suisse, Slovénie

Découvrir la Slovénie, écrin de verdure encore préservé au cœur de l'Europe, en partant de Zurich pour embarquer sur le magique train de nuit à travers la Suisse et l'Autriche. La douceur de vivre de la séduisante Ljubljana, les randonnées à l'assaut des Alpes juliennes et les baignades dans la rivière émeraude.

PARIS
ZURICH

Paris-Zurich (4 h).

LJUBLJANA
PARIS

Ljubljana-Venise (4 h 45), puis train de nuit jusqu'à Paris (Thello, 14 h).

Vol Ljubljana-Paris (5 h).

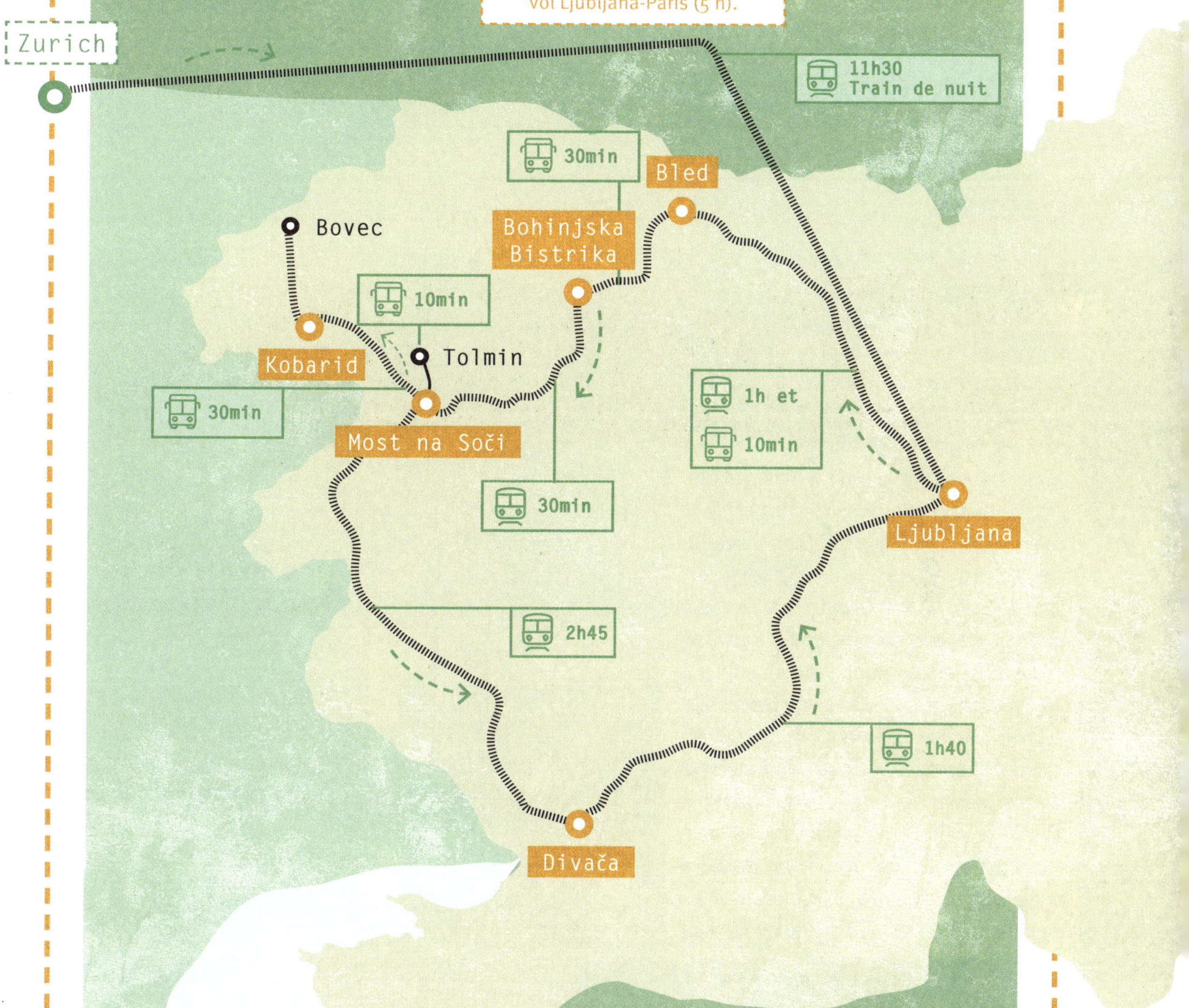

À lire :

- ***Les Immigrés***, trilogie de **Lojze Kovacic**, grand romancier de la littérature slovène contemporaine. Son œuvre reflète le destin de sa famille, miroir du drame d'un siècle devenu fou, (Le Seuil).
- Le best-seller ***Veronika décide de mourir*** de **Paulo Coelho**. L'action se déroule à Ljubljana. Très poétique et plus positif que son titre ne le laisse présager… (J'ai Lu).
- ***Grandir : 1973, Slovénie, Yougoslavie*, Miha Mazzini**. On découvre, dans ce roman d'apprentissage, la Yougoslavie de Tito dans les années 1970, racontée du point de vue slovène. (Éditions Franco-Slovènes).

JOUR•1

Zurich

Commencer ce périple à la gare centrale de Zurich, nœud ferroviaire majeur, permet aux voyageurs depuis Paris, Milan, Hambourg, Munich ou Vienne de se rendre au centre de l'Europe. Des casiers à bagages automatiques vous laisseront les mains libres pour aller découvrir la ville. Mais avant de quitter la gare, allez admirer les œuvres imposantes qu'elle abrite, tels *L'Ange protecteur* de Niki de Saint Phalle ou *L'œuf philosophique* de Mario Merz.

Prévoyez d'arriver en milieu de journée ; il vous suffira d'un après-midi pour découvrir le centre-ville, et, pourquoi pas, profiter d'une magnifique vue sur les Alpes enneigées à l'occasion d'une minicroisière sur le lac. En revenant vers la gare, passez par la Bahnhofstrasse, illustre artère commerçante. À défaut de s'offrir une vraie montre suisse ou de la joaillerie d'exception, on peut y faire l'emplette de fromages à l'épicerie de **Jelmoli** et de chocolats fins à la confiserie **Sprüngli**. À savourer le soir dans le train.

LE TRAIN DE NUIT ZURICH – LJUBLJANA

La compagnie ÖBB assure une liaison quotidienne et directe entre Zurich et Ljubljana avec le train de nuit tout confort *Nightjet*. Il n'y a pas de wagon-restaurant, donc prévoyez de dîner avant d'embarquer. Après une nuit paisible à travers la Suisse, le Lichtenstein et l'Autriche, le lever de rideau sur les Alpes juliennes promet un spectacle mémorable.

JOUR•2

Ljubljana

Aussi charmante à visiter que son nom est ardu à prononcer, la ville de Ljubljana surprend et séduit. C'est l'une des plus petites capitales européennes, mais aussi l'une des plus belles. Elle regorge d'animations artistiques, historiques et culinaires, tout en célébrant une *dolce vita* exquise. Ce n'est pas une ville qui se visite au pas de course. Il faut s'accorder des pauses dans les boutiques d'artisanat ou aux terrasses au bord de l'eau. Ljubljana cumule légitimement les distinctions pour son engagement écologique. Elle offre de nombreux modes de transports propres : le centre-ville est entièrement piéton, les pistes cyclables abondent et le *stand up paddle* sur la Ljubljanica est tendance. Les espaces verts représentent les trois quarts de la superficie de la ville et en premier lieu le splendide parc Tivoli. La montée au château en funiculaire est un *must*, ainsi que la découverte de la vieille ville, de la place Prešeren et de la cathédrale Saint-Nicolas.

LE MARCHÉ CENTRAL

Véritable lieu de rencontre pour les Ljubljanais, idéal pour goûter aux innombrables spécialités slovènes, tels les tortellini farcis, les galettes de pomme de terre au fromage, la saucisse de Carniole, divers goulaches, la polenta, les pâtisseries aux noix... Il fait la part belle aux produits régionaux, bio et de saison. Le vendredi, de mi-mars à fin octobre, les chefs des restaurants slovènes dévoilent leurs talents lors d'une « cuisine ouverte ».

AVEC UNE JOURNÉE DE PLUS

Nul besoin de voiture pour gagner les sommets environnants qui invitent à la randonnée. Depuis la gare centrale, en 30 minutes avec le train S10, on arrive à Uetliberg d'où part le **Sentier des Planètes**. Cette promenade ludique et informative de 2 heures est une traversée virtuelle du système solaire. Chaque mètre parcouru correspond à un million de kilomètres. Vue panoramique à la clé !

www.zuerich.com/fr/visite/sport/sentier-des-planetes

Bled et son lac

JOUR•3

Bled n'est qu'à une heure de la capitale en train (liaisons directes fréquentes jusqu'à Lesce-Bled, puis court trajet en bus). Avec son château médiéval et son église nichée sur un îlot naturel, ses eaux bleu-vert idylliques et les sommets alpins en arrière-plan, Bled est l'emblème de la Slovénie. Romantique au possible, on comprend que ce soit le premier site touristique du pays. Un conseil pour obtenir LA photo panoramique carte postale : grimpez à Mala Osojnica.

Plusieurs façons de profiter de ce joyau : faites le tour du lac à pied (comptez environ 1 h 30) ou en calèche, louez une barque, laissez-vous guider à bord d'un bateau traditionnel (*pletna*), ou piquez une tête (l'eau est autour de 22 °C en été). Pour vous remettre de vos émotions, ne manquez pas la dégustation du *kremna rezina*, millefeuille iconique de la ville.

Bled est aussi le point de départ d'une multitude d'itinéraires pédestres fléchés. Pour les amateurs de sensations fortes, plusieurs agences proposent des activités telles que l'escalade, le rafting ou le parapente. La location d'un vélo électrique permet de faciliter l'accès aux gorges de Vintgar.

JOUR•4 Lac de Bohinj

On regrette presque que le trajet en bus de Bled à Bohinjska Bistrika ne dure que 30 minutes, tant le paysage alpin est magnifique. C'est de là que vous vous rendrez au lac glaciaire de Bohinj en bus, navette gratuite ou taxi. On peut aussi louer un vélo et découvrir, sur les 6 km de piste cyclable, une vallée hors du temps au milieu des champs, des séchoirs à foin et des ruches décorées. Le lac est proche de celui de Bled (29 km) et pourtant fort différent. D'une grâce époustouflante, il enchantera les amoureux de sites naturels plus reculés, calmes et sauvages. On pourra choisir de passer la nuit dans l'un des chalets-hôtels du village de Bohinjska Bistrika, pour être proche de la petite gare, ou bien au bord du lac pour une expérience totalement féerique.

LA VOIE FERRÉE DE BOHINJ

L'empire austro-hongrois avait construit un imposant maillage ferré qui rayonnait depuis Vienne. La pittoresque voie de Bohinj, inaugurée en 1906, est encore en activité. C'est l'une des plus belles voies ferrées transalpines et une prouesse technique. Elle détient deux records : le tunnel ferroviaire de Bohinj est le plus long de Slovénie (6 327 m) et le pont de Solkan, sur la rivière Soča, est le plus grand pont ferroviaire en arche de pierre au monde (l'arche mesure 85 m). Pour une expérience originale teintée de nostalgie, il est possible de réserver à certaines dates une excursion en locomotive à vapeur à bord du train-musée.

JOUR•5

La vallée de la Soča

GORGES DE TOLMIN

De la gare de Most na Soči, à 30 minutes de train de Bohinjska Bistrika, on rejoint Tolmin en 10 minutes (bus ou taxi). De là, une navette gratuite dessert le site des célèbres gorges. En suivant un sentier escarpé pendant 2 heures, on reprend son souffle en s'émerveillant devant ces formations géologiques phénoménales : canyons étroits, eaux cristallines, source thermale et confluence de deux rivières.

KOBARID

Most na Soči est la seule gare de la vallée de la Soča, mais Kobarid est un meilleur point de chute pour explorer la région. Les efforts d'organisation pour s'y rendre seront récompensés (on s'enquiert à l'avance des horaires de bus ou on réserve un taxi pour un trajet d'environ 30 minutes). Cette bourgade pleine de charme cumule les atouts... Kobarid est surnommée le « Verdun slovène » et son parcours historique de 5 km révèle des vestiges émouvants de la Première Guerre mondiale. La colonne blanche de plus de 15 mètres de la cascade Slap Kozjak offre un spectacle envoûtant. Sans compter qu'on y trouve quelques-uns des meilleurs restaurants du pays.

JOUR•6

Bovec et la vallée de la Soča

De Kobarid, plusieurs agences organisent des activités dans la vallée incluant les services d'un guide et le transfert jusqu'à Bovec – paradis des sports d'eau vive. La Soča et ses rapides mythiques attirent les kayakistes experts de toute l'Europe. Plus accessibles, les activités de rafting, canyoning, tyrolienne, parapente et VTT de descente permettent de s'offrir une dose d'adrénaline dans un décor splendide. On peut passer une semaine à randonner de cascade en cascade, hypnotisé(e) par les couleurs électriques de l'une des plus belles rivières du monde. On rentre à Most na Soči en fin de journée.

JOUR•7 Divača et les grottes de Škocjan

De Most na Soči, on embarque pour Divača (2 h 45, correspondance à Sežana), gare la plus proche des grottes de Škocjan. Même les réfractaires à la spéléologie se laisseront envoûter par ces trésors de la Terre inscrits au patrimoine mondial de l'Unesco. Onze grottes séparées par des stalagmites mesurant jusqu'à 15 m de haut, des cavités de plus de 200 m de profondeur, des ponts naturels et un gigantesque canyon souterrain – le plus grand d'Europe où rugit la rivière Reka... On marche parfois à flanc de paroi, on traverse une passerelle à 50 m au-dessus de la rivière, et à chaque virage on est ébloui par un nouveau tableau aux proportions grandioses.

On boucle ce tour de la Slovénie par un dernier trajet en train au rythme slow travel : 1 h 40 pour relier Divača à Ljubljana qui n'est qu'à 60 km ! De là, on peut continuer vers Trieste, Venise, Zagreb ou encore Budapest.

CARNET D'ADRESSES

LJUBLJANA

Lesar Hotel Angel, *www.angelhotel.si*, hôtel de caractère à la décoration élégante. Calme et pourtant situé en plein centre, sous le château, dans une rue piétonne. Beau jardin en terrasse au-dessus de l'hôtel. Chambre double : env. 150 € petit déjeuner inclus.

BLED

Penzion Mayer, *www.mayer-sp.si*, un chalet avec jardin et pommes séchées à grignoter ! Chambre double : env. 110 € petit déjeuner inclus.

BOHINJ

Chalet Alpik, *www.alpik.com*, à seulement 250 m du lac et à 700 m de la télécabine qui monte à la station de Vogel. Paysages de conte de fées. Chalets modernes et cosy d'inspiration alpine, équipés tout confort. Chambre double : env. 100 €.

27 Zigzag gourmand à travers les Balkans

9 jours

Roumanie, Bulgarie et Grèce

Prenez votre temps à bord des trains agréablement lents de l'Europe de l'Est. Goûtez à la sérénité de la nature qui défile, aux saveurs qui évoluent au fil des frontières. Cet itinéraire n'hésite pas à prendre quelques détours, entre devises, cultures et cuisines.

PARIS
BUCAREST

Paris-Bucarest, avec correspondances à Stuttgart et Budapest (env. 30 h).

Vol Paris-Bucarest (2 h 50).

ATHÈNES
PARIS

Vol Athènes-Paris (3 h 30).

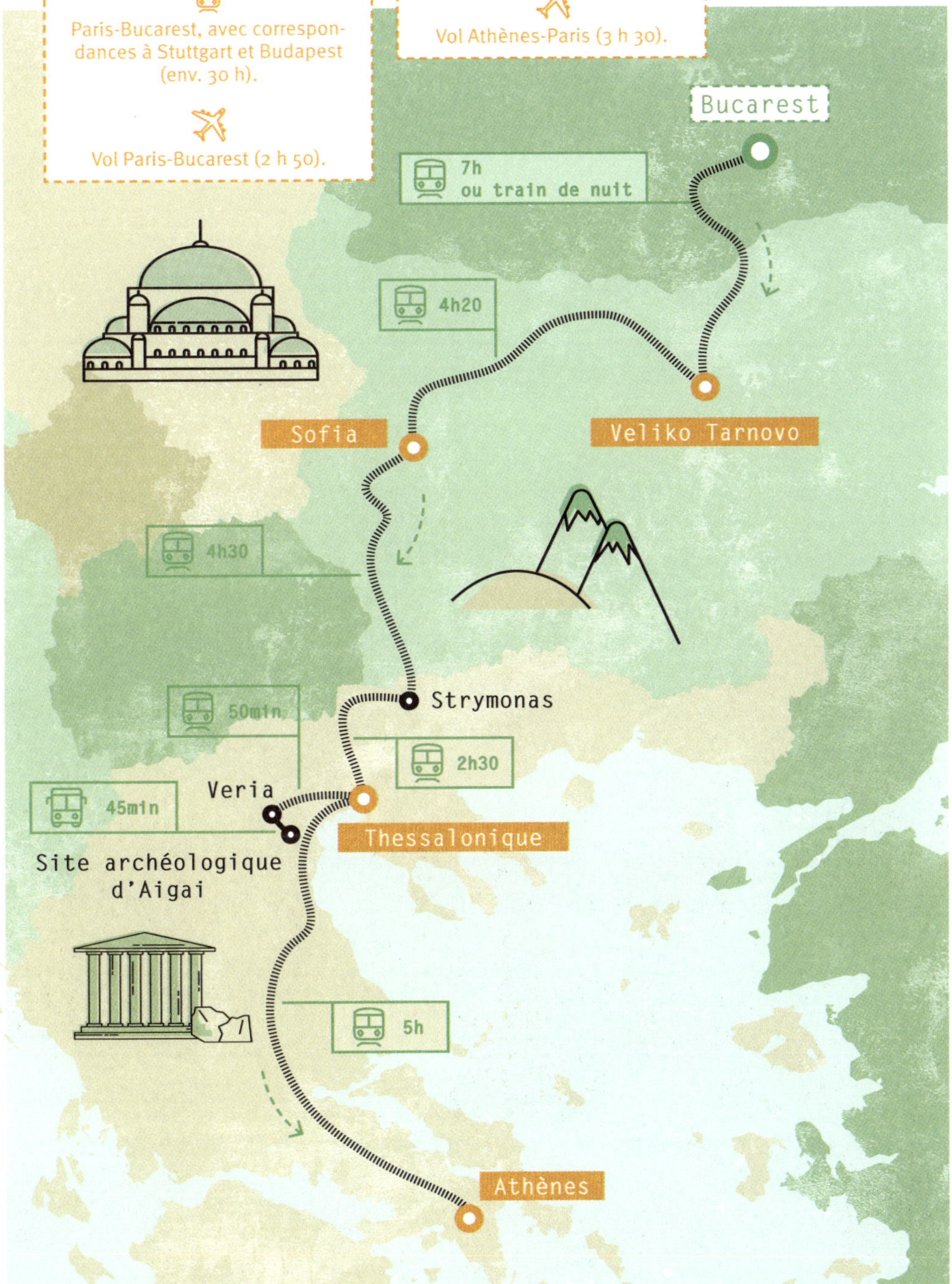

À lire À écouter :

- ***Kalamata : La cuisine, la famille et la Grèce*, Julia Sammut** (Keribus)
  Un voyage littéraire qui vous mettra l'eau à la bouche.
- ***Wickeda***, très populaire en Bulgarie, ce groupe ska-punk vous donnera envie de danser sur votre siège.

JOUR•1

Bucarest

Bienvenue à Bucarest ! Laissez-vous surprendre par les sonorités latines de la langue roumaine, les connexions wifi ultra-performantes, les avenues colossales et le sens de l'accueil des habitants. Jetez un œil au palais du Parlement, le plus grand bâtiment administratif en pierre du monde, symbole de la dictature communiste de Ceaușescu (jusqu'en 1989). Prenez un bol d'air dans le très beau parc de Herăstrău, puis offrez-vous un déjeuner slow food au pub gastronomique **Energiea** (*Strada Ion Brezoianu 4*), qui héberge aussi événements et performances. Mais surtout, prévoyez un dîner au **Caru' Cu Bere** (*Strada Stavropoleos 5*), l'un des établissements les plus anciens et célèbres de la ville. Il vous plongera dans une ambiance festive grâce à ses musiciens enjoués, son architecture néogothique, ses vitraux, ses mosaïques et ses généreux plats traditionnels.

QUELQUES SPÉCIALITÉS ROUMAINES

Sarmale : rouleaux de feuilles de chou fermentées farcis de porc et de riz.
Papanasi : beignets de fromage blanc servis avec de la crème et de la confiture de baies ou de cerise.
Mamaliga : polenta souvent accompagnée de beaucoup de fromage *(branza)* et de crème acidulée.
Ciorba de fasole : soupe aux haricots parfois présentée dans une miche de pain *(en paine)*.

JOURS•2 ET 3

Veliko Tarnovo

Les trains roumains sont délicieusement lents! Celui qui vous conduit de Bucarest à Veliko Tarnovo vous offrira sept heures de détente et une traversée intéressante de la frontière bulgare posée sur le Danube (il est également possible d'effectuer le trajet en train de nuit). Prendre un taxi depuis la gare vous évitera de longer la route sans trottoir qui mène à la ville.

Après une bonne nuit de sommeil, enfilez des chaussures de marche et suivez les pas des Thraces, des Byzantins, des Slaves et des Ottomans dans l'ancienne capitale bulgare. Flânez entre les échoppes d'artisans de la rue Samovodska Charshia, puis faites-vous servir des pâtisseries traditionnelles ainsi qu'un café turc préparé dans du sable chaud au **Shekerdzhiinitsa** (*ul. Kapitan Georgi Mamarchev 13*). Observez les différents styles architecturaux de la rue Gurko et découvrez en contrebas l'impressionnant monument de la dynastie Assen et la rivière Yantra, qui traverse la ville en vous offrant de sublimes reflets. À pied, rejoignez la forteresse Tsarevets (XIIe siècle) pour un autre point de vue sur la ville.

Pour finir, savourez un repas bulgare au **Shtastliveca** (*ul. Stefan Stambolov 79*) où la carte sera à la hauteur du panorama.

SOMERSBY
REFRESHINGLY CRISP TASTE
SOMERSBY
Barbello
Cocktails & More

JOUR•4

Sofia

Après un trajet de 20 minutes en train de Veliko Tarnovo à Gorna Oryahovista, vous sauterez dans un wagon pour Sofia. Ce dernier trajet durera environ 4 heures et vous transportera entre gorges et montagnes, dans le confort tout relatif d'une cabine partagée par six ou huit personnes. Vous pourrez certainement y faire la connaissance de quelques Bulgares. Prévoyez un pique-nique et peut-être de quoi partager : la nourriture est toujours un excellent sujet de conversation !

Une fois arrivé(e), laissez-vous séduire par la gastronomie bulgare et les jolis cafés de la capitale. Regardez les avions passer, parfaitement alignés derrière la cathédrale orthodoxe de Saint-Alexandre-Nevski, et offrez-vous un tour gratuit de la ville afin d'en comprendre toutes les complexités historiques.

Goûtez à l'eau naturellement gazeuse de l'une des quarante sources de Sofia (à la fontaine du musée régional d'Histoire, *1 Banski Sq)*. Dégustez ensuite une soupe d'orties au restaurant organique **Sunmoon** (*ul. Alabin 22*). Pour un dessert ou un snack, essayez une *mekitsa*, spécialité mi-beignet mi-crêpe, au **Mekitsa & Kafe** (*ul. Graf Ignatiev 28*). Pour un dîner traditionnel, rendez-vous au **Hadjidraganov's Houses** (*ul. Kozloduy 75*), au décor de vieux chalet en bois. Une terrasse spacieuse attend ceux qui préfèrent profiter du grand air.

QUELQUES SPÉCIALITÉS BULGARES

Tarator : soupe froide de concombre au yaourt très rafraîchissante en période estivale.
Gyuvech : ragoût de bœuf savoureux avec poivrons, oignons, champignons, œufs et fromage fumé bulgare.
Tikvenik : pâtisserie sucrée et épicée à la courge et aux noix.
Kiselo Mlyako : yaourt dense et acidulé qui accompagne de nombreux plats, réputé bon pour la santé.

Tikvenik

JOURS•5 ET 6

Thessalonique

Depuis Sofia vous montez dans le train bulgare qui vous conduit à Strymonas en Grèce, en près de 4 h 30, puis vous poursuivez le trajet vers Thessalonique en 2 h 30. À votre arrivée, pour vous remettre du voyage, offrez-vous de réconfortants *mezze* au restaurant **Ouzou Melathron** (*Karipi 21*), fréquenté tant par les touristes que par les autochtones. Accompagnez votre repas d'un cru local : après tout, la Thrace est le pays natal de Dionysos, le dieu des vignes !

Le lendemain, baladez-vous entre les étals odorants des marchés de Modiano-Kapani, puis faufilez-vous dans la boutique **Ragian** (*Mpalanou 12*) où vous pourrez acheter fromages et autres produits d'épicerie fine. Plus tard, dégustez un repas à la très populaire taverne **Kronos** (*Geor. Vafopoulos*), fondée en 1961. Finissez ce périple par une douceur en pâte phyllo, spécialité de la pâtisserie la plus ancienne de la ville : **Ellēnikón** (*Leof. Vasilissis Olgas*).

JOUR•7

Un détour par Véria et Vergina

Un court trajet en train d'environ 50 minutes vous conduit à Véria. De là, prenez un bus pour le **site archéologique d'Aigai**, inscrit au patrimoine mondial de l'Unesco. Première capitale de la Macédoine (xe siècle avant J.-C.), la ville recèle quelques tombes notables réunies dans un tumulus, dont celle de Philippe II, et d'autres monuments d'une grande importance historique. Un bus vous conduira ensuite dans le village de Vergina afin de reprendre des forces. Au restaurant **12 Grada** (*Dimosthenous*), profitez d'une longue carte inspirée par la gastronomie de la Macédoine et de la Thrace. Une fusion très locale, accompagnée d'une excellente sélection de vins. Retour à Thessalonique pour la nuit.

Pastirma

QUELQUES SPÉCIALITÉS DE LA MACÉDOINE GRECQUE

Perek (ou fillota) : galette traditionnelle frite dans l'huile d'olive et fourrée de fromage, de poivron ou de *pastirma*.
Pastirma : charcuterie à base de bœuf salé recouverte d'ail, de fenugrec, de cumin, de paprika et de piment, puis séchée.
Skordalia : sauce à base d'ail (beaucoup !), de purée de pomme de terre, de noix et d'amandes, parfumée à l'huile d'olive.
Un koulouri avec un verre d'ariani : un anneau de pain recouvert de graines de sésame, accompagné d'une boisson à base de yoghourt frais, légèrement salée.

JOURS•8 ET 9
Athènes

Le trajet en train entre Thessalonique et Athènes (de 5 à 6 heures) est probablement l'un des plus beaux d'Europe : il côtoie mer et montagne et vous offrira une très belle variété de paysages.

Une fois bien installé(e) dans la capitale grecque, laissez-vous séduire par ses nombreux *mezedopoleio* (bars à mezze). Prenez place sur la terrasse du **Mavros Gatos** (*Navarchou Apostoli 7*) et profitez de l'animation du quartier de Syntagma.

Le lendemain, goûtez à la *street food* d'Athènes tout en vous laissant séduire par l'architecture impressionnante de la ville. Ne ratez pas les *souvlakis* à la viande grillée de **Kostas** (*Pl. Agias Irinis 2*) : ce « trou dans le mur » est une véritable institution ! Pour un snack végétarien, optez pour **Falafellas** (*Aiolou 51*) et n'ayez pas peur de la file d'attente : elle vous garantit un repas d'exception. Après une visite des halles municipales (le marché central), rendez-vous au **Karamanlidika** (*Sokratous 1*) pour un repas traditionnel servi à table. Il s'agit d'une très belle taverne avec un stand de charcuterie trônant en son centre.

Ne faites pas l'impasse sur l'Acropole, qui ne vous laissera pas indifférent(e). Découvrez aussi les impressionnantes sculptures des tombes et mausolées du plus ancien cimetière d'Athènes.

Et pour finir en beauté ce séjour gastronomique, allez manger chez une famille grecque, avec le tour *Home-cooked meals* d'Alternative Athens (*www.alternativeathens.com*).

QUELQUES SPÉCIALITÉS À DÉGUSTER À ATHÈNES

Kaimaki : glace au mastic de lait de bufflonne et aux cerises acidulées.
Keftedakia : petites boulettes de viande mijotées dans de la sauce tomate.
Pastítsio : pâtes au four disposées en strates avec de la viande hachée, de la sauce tomate et de la sauce Béchamel.
Galaktoboúreko : dessert sirupeux à la crème pâtissière au citron et pâte phyllo.

CARNET D'ADRESSES

BUCAREST

Rembrandt Hotel, *www.rembrandt.ro*, juste à côté du *Grand Van Gogh Cafe*. Un petit hôtel inspiré de la maison de Rembrandt, vue splendide pour le petit déjeuner. Chambre double : env. 100 € petit déjeuner inclus.

VELIKO TARNOVO

Hotel Tarnava, *www.hotel-tarnava.com*, petit hôtel romantique à proximité de la vieille ville et du château. Chambre double : env. 40 € petit déjeuner inclus.

SOFIA

Hotel Favorit, *www.hotelfavorit.bg*, hôtel tranquille, proche du centre, les suites avec terrasse offrent une vue splendide. Chambre double : env. 70 € petit déjeuner inclus.

THESSALONIQUE

Blue Bottle Hotel, *www.bluebottlehotel.gr*, ambiance design en plein centre-ville. Chambre double : env. 100 € petit déjeuner inclus.

ATHÈNES

Fresh Hotel, *freshhotel.gr*, situation centrale idéale, piscine et bar avec vue sur les toits de la ville et sur l'Acropole. Chambre double : env. 130 € petit déjeuner inclus.

POUR PROLONGER LE VOYAGE

Si l'idée de traverser en train les paysages mystérieux de la Transylvanie vous séduit, commencez votre itinéraire à Cluj-Napoca, ville étudiante du nord de la Roumanie. Votre trajet se poursuivra vers la citadelle bariolée de Sighişoara, puis vers la cité médiévale de Braşov pour enfin rejoindre Bucarest. Découvrez cet itinéraire page 266.

28 À travers les campagnes de Transylvanie (très lentement)

5 jours

Roumanie

Et pourquoi pas la Roumanie ? Ses trains, réputés pour leur lenteur, rendent l'expérience plus intense, plus touchante. Vous traverserez ses campagnes rustiques, ses jolis bourgs médiévaux et y découvrirez peut-être les paysages sauvages des Carpates.

PARIS
CLUJ-NAPOCA

Paris-Cluj-Napoca avec correspondances à Stuttgart et Vienne (env. 23 h).

Vol régulier Paris-Cluj-Napoca avec escale à Munich ou Francfort (env. 4 h), ou vol charter direct depuis Beauvais (2 h 50).

BUCAREST
PARIS

Bucarest-Paris, avec correspondances à Budapest et Stuttgart (env. 30 h).

Vol Bucarest-Paris (2 h 50).

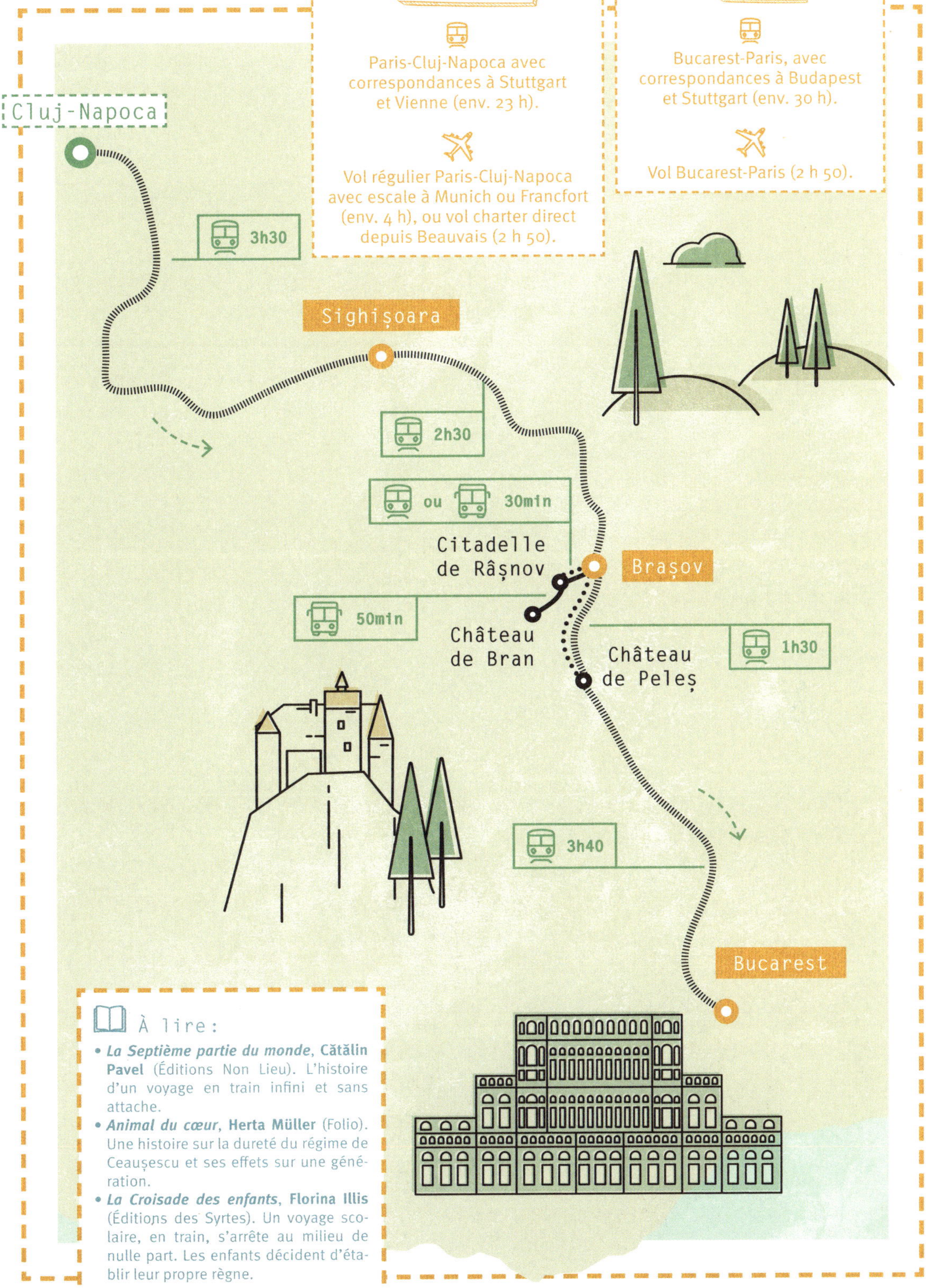

À lire :

- ***La Septième partie du monde*, Cătălin Pavel** (Éditions Non Lieu). L'histoire d'un voyage en train infini et sans attache.
- ***Animal du cœur*, Herta Müller** (Folio). Une histoire sur la dureté du régime de Ceaușescu et ses effets sur une génération.
- ***La Croisade des enfants*, Florina Illis** (Éditions des Syrtes). Un voyage scolaire, en train, s'arrête au milieu de nulle part. Les enfants décident d'établir leur propre règne.

JOUR•1

Cluj-Napoca

Après un très long parcours en train d'environ 23 heures via Stuttgart (Allemagne) et Vienne (Autriche), ou un trajet relativement court en avion, vous arrivez à Cluj-Napoca au nord de la Roumanie. Plongez-vous dans l'ambiance estudiantine – et parfois festive – de la ville sur la Piața Unirii, la plus grande place médiévale d'Europe de l'Est. Perdez-vous dans les rues et les ruelles et admirez les différents styles architecturaux, du gothique à l'Art nouveau. Pour le goûter, offrez-vous un *covgiri* (sorte de bretzel roumain) dans l'une des minuscules boulangeries typiques de la ville. Pénétrez ensuite discrètement dans la magnifique cathédrale Mitropolitană Adormirea Maicii Domnului, puis visitez le superbe jardin botanique Alexandru Borza, où vous pourrez découvrir 10 000 espèces du monde entier. Pour clore la journée en beauté, dégustez une roborative *mamaliga* (polenta traditionnelle) au restaurant **Zama** *(Strada Napoca Nr.16)*.

JOUR•2

Sighişoara

De Cluj-Napoca à Sighişoara : 203 km et environ 3 h 30 de dépaysement. Pour une somme très modique, vous pourrez réserver une place confortable en première classe. La ville de Cluj-Napoca cédera lentement sa place à la nature. Laissez-vous bercer par le roulement du train, aussi doux qu'un cœur paisible. Il vous emmènera à travers les campagnes de Transylvanie, ses maisonnettes chauffées au bois ou au charbon, ses chariots tractés par des chevaux. Vous découvrirez des scènes rurales roumaines typiques.

Vous voilà à Sighişoara, magnifique citadelle médiévale inscrite au patrimoine mondial de l'Unesco. Grimpez au sommet de la Turnul Cu Ceas (tour de l'horloge du XIVe siècle), afin de profiter d'une vue panoramique sur la ville et ses alentours, puis explorez toutes ses ruelles colorées et parfaitement préservées. Vous trouverez à Sighişoara la maison de Vlad Ţepeş (Vlad l'Empaleur), qui a inspiré le personnage du comte Dracula. Gravissez les 175 marches couvertes de Scară Şcolarilor (l'escalier des écoliers), construit en 1642 pour protéger les étudiants des intempéries. Il vous conduira à proximité de l'ancien cimetière allemand, à flanc de colline, avec ses tombes recouvertes de mousse et de lierre sur lesquelles on peut lire les noms et deviner les métiers de ceux qui y reposent.

JOUR•3

Braşov

Un trajet de 2 h 30 vous conduit de Sighișoara à Brașov. Cet itinéraire est un peu plus fréquenté que le précédent et vous permettra peut-être de faire des rencontres ou de surprendre des scènes de la vie locale. À votre arrivée, vous ne manquerez pas le nom de la ville écrit en grandes lettres blanches façon Hollywood sur la colline Tâmpa (960 m). Faites la route à pied (ou empruntez la télécabine) pour atteindre son sommet. De retour en centre-ville, promenez-vous le long des façades pastel et observez les promeneurs sur la Piața Sfatului (place centrale), mais surtout, empruntez la Strada Sforii (« rue de la ficelle ») : c'est, dit-on, la voie la plus étroite d'Europe de l'Est. Découvrez les fortifications, tours et portes de la cité et gravissez les tours blanches et noires, afin de découvrir différents panoramas. Pour une visite historique riche en informations, offrez-vous l'excellent *Walkabout Free Tour (brașov.walkaboutfreetours.com)*.

Pour savourer un repas traditionnel, rendez-vous aux restaurants **Sergiana** ou **Ceasu' Rau** et ne manquez pas d'y déguster des *papanasi*, un dessert roumain à base de fromage frais et de baies.

ESCAPADES POSSIBLES AUTOUR DE BRAȘOV

- Située au pied des Carpates, la ville est le point de départ idéal pour de **belles randonnées** dans les montagnes roumaines. Prévoyez cependant quelques jours sur place, ainsi qu'une voiture de location, afin de pouvoir vous rendre aux points de départ indiqués.
- Vous pouvez aussi visiter le magnifique **château de Peles**, construit au XIXe siècle dans la ville de Sinaia ou le **château de Bran** (XIIIe siècle), associé, mais probablement à tort, à Dracula. Découvrez la **citadelle fortifiée de Râsnov**, construite au XIIIe siècle afin de protéger les villages environnants des invasions.

JOURS·4 ET 5

Bucarest

Si vous aimez faire des rencontres dans les trains, vous trouverez certainement votre bonheur durant le trajet de Brașov à Bucarest. Il dure environ 4 heures et les wagons sont parfois vraiment bondés.

À Bucarest, vous serez sûrement très étonné(e) par la largeur des avenues et les dimensions hors normes de certains édifices. Arpentez la place de la Révolution, où s'est rassemblée, en 1989, la foule en colère contre le tyran communiste Ceaușescu. Non loin de là, vous pourrez aussi visiter le Palais Royal, qui héberge le musée d'art national roumain, ainsi que l'Athénée roumain, peut-être le premier bâtiment *crowdsourced* (construit par financement participatif en 1888) de l'Histoire? Pour vous détendre, promenez-vous sur Calea Victoriei, la plus ancienne (1692) et la plus charmante rue de la ville, dans le quartier de Lipscani. Ce dernier était habité par des marchands et artisans d'origines diverses qui ont contribué à enrichir la variété des styles architecturaux.

Bucarest propose, bien entendu, de nombreux autres musées, des monuments historiques importants et de beaux parcs. La ville mérite qu'on lui consacre quelques jours et que l'on s'arrête sur son passé complexe.

POUR PROLONGER LE VOYAGE

Si vous êtes arrivé(e) jusqu'ici et que la lenteur des trains ne vous a pas effrayé(e), vous êtes prêt(e) à affronter les voies ferrées des Balkans ! Depuis Bucarest, prenez un train (environ 7 h) pour Veliko Tarnovo en Bulgarie. Découvrez l'itinéraire complet de ce zigzag gourmand sur les rails de la Roumanie à la Grèce en page 256.

CARNET D'ADRESSES

CLUJ-NAPOCA

Hotel Beyfin, *www.hotelbeyfin.com*, établissement moderne et central. Le bar en terrasse offre un splendide panorama à 360° sur la vieille ville. Chambre double : env. 80 €.

SIGHIȘOARA

Casa Savri, *www.casasavri.ro*, un très bel hôtel typique dans une vieille demeure du XVIe s. : petite cour, remparts et accès privé à la vieille ville. Chambre double : env. 100 € petit déjeuner inclus.

BRAȘOV

Victoria Bulevard Hotel, *www.victoriabulevardhotel.ro*, calme et à proximité de la gare, chambres spacieuses et modernes. Chambre double : env. 90 € petit déjeuner inclus.

BUCAREST

Hotel Époque, *www.hotelepoque.ro*, un havre de paix en plein centre-ville, ambiance rétro et élégante. Chambre double : env. 130 €.

29 De Kiev à Lviv, immersion en mode slave

8 jours

Ukraine

Plus grand pays d'Europe, l'Ukraine oscille entre influences russe et occidentale. Traversant des plaines infinies, cet itinéraire en boucle est le meilleur moyen de visiter les trois plus belles cités ukrainiennes : Kiev, métropole affairée ; Odessa, port et ancienne cité intellectuelle ; Lviv, capitale culturelle.

À lire :

- ***Une brève histoire du tracteur en Ukraine*, Marina Lewycka** (Les Deux Terres, 2008).
- Ou, plus classiques, deux romans de **Mikhaïl Boulgakov** : ***La Garde blanche*** (Pocket), l'action se déroule à Kiev, et ***Le Maître et Marguerite***, (Robert Laffont).

JOUR•1

Kiev

VISITER LE CENTRE DE KIEV

De la place Maidan, vaste agora piétonne entourée d'immeubles imposants, la capitale ukrainienne déploie des quartiers très étendus. À Kiev, il faut marcher! Heureusement, le métro raccourcit les distances et dévoile de belles stations-musées avec marbres, statues ou lustres, comme Khreschatyk. La large avenue éponyme fait office de Champs-Élysées. Bordée de boutiques chics et de cafés-terrasses, elle est encadrée d'édifices du XIXe siècle joliment restaurés. Visiter Kiev, c'est aussi prendre le pouls de son gigantesque patrimoine religieux. La laure de Petchersk, grand monastère orthodoxe, bruisse en permanence de la ferveur des croyants venus se recueillir dans la grotte cultuelle fondée en 1051 par deux moines. Ne pas manquer non plus les cathédrales Sainte-Sophie et Saint-Michel-au-Dôme. Les coupoles dorées et la façade bleue de la seconde irradient dans le ciel ukrainien.

AUTOUR DU DNIEPR

Le puissant fleuve venu de Russie coupe la ville en deux, séparant les collines historiques de la rive droite des banlieues interminables de la rive gauche. L'été, ses berges servent d'espace récréatif. Hydropark, grande aire de loisirs aménagée sur une île fluviale, prend alors des allures de station balnéaire avec ses plages de sable artificielles.
Il faut se rendre aussi à Podil, un quartier populaire situé rive droite. Un funiculaire charmant atteint le haut du quartier depuis Volodymyrs'kyi. Sur la grande place Kontraktova, la vie urbaine bat son plein entre le marché couvert et les tramways bruyants. On s'en échappe en grimpant la rue pavée Andreevski. Arty et bohème, elle a des faux airs de Montmartre et se hisse jusqu'à l'église-belvédère Saint-André, offrant un large panorama sur la ville. C'est dans cette rue que vécut Boulgakov, l'écrivain fondateur de la langue littéraire russe.

JOUR•2

De Kiev à Odessa

En un peu plus de sept heures, le train IC+ passe de la vallée du Dniepr aux rives de la mer Noire. Le départ de la gare de Kiev n'est pas anodin : Pasazhyrskyi est le nœud central des transports du pays. De là partent toutes les lignes vers les banlieues de la capitale et les régions ukrainiennes – l'immense tableau lumineux des départs en témoigne. Avant de rejoindre les quais, profitez du hall monumental du bâtiment central, construit dans un style à la fois baroque et constructiviste au tournant des années 1930. Cette ruche humaine est décorée de fresques et de mosaïques. Le voyage est sans histoire : le train file plein sud, s'approche en fin de parcours de la frontière moldave et atteint la gare d'Odessa, autre ruche vibrante, déjà plus méridionale.

ODESSA-PLAGE

Même séparée de la mer sur un versant (raison de la présence des escaliers Potemkine !), la ville conserve son attrait côtier autour de la zone balnéaire d'Arcadia. Au sud d'Odessa, bordés par un itinéraire piétonnier de plusieurs kilomètres, plages, restaurants et cafés de bord de mer sont très fréquentés aux beaux jours.

JOUR•3

Odessa

Ce qui frappe ici… ce sont les arbres. Un florilège de platanes et d'acacias blancs qui ombragent rues et avenues et font le charme de la cité portuaire. Ceci renvoie à l'histoire, quand l'impératrice Catherine II décide à la fin du XVIIIe siècle de créer la ville pour ouvrir un nouvel accès à la mer Noire. Sous l'impulsion du duc de Richelieu, arrière-petit neveu du cardinal engagé dans l'armée impériale, puis d'un gouverneur militaire français, ce rivage aride est alors planté d'arbres et équipé de conduites d'eau. Le boulevard ombragé Primorsky et le célèbre escalier Potemkine datent de cette époque. Tout à Odessa rappelle ce passé, quand la ville attirait l'intelligentsia littéraire russe. On se perdra avec délice dans les rues de cette cité de passage et d'exil, creuset multiculturel avec ses communautés orthodoxe, catholique, arménienne, grecque, allemande, juive, polonaise, tatare…

JOUR•4

Autour d'Odessa

LES VIGNOBLES DE CHABO

Une petite aventure viticole en terre ukrainienne, voilà qui ne manque pas de sel! À 70 km au sud-ouest d'Odessa, au bord de la vaste lagune formée par l'embouchure du Dniestr dans la mer Noire, se trouve le village de Chabo. Rien ne le distinguerait des autres si Alexandre Ier n'avait pas décidé, au début du XIXe siècle, de faire venir des viticulteurs vaudois (Suisse) pour repeupler le secteur. Depuis, on y (re)cultive la vigne, comme on le faisait déjà durant l'Antiquité. Sur ces sols sableux, des cépages rouges et blancs (dont le rare *telti-kuruk*) dévoilent une autre surprise: un domaine tenu par un Français, le Château Lacarin. Depuis Odessa, prendre le train pour Bilhorod-Dnistrovsky. En 2 h 20 dont une partie le long de la mer Noire, on atteint Chabo. De là, le cœur du village est à 25 minutes à pied (ou 5 minutes en taxi).

D'Odessa à Lviv... la nuit

Expérience, expérience... Le train de nuit ukrainien dispose de wagons de seconde classe (quatre couchettes par compartiment) et de première classe (deux lits). Pour une cinquantaine d'euros, on peut réserver une place en première, autant ne pas se priver! Le train file à relativement bonne allure dans la campagne endormie, s'arrêtant rarement (à Zhmerynka, Khmelnytsky, Ternopil). En été, le jour s'est déjà levé lorsque l'on arrive à Lviv, prêt(e) (si l'on a dormi...) à prendre un petit déjeuner et à entamer la visite de la ville.

JOUR•5 Lviv

C'est sans doute le joyau le plus méconnu d'Europe de l'Est. Les touristes polonais ne s'y trompent pas, nombreux parmi les plus de 2 millions de visiteurs reçus chaque année. Fondée en 1256, tour à tour polonaise, cosaque, russe et même... suédoise, nourrie par l'influence austro-hongroise, la ville a hérité d'un patrimoine splendide. Il est symbolisé par la place Rynok et ses édifices baroques, gothiques et Renaissance. L'animation se concentre dans le centre historique, inscrit depuis 1998 au patrimoine mondial de l'Unesco.

Aux beaux jours, l'ambiance jeune et festive autour de cafés branchés, voire souterrains (tel **Kryjivka**, aménagé dans une cave), est communicative. Opéra « viennois », palais de Potocki, philharmonique, église arménienne, chapelle Boyim, cathédrale dominicaine, maisons historiques, marché des antiquaires, musée de la Pharmacie... de rues gastronomiques en places secrètes, Lviv vibre intensément !

JOUR•6

Olesko et Pidhirtsi, châteaux Moyen Âge et Renaissance

Voilà une jolie excursion pour les amateurs d'histoire. Depuis la gare de Lviv (excentrée, empruntez le tram), prenez le premier train du matin jusqu'à Ozhydiv (1 h 25). De là, négociez avec un taxi pour visiter les deux châteaux, distants l'un de l'autre d'une quinzaine de kilomètres. Le premier, médiéval, date en partie du XIVe siècle. Il trône sur son tertre au-dessus de la végétation. Le second est plus majestueux. Il a été rénové au début du XVIIe siècle par une famille noble polonaise et affiche une remarquable symétrie. Tous deux offrent un bel aperçu de ces campagnes ukrainiennes soumises au fil des siècles à de multiples dominations. Le retour s'effectue en train depuis Ozhydiv.

JOUR•7

De Lviv à Kiev

Un peu plus de 5 heures de train. C'est le temps qu'il faut à bord des IC+ d'Ukrzaliznytsia (la SNCF locale) pour rallier la capitale. Un voyage agréable dans des trains rapides et modernes, loin des rames poussives et obsolètes qu'on pourrait imaginer. De fabrication sud-coréenne, les IC+ possèdent des sièges confortables (2+3 en 2e classe ; 2+2 en 1re classe), l'air conditionné, des prises électriques, des écrans TV au plafond, un bar-snack. De quoi passer le temps en voyageant à travers une campagne plate typique de l'Europe slave, émaillée des inévitables *datchas* à jardinets clos de barrières en bois. Poésie de l'Est...

À NOS LECTEURS

À l'heure où nous mettons sous presse, l'Ukraine est en guerre, sous les assauts de l'armée russe. En soutien avec le pays et le peuple ukrainien, nous avons choisi de maintenir la présentation de ce voyage qui faisait partie de la première édition de ce livre.

30 La Pologne hors des clichés rebattus !

8 jours

Pologne

Parcourir la Pologne, c'est musarder sur un chemin de résilience et s'affranchir d'idées préconçues: des musées aux audacieuses scénographies bousculent les restaurations d'après-guerre, une jeunesse boulimique de créativité vient secouer les traditions, le tout entre le bleu de la Baltique et les pics enneigés des Tatras.

À lire :

- ***Le pianiste*, Wladyslaw Szpilman** (Pocket), dont est tiré le film du même nom.
- ***La Belle Jeunesse*, Marek Hlasko** (Éditions Noir sur Blanc),
- ***Polococktail Party*, Dorota Masłowska** (Éditions Noir sur Blanc).

JOUR•1

Varsovie

Elle a beau avoir été entièrement reconstruite après la Seconde Guerre mondiale, la vieille ville aimante toujours les touristes avec son imposant palais royal, sa barbacane toute ventrue, ses façades au baroque presque incongru. Mais la capitale polonaise sème aussi le trouble au gré de ses quartiers, la nouvelle ville date en effet du XVe siècle! Et c'est peu dire qu'elle tranche avec les immeubles qui chatouillent le ciel du quartier des affaires. Comme un élève dissipé, il faut s'échapper des classiques. Alors, on vise la rive droite de la Vistule: de pauvre et pouilleux le quartier de Praga est devenu joliment populaire. On s'aventure pour dénicher cette friche tout juste squattée par une poignée d'artistes, se glisser dans la cour de cet immeuble de brique fatigué et dégotter une improbable brocante. Au cœur de Praga, le **Bar Ząbkowski** *(rue Ząbkowska 2)* est l'un des rares bars à lait survivants de l'époque communiste: prix minimaliste pour un service qui l'est tout autant, mais des plats vraiment traditionnels à la roborative simplicité! Ne manquez pas aussi quelques musées comme celui de l'Insurrection ou l'inclassable musée du Néon!

Certes, le cadeau empoisonné offert par Staline reste encore controversé, mais grimper au 30e étage du palais de la Culture et de la Science permet d'admirer un vertigineux panorama sur toute la ville.

JOUR•2
Gdańsk

On profite des 3 heures de train qui séparent la capitale de l'ancienne Dantzig pour réviser son histoire, se rappeler que Schopenhauer et Günter Grass ont pour point commun d'être natifs de la ville. Pour étendue que semble la cité hanséatique, elle se parcourt aisément à pied. Que ce soit sur les traces des monarques polonais le long de l'ancienne voie Royale, de la porte d'Or à la cour d'Artus, où en emboîtant le pas des habitants sur le vieux port dominé par la plus grande grue portuaire de l'Europe médiévale. On ne fait pas l'impasse sur le musée de la Seconde Guerre mondiale, impressionnant de précision. Et, bien sûr, on va traîner du côté des chantiers navals, ceux où travaillait un certain Lech Wałęsa. Si ces derniers abandonnent leurs grues à la rouille et quelques rares bâtiments à l'art contemporain, le centre européen Solidarność raconte cette page d'histoire à travers 3 000 mètres carrés d'expo passionnante.

JOUR•3
Plage ou château

Que vous soyez culture ou nature, Gdańsk est le point de départ pour de sympathiques virées à faire dans la journée.
Un spot? Sopot! Deux syllabes qui claquent comme les vagues de la Baltique sur la plus longue jetée en bois d'Europe. Et une station balnéaire qui se prend pour Deauville avec ses villas cossues et ses galeries de peinture. De Gdańsk, on y vient en voisin et en train : 20 minutes et on profite des plages et des restaurants, à la manière des locaux.

Malbork s'en va en guerre. La plus grande forteresse gothique d'Europe a posé ses fortifications à une demi-heure de train de Gdańsk. Trois châteaux en un, bouffi d'un légitime orgueil : Malbork fut en effet la résidence puis la capitale des grands maîtres de l'Ordre des chevaliers teutoniques durant plus d'un siècle. Cela méritait bien une mention au patrimoine mondial de l'Unesco !

JOUR•4

Toruń

Deux heures de train et l'on troque les bords de la Baltique pour les berges de la Vistule. Blotties derrière des remparts, des façades crayonnées de teintes pastel se lovent sur la rive droite du fleuve : Toruń est une étape plutôt discrète qui délivre pourtant un ensemble gothique des plus remarquables. Base des chevaliers teutoniques, la ville natale de Copernic réserve une autre surprise : la Tour inclinée, sorte de tour de Pise locale qui voisine avec de beaux greniers à blé. Et une spécialité, un pain d'épices aussi moelleux que fameux ! On attrape le dernier train pour Poznań : 1 h 30, c'est vite passé.

L'ABC DU POLONAIS

Comprendre le polonais n'est pas chose aisée. En revanche, quelques mots sont essentiels pour se repérer dans la plupart des villes : *rynek główny* (place du marché), *stare miasto* (vieille ville) et *nowe miasto* (ville nouvelle). Attention, derrière cette dernière se cache souvent un quartier qui ne date pas d'hier !

JOUR•5

Poznań

Drapé dans les méandres de la Warta, on repère facilement le cœur historique de Poznań et ses trésors : la cathédrale Saint-Pierre-et-Saint-Paul, première de Pologne qui héberge, pour l'éternité, les tout premiers rois du pays ; la maison de la Pesée, celles des artisans et l'hôtel de ville, l'un des plus beaux du pays, rayonnant de style Renaissance. Un attroupement ? Ce sont les deux boucs en étain qui indiquent les douze coups de midi à coups de cornes. Mais Poznań est aussi une ville estudiantine, en témoigne le quartier Śródka. Longtemps délaissé, il jouit désormais de ses cafés faits de bric et de broc et de ses restaurants animés glissés entre d'étonnantes fresques murales.

CHARITABLE GOURMANDISE

En 1891, le curé de la paroisse de Saint-Martin incita ses ouailles à plus de charité. Un pâtissier répondit à l'appel en créant une viennoiserie qu'il offrit aux pauvres. La tradition était née et depuis lors, chaque 11 novembre, jour de la Fête nationale, tout le monde défile dans la rue homonyme en dégustant un croissant de Saint-Martin *(rogal Świętomarciński)*. Seuls les pâtissiers certifiés chaque année peuvent en proposer : fourrée aux fruits confits ou au sirop, nappée de sucre et de noix, cette douceur cale les plus gourmands.

JOUR•6

Wroclaw

Son titre de capitale européenne en 2016 a sorti l'ancienne Breslau d'une injuste indifférence. En 2 heures de train Express, on arrive dans cette drôle de ville érigée sur douze îles éparpillées sur l'Oder et allégrement enjambée par une centaine de ponts. La capitale de la Silésie arbore une architecture audacieuse par sa diversité : si on n'échappe pas au gothique de son imposant hôtel de ville, on s'étonne de la variété des bâtiments Art nouveau comme celui du marché couvert, moderniste, ou celui de la halle du Centenaire. Celle qui fut allemande durant sept siècles, subit les dominations tchèque et austro-hongroise et ne devint polonaise qu'en 1945, peine à trouver une unité ; mais c'est probablement ce qui la rend unique. S'il n'y a qu'un musée à sélectionner, c'est celui du panorama de Raclawice. Il abrite, dans une rotonde moderniste, un seul tableau, mais de taille : cette fresque de 114 mètres de long sur 15 mètres de haut retrace la *Bataille de Racławice* qui vit la victoire des armées polonaises sur l'envahisseur russe en 1794 : impressionnant !

LA CHASSE AUX NAINS

L'Histoire n'a pas forcément retenu Alternative Orange, un groupe anarchiste fondé dans les années 1980, doté d'un gnome pour symbole. Mais la ville s'en est chargée en installant une première statue de nain en 2001 dans la rue Swidnicka. Aujourd'hui, ce sont plus de 350 lutins en bronze qui ont envahi la ville. À vous de retrouver ces *krasnale* (en polonais), aidé(e) du plan fourni par l'office de tourisme : un jeu de piste qui permet de découvrir Wroclaw de façon ludique.

BARS DE PLAGE

L'été, Wroclaw éparpille de nombreux **bars de plage** sur les rives de l'Oder comme **Forma Płynna**, idéal pour se mêler à la population locale : on y vient en famille ou entre amis, on choisit un en-cas ou une grillade dans l'un des *food trucks* et, installé(e) dans un hamac ou sur un transat, on discute sur fond de musique *live*.

JOUR•7 Cracovie

Les 3 heures de train qui vous séparent de Cracovie permettent de se préparer à deux jours de visite particulièrement denses en émotions. Le « *berceau de la vieille République nobiliaire* », comme la surnommait le poète Adam Mickiewicz, reste parmi les villes les plus attachantes… et visitées du pays. Bardée d'églises et d'édifices Renaissance, il y a de l'Italie en elle ! On se lève tôt pour découvrir la place du grand marché qui tourne autour de la vieille halle aux Draps et se camper devant la basilique Notre-Dame : un héraut y sonne du clairon chaque heure de la journée. On grimpe sur la colline de Wawel pour visiter le château et la cathédrale qui mêle joyeusement styles romain, gothique et Renaissance. Synagogues et cimetières juifs : le quartier de Kazimierz cultive son douloureux passé avec sobriété et prouve que le devoir de mémoire n'exclut pas d'avancer : c'est ici que l'on s'attarde pour savourer une ambiance aussi joyeuse que branchée.

CATHÉDRALE DE SEL

La mine de sel de Wieliczka, accessible en 30 minutes de bus, dissimule sur neuf niveaux – dont trois ouverts au public – un incroyable monde souterrain. Toute la sueur des mineurs se lit dans ces chapelles sculptées absolument féeriques et cette éblouissante cathédrale de sel.

TOUTE UNE HISTOIRE

On peut se rendre à **Auschwitz** en 1 h 30 de bus depuis Cracovie, mais si la visite est trop éprouvante – et à déconseiller avec de jeunes enfants – on se rabat sur le **musée Oskar Schindler** : sur le site même de l'ancienne fabrique, il plonge le visiteur dans cette Cracovie de la Seconde Guerre mondiale à travers une scénographie intelligente. Et le lundi matin, à condition d'arriver avant 8 h 30, l'entrée est gratuite.

JOUR•8

Zakopane

La dernière étape du parcours tombe un week-end ? Il est alors probable que le train depuis Cracovie soit bondé ! Mieux vaut réserver sa place pour les 3 heures de trajet. Zakopane, jolie station de ski blottie au pied des Tatras, a un peu trop des allures de parc d'attractions avec ses stands de souvenirs *made in China*, mais elle s'enorgueillit d'un style architectural qui porte son nom. On part en quête de ses villas-chalets de bois blond, on en visite une ou deux et on ne manque surtout pas l'ancien cimetière lové derrière la toute petite église en bois : ses stèles aux allures de totems sont amusantes en diable !

Amis randonneurs, les Tatras recèlent bien des balades. Mais s'il n'y en avait qu'une, ce serait celle qui mène au lac Morskie Oko (l'œil de la mer). De niveau facile – le dénivelé est faible – elle nécessite néanmoins 5 heures aller-retour. Et mieux vaut partir à l'aube : le nombre de promeneurs est aussi impressionnant que la beauté de ces pics enneigés enchâssant des eaux qui passent du gris au glauque, du noir au turquoise au gré de la valse des nuages.

Il est temps de reprendre le train vers Cracovie d'où l'on pourra aisément envisager le trajet du retour en vol direct vers la France.

CARNET D'ADRESSES

VARSOVIE

Hôtel Moxy Warsaw Praga, *www.marriott.com*, déco ambiance loft new-yorkais, à proximité de la gare. Chambre double : env. 50 €.

GDAŃSK

Gotyk House, *www.gotykhouse.eu*, installé dans une vieille bâtisse de 1453 où se mêlent l'ancien et le design. Chambre double : env. 50 €.

TORUŃ

Spichrz hotel, *www.spichrz.pl*, sur les rives de la Vistule, un ancien grenier à blé reconverti. Chambre double : env. 70 €.

POZNAŃ

Brovaria hotel, *www.brovaria.pl*, sur la grand-place de Poznań, cet hôtel de charme brasse sa propre bière. Chambre double : env. 60 €.

WROCLAW

Puro Hotel, *www.purohotel.pl*, à 5 minutes à pied du centre-ville, prêt de vélos en prime. Chambre double : env. 75 €.

CRACOVIE

Balthazar design hotel, *www.balthazarhotel.com*, coup de cœur pour cet hôtel Art déco. Chambre double : env. 120 €.

31 La perle de la Baltique

6 jours

Lituanie

Capitale aux cent églises, château gothique flottant sur les eaux, Sahara miniature, colline aux 100 000 croix… Lancez-vous, la Lituanie regorge de trésors insoupçonnés et de surprises insolites ! Trains et bus aux prix tout doux vous dévoileront une facette de ce pays encore méconnu.

PARIS
VILNIUS

Vol Paris-Vilnius (2 h 40).

SIAULIAI
PARIS

Vol Siauliai-Paris (2 h 50).

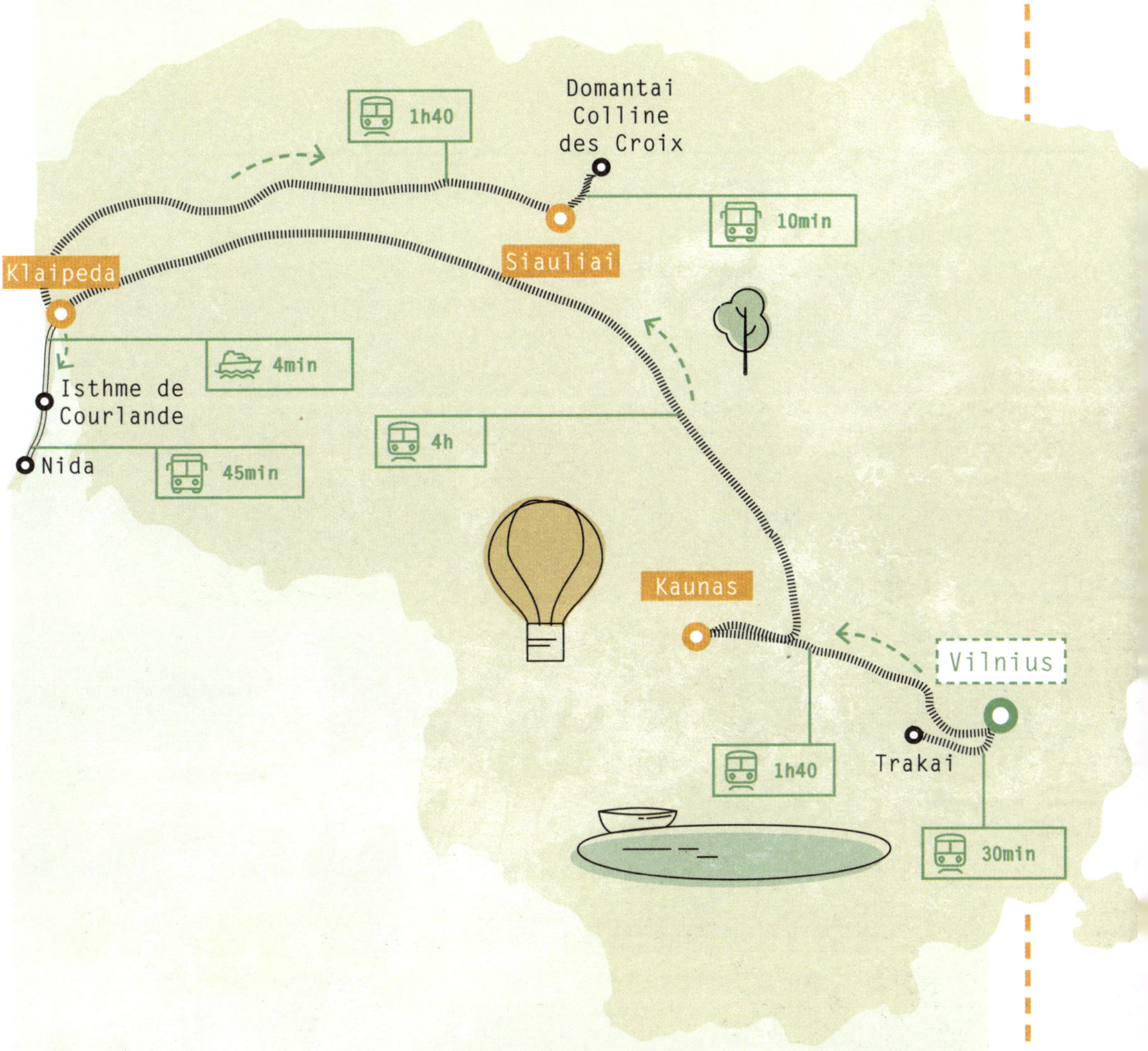

À l'écran À lire :

- ***Catherine the Great***, série avec Helen Mirren en partie tournée à Vilnius, Kaunas et Trakai.
- ***Guerre et Paix***, série principalement tournée en Lituanie, notamment à Vilnius et Trakai.
- ***La Saga de Youza***, **Juozas Baltušis** (Pocket), l'histoire d'un paysan, de la révolution russe à la Seconde Guerre mondiale.

JOUR•1 Vilnius

La légende raconte que Gediminas, grand-duc de Lituanie au XIVe siècle, rêva d'un immense loup de fer hurlant comme cent loups. Ses prêtres virent là une mission divine : bâtir la nouvelle capitale du pays à même la colline où le seigneur s'était endormi. Ainsi naquit Vilnius... Quelque sept cents ans plus tard, sa beauté reste étourdissante.

En témoigne sa vieille ville classée par l'Unesco. Passez d'abord la porte de l'Aurore, seul vestige de l'enceinte médiévale. Les pèlerins se pressent chaque jour dans sa minuscule chapelle. Le secret ? Une Madone en habit d'argent, peinte au XVIe siècle et dite miraculeuse. De retour dans le dédale de ruelles pavées, admirez façades colorées et clochers (la cité en compte une centaine) jusqu'à l'église Sainte-Anne. Napoléon, en route vers la Russie, la trouva si belle qu'il rêva de la ramener au creux de sa main. Une petite pause sur la grande place Katedros où trônent cathédrale blanche et palais des Grands-Ducs... De là, un sentier mène au sommet de la colline Gediminas, surplombée d'une tour de brique rouge. Panorama de rêve ! Cela dit, Vilnius n'a pas fini de vous surprendre : aux beaux jours, les montgolfières décollent des parcs de la ville et viennent étoiler le paysage.

JOUR•2

Trakai

Au programme: une évasion à 30 minutes de train de la capitale. Trakai est surtout illustre pour son château médiéval, posé sur un îlot du lac Galvé. Un emplacement stratégique! Dernière contrée païenne d'Europe au XIVe siècle, la Lituanie fut souvent attaquée par les Croisés. La forteresse se fit alors ligne de défense de Vilnius.

Au XVe siècle, le grand-duc Vytautas ramène d'une campagne militaire quatre cents familles karaïtes. Il en reste aujourd'hui soixante-dix à Trakai. Fières de leurs origines, elles ont conservé traditions, langue et demeures traditionnelles. Vous en croiserez en vous rendant au château: d'adorables maisons en bois peintes de couleurs vives et, côté rue, trois fenêtres. Une pour Dieu, une pour Vytautas, une pour le propriétaire! Déjà se profilent les eaux du lac, cintrées de verdure. Il se prête l'été à la baignade, au kayak, au pédalo... Quelques ponts et voici les élégantes tours de brique rouge du château, digne d'un conte de fées. Ce dernier abrite un musée retraçant l'histoire tourmentée de la ville et une poste avec cachet thématique. En sortant, passez chez **Kybynlar** pour goûter aux *Kibinai*, une recette karaïte: des feuilletés en demi-lune fourrés de fromage, viande et légumes. De retour à Vilnius, allez donc faire la fête au **Peronas**, sur les quais. Cet ancien syndicat des cheminots devenu bar décalé joue une *playlist* d'enfer!

JOUR•3 Kaunas

Prochain arrêt, Kaunas, à 1 h 40 de train de la capitale. Située au confluent des fleuves Neris et Nemunas, elle fut un temps la plus grande ville du pays. En effet, entre 1920 et 1940, Vilnius tombe sous l'occupation polonaise. Kaunas est ainsi promue capitale provisoire ! Son architecture remarquablement préservée vous ravira.

De la gare, sautez dans un trolleybus pour rejoindre en 12 minutes Laisves Aleja, une élégante avenue piétonne bordée d'arbres. Le quartier regorge de boutiques, de cafés, mais aussi de musées insolites. Dédiés aux diables, à la musique traditionnelle, aux intérieurs modernistes… vous aurez l'embarras du choix.

Ouvrez l'œil ! Kaunas fait la part belle aux fresques murales. À la Yard Gallery, par exemple, un artiste évoque l'histoire des habitants sur les murs de béton. De là, rejoignez le quartier historique, pittoresque avec ses façades d'entre-deux-guerres et ses demeures marchandes en brique rouge. Un petit tour au château bâti au XIVe siècle, un salut au « Cygne blanc » (surnom donné à l'hôtel de ville)… Traversez à présent le pont Vytautas pour rejoindre le funiculaire d'Aleksotas, qui date de 1934. Du haut de la colline, Napoléon observa la Grande Armée traverser le Niémen. Optez plutôt pour un coucher de soleil avant de retourner à la vieille ville.

Pour ceux qui passeraient une seconde journée à Kaunas, le **monastère de Pažaislis**, toujours en activité, un peu à l'écart du centre, est un magnifique exemple d'architecture baroque et compte 140 fresques de toute beauté.

JOUR•4

Klaipeda

Posée sur les rives de la mer Baltique, Klaipeda fut tour à tour convoitée par la Prusse, l'Allemagne et la Russie. Plus sereine aujourd'hui, cette ville portuaire s'impose comme porte d'entrée de l'isthme de Courlande. Le train, depuis Kaunas, vous y mènera en 4 heures. Accordez-lui l'après-midi, elle le mérite!

Depuis la gare, le centre historique n'est qu'à 20 minutes de marche, 7 minutes en bus. Ce n'est pas tant ses élégantes maisons à colombages qui vous interpelleront... que les 120 statues de bronze qui ornent ses rues. Figure fantomatique sortant des eaux, chat au visage de gentleman ou minuscule souris vous guideront jusqu'à l'ancien château. Ses galeries fourmillent d'anecdotes sur la ville et d'objets farfelus trouvés par les habitants. Passez aussi admirer le trois-mâts goélette Meridianas amarré près de là. Ancien navire-école soviétique décommissionné et transformé en restaurant, c'est aujourd'hui l'un des emblèmes de la ville. Au même titre que la bière *Švyturys* brassée à Klaipeda depuis 1784. La meilleure du pays, dit-on... Nuit sur place.

JOUR•5 Nida et l'isthme de Courlande

Le bac, depuis Klaipeda, traverse la lagune en 4 minutes pour atteindre l'isthme de Courlande à Smyltine. Cette magnifique langue de terre s'étend sur près de 100 km entre la Lituanie et l'enclave russe de Kaliningrad. Elle aurait été créée par la géante Naringa pour protéger les pêcheurs des assauts de la mer Baltique... La beauté de ses dunes lui vaut d'être inscrite au patrimoine mondial de la biosphère de l'Unesco.

Que de joyaux le long de cette péninsule ! Pour les découvrir, sautez dans le bus. Impossible de vous tromper : l'arrêt est pile en face de l'embarcadère de Smyltine et une seule ligne dessert les lieux (45 minutes jusqu'à Nida). Commencez par la colline des sorcières de Juodkrantė. Ses versants verdoyants cachent quelque 80 sculptures en bois inspirées des légendes locales. Plus loin, la réserve naturelle Naglių accueille chaque année des milliers de hérons et de cormorans. Reste Nida, village de pêcheurs sur lequel le temps ne semble pas avoir d'emprise. Ses ravissantes maisonnettes se lovent au pied de la dune Parnidis, la plus haute d'Europe (52 m) après celle du Pyla. N'hésitez pas à la découvrir depuis les eaux en bateau ou en kayak : elle s'élève depuis la rive comme un infranchissable mur de sable. Revenu(e) au port, passez voir la maison-musée du prix Nobel allemand Thomas Mann, les boutiques spécialisées en ambre, prélassez-vous sur les immenses plages... ou régalez-vous de poisson fumé, spécialité des lieux ! Envie d'une visite éclair en Russie avant de reprendre le bac ? La frontière n'est qu'à 3 km de Nida... Retour à Klaipeda en fin de journée.

L'OR DE LA BALTIQUE

Seuls témoins des forêts de conifères qui recouvraient ce littoral 40 millions d'années plus tôt ? Les gisements d'ambre, recouverts pour certains par les flots. Les villageois de **Juodkrantė**, creusant la baie en 1855 pour construire un canal, eurent la chance d'en trouver un et d'extraire quelque 2250 tonnes de résine fossilisée. Il suffit d'une tempête pour libérer quelques fragments que les vagues déposent sur les rives. Les Lituaniens se promènent alors sur les plages, râteau en main, pour dénicher ces larmes de mer.

JOUR•6

Siauliai

Dernier arrêt : Siauliai, 1 h 40 de trajet depuis Klaipeda. Cette ancienne cité ouvrière cache bien son jeu. Une cathédrale aux airs de château et au décor blanc, éblouissant. Un cadran solaire gigantesque, surmonté d'un archer en bronze. Une villa Art déco bâtie pour un baron du cuir de l'époque. Les richesses de la ville, pourtant, sont éclipsées par la colline des Croix, haut lieu de pèlerinage à 10 km de là.

Pour la rejoindre, prenez, depuis la gare routière, un bus pour Joniškis (plateforme 12) et demandez l'arrêt Domantai (10 minutes de trajet). Cherchez du regard la flèche indiquant *Kryziu kalnas 2*. Tout droit, 2 km de marche à travers la campagne ! La colline apparaît soudain, majestueuse, irréelle avec ses croix de toutes tailles, modestes ou finement sculptées. Nul ne sait quand la première fut posée en rébellion contre le régime russe, chacune représentant un être cher déporté ou exécuté. Le site fut détruit, maintes fois, en vain. La nuit tombée, les croix étaient replantées... Le site ne désemplit pas. Férus d'histoire, croyants, simples curieux ou jeunes mariés sortant de l'église ajoutent leur croix à cette incroyable collection. Le pape Jean-Paul II, venu y célébrer une messe en 1993, en fit lui aussi ériger une. Si un escalier permet de se frayer un chemin jusqu'au sommet, cette forêt de croix semble se faire plus épaisse à chaque pas. Cent mille en 2006, impossible de les compter aujourd'hui ! Pour revenir vers Siauliai, deux options : reprendre le bus (même arrêt) ou demander aux commerçants des étals de souvenirs de vous appeler un taxi. Offrez-vous donc un festin de spécialités lituaniennes chez **Zemaitis** *(Draugystės prospektas 25, 76289 Šiauliai, www.restoranaszemaitis.lt)* pour fêter la fin d'un voyage de rêve !

CARNET D'ADRESSES

VILNIUS

Bernardinu B&B House, *www.bernardinuhouse.com*, à quelques pas de Pilies Gatvė, l'impression d'avoir sa maison à soi : entrée privée, meubles dépareillés, poutres apparentes...
Chambre double : env. 50 €.

KAUNAS

Amberton Cozy Hotel Kaunas, *www.amberton-hotels.com/kaunas*, hôtel simple à proximité de la vieille ville. Chambre double : env. 70 € petit déjeuner inclus.

KLAIPEDA

Preliudija, *www.preliudija.com*, une maison de 1856 pleine de charme, aux jolis meubles beiges et parquets. Chambre double : env. 60 € petit déjeuner inclus.

32 Smørrebrød, fjords et pics enneigés, féerie scandinave

8 jours

Danemark, Suède, Norvège

Copenhague, Stockholm, Oslo… Ce ballet d'une capitale nordique à l'autre n'est que le début de l'aventure. Vous attendent deux lignes norvégiennes mythiques : la *Bergensbanen*, qui traverse les hauts plateaux et le *Flåmsbana*, dont le trajet, vertigineux, mène à un fjord classé par l'Unesco. Sublime en été, spectaculaire en hiver !

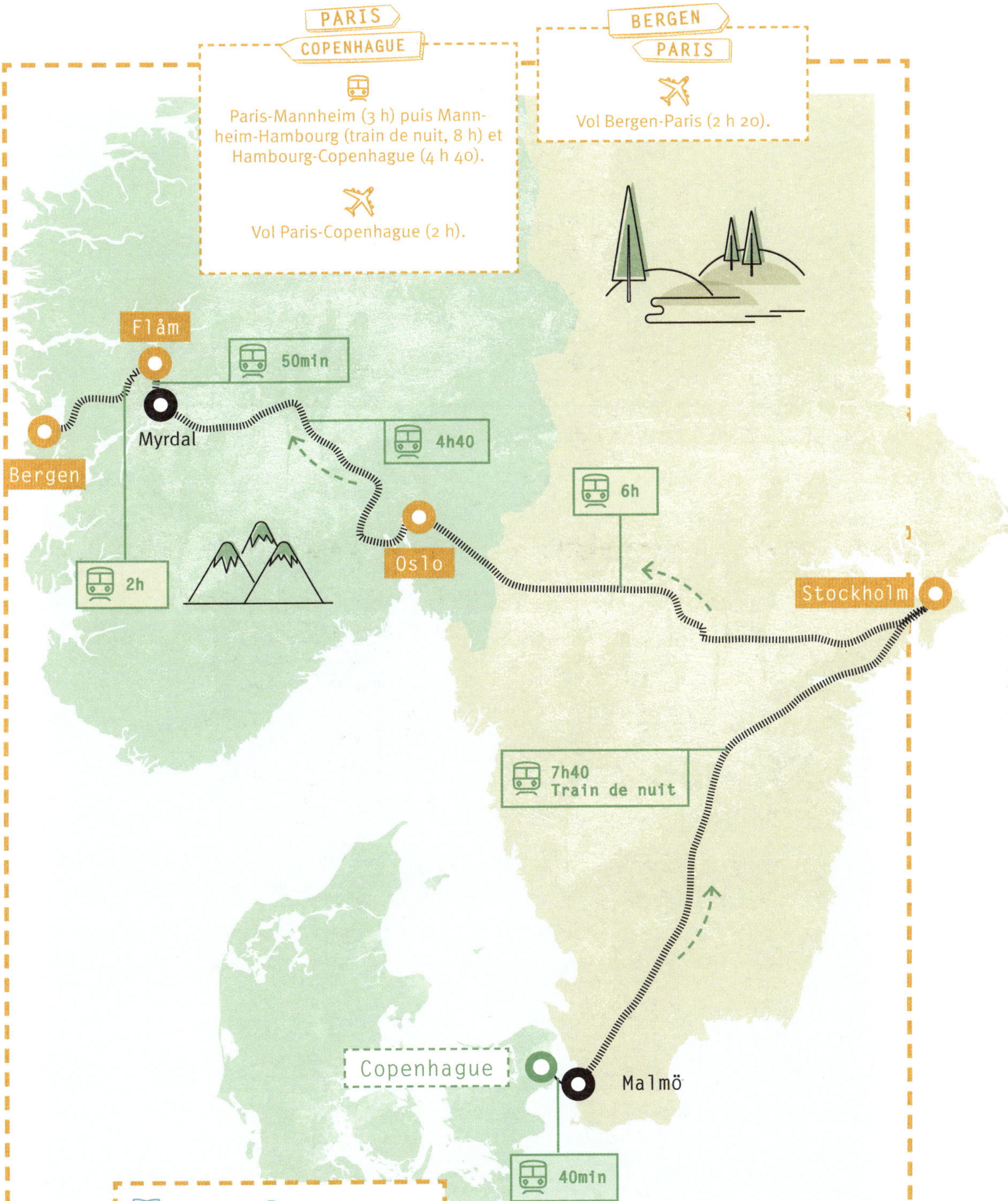

À lire À écouter :

- La série ***Wallander***, un commissaire dont les enquêtes prennent place près de Malmö (adaptée des romans de l'auteur suédois **Henning Mankell**).
- La série de livres ***Millenium***, **Stieg Larsson** (Actes Sud), adaptée au cinéma.
- L'album ***ABBA Gold***, en boucle.

JOUR•1

Copenhague

Reliée à la Suède par le pont-tunnel de l'Øresund, véritable bijou architectural, Copenhague s'impose comme la porte d'entrée de la Scandinavie. Accueillante, écolo, design : c'est la capitale du plus heureux pays du monde ! Ses élégants canaux offrent d'innombrables promenades à découvrir à pied ou, comme les Danois, à vélo. Incontournable : la statue de la Petite Sirène, saluée chaque jour par des milliers de visiteurs. De là, vous pourrez facilement rejoindre Nyhavn, le port historique bordé de si jolies façades colorées. Un pont plus loin s'épanouit Christiania, plus bohème : la communauté hippie l'a déclarée ville libre et l'interdit aux voitures, préférant y voir prospérer *street art* et concerts. Filez ensuite faire du lèche-vitrines dans le quartier de Strøget avant de rejoindre les jardins de Tivoli. La magie de ce parc d'attractions fondé en 1843 aurait inspiré Walt Disney...

JOUR•2 Malmö

Inaugurée en 2000, l'incroyable structure du pont de l'Øresund permet de rejoindre la Suède en 40 minutes de train. Au départ de Copenhague, la voie ferrée emprunte un tunnel plongeant sous le détroit, qui débouche sur une île artificielle et continue sur le plus long pont à haubans du monde. Audacieux, assurément!
Dominée par une immense tour torsadée (la Turning Torso, la plus haute de Scandinavie), la troisième plus grande ville de Suède offre un profil résolument futuriste... Un fort contraste avec les ruelles pavées, à l'esprit médiéval, à quelques pas de la gare! Sur la place Stortorget, admirez les publicités peintes autrefois sur les façades de l'hôtel de ville, puis la pharmacie **Lejonet** dont la décoration date de 1890. Si les terrasses des cafés invitent à la rêverie, les petits producteurs de **Saluhall**, ce marché niché dans un ancien hangar à locomotives, sauront éveiller vos papilles.

TRAIN DE NUIT SNÄLLTÅGET

Il est temps de monter dans le train de nuit Snälltåget (ou... « gentil train »!) et de prendre place dans ses confortables compartiments de six couchettes, dotés de prises électriques et du wifi. Vous pourrez vous régaler de boulettes de viande, poisson sauce aneth, *smørrebrød* et *fika* au wagon-restaurant. Arrivée prévue à Stockholm au (tout) petit matin!

Si vous avez le temps, vous pouvez pousser jusqu'aux plages de sable à 20 minutes de marche du centre historique. On y trouve, au bout d'un ponton, une belle bâtisse verte. Il s'agit d'un sauna, le **Ribersborgs Kallbadhus**. Après s'être détendu en profitant de la vue, on saute dans la mer se rafraîchir. Revigorant, assurent les locaux!

JOUR•3

Stockholm

Construite à la rencontre du lac Mälaren et de la mer Baltique, la capitale suédoise s'éparpille sur 14 îles, chaque quartier étant relié par des ponts. Cinquante-sept, tout autant de points de vue ! Ville verte par excellence, elle se découvre en flânant, *kanelbulle* (brioche à la cannelle) en main. À la gare vous en trouverez d'excellentes chez **Fabrique**.

Premier arrêt : Gamla Stan (vieille ville en suédois), l'un des plus vieux quartiers de Stockholm. Irrésistible avec ses maisons à pignon des XVIIe et XVIIIe s., peintes dans des tons pastel… Ne manquez pas d'y visiter le musée Nobel, puis de passer voir la relève de la garde au Palais Royal. L'îlot Riddarholmen, tout proche, regorge lui aussi de somptueuses façades. Passez ensuite explorer SoFo (petit clin d'œil au SoHo new-yorkais), riche en galeries d'art, boutiques de créateurs et bars décalés. Il vous reste un peu de temps ? Offrez-vous une croisière dans l'archipel qui entoure la ville… et compte quelque 30 000 îles. Un *must* au coucher du soleil !

JOUR•4

Stockholm-Oslo

Le SJ (train à grande vitesse) permet de rejoindre Oslo en 6 heures. Le trajet, assez plat en début de parcours, permet d'apprécier la beauté de la campagne suédoise. Peu à peu apparaissent d'épaisses forêts de pins parsemées de maisons traditionnelles au rouge éclatant et de bien beaux lacs. Vous apercevrez d'ailleurs celui de Vänern, spectaculaire. C'est le plus grand de l'Union européenne !

Blottie au creux d'un fjord et cintrée de collines boisées, la capitale norvégienne ne manque pas de charme. Dynamique, audacieuse même, cette destination a su trouver le bon équilibre entre culture et nature. On peut aussi bien y parcourir les musées qu'aller, en saison, skier à 30 minutes du centre !

JOUR•5

Oslo

De la gare, remontez la Karl Johans Gate. Cette rue piétonne, promenade préférée des habitants, fait la part belle aux boutiques. Elle s'étend jusqu'au palais où réside toujours la famille royale. Vous apercevrez, juste avant le parc, le **Grand Café** où se retrouvaient autrefois les artistes. Ibsen et Munch en faisaient partie. À chacun son musée pour en savoir plus ! Prolongez la promenade sur Aker Brygge. L'ancien quartier industriel, très bien réaménagé, accueille aujourd'hui restaurants avec terrasses et *food trucks*. Plus loin se trouve l'opéra, dont l'architecture, toute en pente douce, guide le promeneur jusque sur ses toits. S'y jouent régulièrement des spectacles à ciel ouvert, avec le fjord en toile de fond.

JOUR•6
D'Oslo à Flåm

OSLO-MYRDAL

La ligne Oslo-Bergen, longue de 492 km, traverse le pays d'est en ouest en passant par les hauts plateaux du Hardangervidda (1 237 m). Finaliser cette voie ferrée ne fut pas une mince affaire ! Il fallut percer 180 tunnels à travers une roche dure (à la main, qui plus est), construire 300 ponts et viaducs, affronter la rudesse des températures. Les conditions climatiques, à cette altitude, sont comparables à celles de l'Arctique, et la neige est présente presque toute l'année. George Lucas avait d'ailleurs choisi cette région pour illustrer la planète Hoth dans *Star Wars, épisode V : L'Empire contre-attaque*. Si ses paysages variés, voire époustouflants, en font l'une des plus belles lignes de chemin de fer au monde, un autre atout s'ajoute : en descendant à Myrdal, vous pourrez emprunter un autre train mythique, le Flåmsbana.

LE FLÅMSBANA

Flåm, minuscule village au bord de l'Aurlandsfjord, se trouve au niveau de la mer, soit 865 m plus bas que Myrdal. Seule façon de compenser un tel dénivelé en si peu de distance : des lacets serrés, à flanc de montagne, sur une pente incroyablement raide… Les larges baies vitrées encadrent des vues à couper le souffle : fermes accrochées à des côteaux escarpés, ravins, pics montagneux et cascades vertigineuses. Quelques minutes d'arrêt permettent d'admirer celle de Kjosfossen, dont le rideau d'eau tombe de 90 m de haut. On la dit habitée de créatures féeriques, les *Huldras* : en été, des danseuses apparaissent pour en donner l'illusion. Le spectacle s'accompagne d'une musique digne d'un film de Disney ! De retour à bord, guettez les 21 lacets en épingle du Rallarvegen. L'ancienne route des cheminots permet aujourd'hui de rejoindre le village à vélo. La vallée, ici, se fait plus verte, les maisons de Flåm se dessinent. Le train vous dépose à quelques mètres du fjord. Une autre magie vous attend.

JOUR•7

Flåm

Une adorable église toute en bois, bâtie près d'une cascade. Une microbrasserie, une boulangerie, quelques cafés et boutiques. Mais quelle vue : le « *petit pré entouré de montagnes escarpées* » mérite bien son nom ! Il suffit de s'asseoir face au fjord – grandiose – pour se sentir au bout du monde…

Offrez-vous donc une croisière vers le fjord voisin, Nærøyfjorden, l'un de plus étroits de Norvège : 250 m de large… L'Unesco, devant la splendeur de ses forêts et cascades, l'a inscrit à son patrimoine mondial. Autre expérience à couper le souffle, accessible en bus celle-ci : le vertigineux belvédère de Stegastein. Située à 650 m d'altitude, sa plateforme de 30 m suspendue au-dessus du vide permet d'embrasser, en un seul regard, l'immensité de la baie. Ajoutez d'innombrables randonnées vers les fermes alentour (même en hiver, en raquettes à neige !) : la vallée de Flåm n'a pas fini de vous enchanter.

JOUR•8 Bergen

Derniers trains du voyage ! Il faudra d'abord remonter jusqu'à Myrdal et y reprendre la Bergen Line. Les sommets enneigés s'éloignent, les paysages s'adoucissent, le train file au bord de l'eau. Vous voici dans la région des fjords de l'Ouest dont Bergen est la capitale incontestée. Son écrin de verdure, protégé par sept collines, ses quartiers au charme d'antan offrent une conclusion de rêve à votre périple scandinave.

Les étroites maisons colorées, serrées les unes contre les autres le long du port de Bryggen, sont l'une des plus célèbres vues de Norvège. Leur architecture, un clin d'œil au passé hanséatique de la ville, est d'ailleurs inscrite au patrimoine mondial de l'Unesco. Un petit musée vous en dira plus sur cet ancien comptoir commerçant. Continuez vers Fjellsiden, dont les ruelles suivent la courbe de la colline. Craquantes demeures en bois, petites cours fleuries : coup de cœur assuré ! Pour prendre encore plus de hauteur et retrouver l'esprit nature, direction le funiculaire (*Fløibanen*) pour atteindre le sommet du mont Fløyen (320 m) en 7 minutes top chrono. À l'arrivée : vue imprenable sur la cité, randonnées en forêt et comme une envie de pique-nique...

CARNET D'ADRESSES

COPENHAGUE

Somandshjemmet Bethel, *www.hotel-bethel.dk*, idéalement situé dans le quartier de Nyhavn, le long du port. Chambre double : env. 170 € petit déjeuner inclus.

STOCKHOLM

Rygerfjord Hotel, *www.rygerfjord.se*, un navire-hôtel composé de trois bateaux, pour une expérience atypique. Chambre double : env. 100 €.

OSLO

Hotell Bondeheimen, *www.bondeheimen.com*, un hôtel au cachet typiquement norvégien : parquets, meubles en bois clairs, tons doux... Chambre double : env. 150 €.

FLÅM

Le choix est restreint (et mieux vaut réserver très à l'avance) : **Flåmsbrygga**, *www.flamsbrygga.no*, complexe hôtelier au plus près du fjord. Chambre double : env. 200 € petit déjeuner inclus.

CARNET PRATIQUE

Vous trouverez ci-après, pays par pays, les informations pratiques nécessaires à l'organisation de vos itinéraires en train. Certains itinéraires sont également détaillés pour plus de clarté.

Généralités

Sans surprise, plus vous réserverez tôt vos billets, plus vous pourrez bénéficier de tarifs avantageux.

Sncf
Vous pourrez réserver sur le site www.sncf-connect.com un très grand nombre de billets au départ de la France vers l'Europe.

Thalys
Pour vos trajets à grande vitesse vers l'Allemagne, la Belgique, les Pays-Bas : thalys.com

Eurostar
Pour vos trajets vers Londres depuis la France : eurostar.com

Lyria
Pour vos trajets vers la Suisse depuis la France : tgv-lyria.com

Interrail
Le pass Interrail couvre 33 pays et permet de voyager en toute liberté. Plusieurs formules existent, de 4 jours de voyage sur 1 mois, jusqu'à 3 mois de voyage en illimité.

Allemagne
itinéraires 7, 8 et 9

Chemins de fer allemands
Deutsche Bahn : www.bahn.com

Pratique
Téléchargez l'appli DB Navigator pour avoir toutes les informations en temps réel et gérer vos e-billets.
Types de trains
Le réseau ferroviaire allemand est l'un des plus complets d'Europe.
InterCity Express (ICE) : trains à grande vitesse qui relient les grandes villes allemandes entre elles et aux grandes villes étrangères.
InterCity (IC) : ces trains ne s'arrêtent qu'aux gares principales et sont un peu plus lents que les ICE.
InterRegional : pour des voyages de région à région.
Regional Express (RE) : en service entre les villes principales et les destinations régionales.
Regional Bahn (RB) : moins rapides que les RE, ces trains assurent les liaisons entre localités.

Tarifs
En général vous pourrez acheter vos billets 6 mois à l'avance, et plus vous réserverez tôt, plus les prix seront avantageux. Il existe trois types de tarifs :
- Super réduits : billets non échangeables.
- Réduits : possibilité d'échange moyennant 10 €.
- Flexibles : échange et annulation sans frais.

Précisions itinéraire 7
Train à vapeur
Dreiseenbahn (« des Trois Lacs ») : www.3seenbahn.de

Précisions itinéraire 8
Transports îles de la mer Baltique
Sur l'île de Rügen, Königsstuhl-Ticket (20 €/j) : disponible sur vvr-bus.de, il donne accès au Königsstuhl et à tous les bus de l'île autant de fois qu'on le souhaite en une journée.
La Tageskarte (25 €, ruegensche-baederbahn.de) : pour les stations desservies par le Rasender Roland. Une traversée Schaprode-Hiddensee aller-retour dans la journée coûte 19,20 € (reederei-hiddensee.de).

City-Ticket
Certains billets de train grandes lignes vous donnent droit à un voyage gratuit dans les transports en commun jusqu'à votre gare de départ, ainsi que de votre gare d'arrivée jusqu'au lieu de destination final. Ouvrez l'œil au moment de votre réservation. Les tarifs super réduits ne sont pas concernés.

En famille
Les enfants de moins de 14 ans voyagent gratuitement, à condition d'être accompagnés par leurs parents ou grands-parents.

Autriche
itinéraires 11 et 12

Chemins de fer autrichiens :
www.oebb.at

Types de trains
Railjet (RJ) : trains à grande vitesse qui relient les principales villes, avec 3 classes disponibles : classe économique, classe affaires et 1re classe.
InterCity-Express (ICE) : pour les voyages entre l'Autriche et l'Allemagne.
InterCity (IC) : pour les voyages entre les grandes villes et les principaux sites touristiques d'Autriche.
Trains régionaux : pour toutes les petites dessertes.

La compagnie gère également les bus Intercity-Bus (ICB) (Graz-Klagenfurt ou Klagenfurt-Venise par exemple).

Précisions itinéraire 11

Le Freizeit-Ticket Steiermark (11 €/j) : les week-ends et jours fériés, disponible sur oebb.at, permet de voyager en illimité dans la journée à bord des trains régionaux de Styrie (R, REX, S) et du funiculaire du Schlossberg. La même formule existe en Carinthie (Freizeit-Ticket Kärnten).

Précisions itinéraire 12

- Wochenkarte (56,90 €) : pour le train régional Salzkammergutbahn (pour les trajets du jour 2 au jour 7), un forfait hebdomadaire illimité entre Attnang-Puchheim et Stainach-Irdning : oebb.at
- Billet Bahn & Schiff (60 €) qui combine bateau pour St. Wolfgang et train à crémaillère : schafbergbahn.at
- Ticket Dachstein all inclusive (53,20 €) donnant accès aux téléphériques et aux grottes : dachstein-salzkammergut.com

Belgique
itinéraire 5

Chemins de fer belges

La société des chemins de fer belge dispose d'un réseau très étendu.
SNCB : www.belgiantrain.be/fr

Pratique

Téléchargez l'appli SNCB qui vous permet d'acheter vos billets et d'avoir toutes les informations en temps réel.

Types de trains

InterCity (IC) : trains express qui relient toutes les grandes villes du pays. Pas de réservation de siège. Voyage avec son vélo possible.
Local (L) : trains reliant les petites villes au réseau Intercity. Ils s'arrêtent à toutes les gares.
Pas de réservation de siège. Voyage avec son vélo possible.
Piekuurtrein / Train d'heure de pointe (P) : trains de renfort aux heures de pointe. Pas de réservation de siège.
Réseau Express Régional / Gewestelijk Expresnet (S) : trains de la métropole bruxelloise qui circulent à intervalles réguliers. Pas de réservation de siège. Voyage avec son vélo possible.

Rail Pass

Ce pass non nominatif et valable 1 an permet 10 allers simples pour 87 €, soit 8,70 €/trajet. À titre d'exemples, compter 9,30 € pour Bruxelles-Gand, 6,80 € pour Gand-Bruges, 15,40 € pour Bruges-Anvers. Il s'achète aux automates ou aux guichets.

Vélos en gare

Blue-bike est un service de vélos en libre-service disponible 24 h/24 dans 60 gares de la SNCB.
Remplissez le formulaire en ligne bien avant la date de votre départ. Le montant de la cotisation annuelle est de 12 €, le prix de la location pour 24 h est de 3,50 € maximum. www.blue-bike.be

Croatie
itinéraire 24

Chemins de fer croates

Vous pourrez prendre vos billets en ligne et les imprimer ou bien les télécharger. www.hzpp.hr/en

Espagne
itinéraires 16, 17, 18 et 19

Chemins de fer espagnols

www.renfe.com/es/fr

Renfe Spain Pass

Souvent plus avantageux que le pass Interail, utilisable sur tous les trains à grande vitesse (AVE) espagnols, longue et moyenne distance, pour 4, 6, 8 ou 10 trajets, valable 1 mois.
www.renfe.com/viajeros/viajes_internacionales/spainpass/

Précisions itinéraire 16

- Pasajes de San Juan à Saint-Sébastien : bus toutes les 20 minutes https://ekialdebus.eus/es/ekialdebus-e01-pasai-donibane-errenteria-donostia-3/
- Trains Saint-Sébastien – Bilbao : www.euskotren.eus/fr
Station Euskotren de Saint-Sébastien « Amara » à la station Matiko de Bilbao (2 h 30).
- Trains Bilbao - Santander 1 h 30 de trajet, très fréquents.
- Bus Santander – St-Jacques-de-Compostelle 7 h 15 de trajet avec la compagnie Alsa. www.alsa.es/fr
Sièges inclinables, climatisation, toilettes, wifi, divertissements, prises de courant.

Précisions itinéraire 17

Cadaquès – Barcelone : bus (compagnie Sarfa) ou en bus, puis train via Figueres-Vilafent.
compras.moventis.es/fr

Précisions itinéraire 18

- Traversée Algésiras-Tanger : les deux compagnies principales sont Inter Shipping et FRS (1 h 30), un bateau par heure. Gagnez du temps et remplissez les formulaires administratifs durant la traversée en ferry.
- Bus de Tanger Med au centre-ville : www.alsa.ma/tanger (45-60 min).
- Tanger-Sète : liaisons en ferry (trajet 35-45 h) www.gnv.it/fr

France
itinéraires 6, 13, 16 et 17

Chemins de fer français
SNCF : www.sncf-connect.com
D'une manière générale, les réservations ouvrent 3 mois à l'avance. Plus vous réservez tôt, plus vous avez de chances d'avoir des billets à petits prix.

Précisions itinéraire 17
• Marseille City Pass : valable 24 h, 48 h ou 72 h. Donne accès à plusieurs prestations (visites, transports, dégustations...).
www.marseille-tourisme.com
• Train Jaune : www.pyrenees-cerdagne.com/decouvrir/le-train-jaune
• Collioure – Fort St Helme : renseignements sur www.petit-train-touristique.com.

Grèce
itinéraire 25

Chemins de fer grecs
www.trainose.gr/en

Pratique
Téléchargez l'appli Trainose pour acheter vos billets.

République d'Irlande
itinéraire 1

Chemins de fer République d'Irlande
Irish Rail (Iarnród Éireann) : www.irishrail.ie

Types de train
Les trains InterCity relient les grandes villes et les villes moyennes de la République d'Irlande. Accès wifi sur la plupart des liaisons.

Tarifs
Il existe 3 types de tarifs :
Low : tarif le plus bas, acheté 90 jours avant le départ. Ni échangeable, ni remboursable.
Semi-flexible
Flexible : plus chers, ils offrent plus de souplesse.

En famille
Les enfants de moins de 5 ans voyagent gratuitement.

Ticket Explorer
Un pass intéressant qui permet de voyager 5 jours en illimité sur 15 jours de voyage (DART à Dublin compris et Commuter Services à Cork, par exemple). 160 € pour les adultes, 80 € pour les enfants.

Bus et minibus
Outre les bus Éireann (www.buseireann.ie), il existe un réseau très dense de minibus (www.locallink.ie).

Vélos en libre-service
À Dublin : www.dublinbikes.ie, 5 € le 3-Day pass ; première demi-heure gratuite.
À Cork, Limerick et Galway : www.bikeshare.ie, 3 € le 3-Day pass et première demi-heure gratuite.

Vélos en location
Sur la Greenway Waterford-Dungarvan, les loueurs de vélo assurent en saison le retour, par minibus, des cyclistes et des vélos. www.waterfordgreenwaybikehire.com
Le site d'*Iarnród Éireann* donne des adresses de loueurs près des gares.

Italie
itinéraires 21, 22, 23 et 24

Chemins de fer italiens
• **Trenitalia** est la principale compagnie de chemins de fer. Elle couvre tout le territoire avec des trains *regionale* (courtes distances), *Intercity* et *frecce* (trains à grande vitesse).
www.trenitalia.com/fr
• **Italo** est une compagnie qui relie les principales grandes villes du pays (trains à grande vitesse).
www.italotreno.it/en

Précisions itinéraire 20
Cinque Terre Train Card : cette carte permet de voyager de façon illimitée sur les trains régionaux, d'accéder à tous les sentiers de randonnée, d'utiliser les minibus du *Parc des Cinque Terre* et enfin de bénéficier d'entrées à tarif réduit pour les musées municipaux de la Spezia. Cette carte n'est intéressante que si vous souhaitez visiter au moins 2 villages, et faire une randonnée dans la même journée. card.parconazionale5terre.it/fr

Précisions itinéraire 21
Circumetnea : www.circumetnea.it

Précisions itinéraire 23
• Trajet en bus Trieste-Rijeka : www.flixbus.fr

Lituanie
itinéraire 31

Chemins de fer lituaniens
www.traukiniobilietas.lt

Tarifs
Les trains sont fiables, confortables, comparables à nos TER... et peu chers. Le pass Interrail n'est donc pas forcément intéressant. À titre d'exemples :
Vilnius-Trakai : env. 2 €
Trakai-Kaunas : env. 6 €
Kaunas-Klaipeda : env. 18 €
Vous pouvez acheter vos billets sur le site, il vous suffira ensuite de les imprimer.

Bus
www.autobusubilietai.lt/?lang=o

Bac
Klaipeda à Smiltyne : www.keltas.lt
(1,10 € la traversée).

Pays-Bas
itinéraires 5 et 9

Chemins de fer néerlandais
www.ns.nl/en

Types de trains
InterCity : ces trains relient les villes principales des Pays-Bas et ne s'arrêtent pas dans les petites agglomérations. Les réservations ne sont pas obligatoires.
InterCity Direct : trains à grande vitesse reliant uniquement Amsterdam, l'aéroport de Schiphol, Rotterdam Central et Breda. Le prix des billets est légèrement plus élevé que celui des Intercity.
Express : similaires aux trains InterCity, mais pour les destinations périphériques des Pays-Bas.
Sprinter et Stop Train : trains régionaux entre les villes majeures et mineures des Pays-Bas. Ils s'arrêtent à toutes les gares.

OV-chipkaart
Ce titre de transport électronique est le sésame des bus, trams, trains et métros aux Pays-Bas. Une fois acheté, il suffit de le charger du montant de son choix et de le présenter devant les bornes de validation à l'entrée et à la sortie du moyen de transport. Le coût des déplacements, calculé au kilomètre, prend en compte le nombre de zones traversées et est débité automatiquement de la carte. En vente dans les gares, bureaux de tabac, certains supermarchés. 7,50 € – valable 5 ans, www.ov-chipkaart.nl/home.htm

En famille
Les enfants de moins de 4 ans voyagent gratuitement à bord des trains NS. Les enfants entre 4 et 11 ans peuvent bénéficier d'un billet illimité, appelé *Railrunner*, au prix de 2,50 € par jour.

Pologne
itinéraire 30

Chemins de fer polonais
PKP : intercity.pl
Tous les billets peuvent être réservés en ligne.

Portugal
itinéraire 20

Chemins de fer portugais
Comboios do Portugal : www.cp.pt

Portugal Rail Pass
Valable un mois, ce pass donne droit à des trajets illimités pour une durée de 3 ou 7 jours (129 € pour les adultes).

Pratique
Téléchargez l'appli *Comboios do Portugal* : billets électroniques, horaires...

Trains historiques
Ils sont souvent pris d'assaut, pensez à réserver très à l'avance. Réductions en prenant un billet combiné pour les deux trains.
Train historique du Douro
42,50 € par personne (19 € pour les enfants). Il est proposé tous les samedis de juin à octobre. Un billet incluant le trajet depuis Porto coûte 47,50 €.
Train historique de Vouga
Le train circule les samedis, de juin à octobre, pour une durée d'environ 5 heures. Coût : 30 € par personne (16,50 € pour les enfants). Des animations à bord et une visite du musée ferroviaire de Macinhata do Vouga incluse dans le prix.

Roumanie
Itinéraire 28 et 29

Chemins de fer roumains
www.cfrcalatori.ro/en/

Le réseau est dense, et même les petites localités sont bien desservies. Les prix sont très peu élevés (un trajet Cluj-Napoca- Sighișoara coûte environ 6 €). D'une manière générale, il y a plus de trains l'après-midi et le soir que le matin.

Les différents types de trains
Cursa : trains omnibus qui roulent, lentement, très lentement et s'arrêtent partout.
Personal, **rapid**, **accelerat** et **I.C.** (**InterCity**) : trains circulant sur les grandes lignes. Les réservations sont vivement recommandées.

Achat de billets
Vous pouvez acheter certains billets en ligne. Si vous ne l'avez pas fait, prévoyez une attente en gare qui peut parfois être longue !

Royaume-Uni : Angleterre, Écosse
itinéraires 2, 3 et 4

Chemins de fer du Royaume-Uni
Au Royaume-Uni, il n'y a pas de compagnie de chemins de fer unique, mais des dizaines d'intervenants qui se partagent le réseau national. Ces sites permettent de réserver des billets quel que soit l'opérateur :
www.nationalrail.co.uk, www.raileasy.co.uk

Tarifs
En général, vous pourrez acheter vos billets 3 mois à l'avance, et plus vous réserverez tôt, plus les tarifs seront avantageux.
Il existe trois types de billet :
- **Advanced** : le moins cher, mais valable uniquement sur un train précis.
- **Off-peak** : valable sur tous les trains, mais en dehors des heures de pointe.
- **Anytime** : le plus cher et modifiable.

Pass Royaume-Uni
Prendre un BritRail pass peut se révéler intéressant en fonction du nombre d'étapes que vous prévoyez. Il offre un accès illimité à tous les trains du pays, en Angleterre, en Écosse et au Pays de Galles pendant 8 jours. (pass adulte 2e classe entre 250 et 320 €). Le pass offre également des réductions sur de nombreuses attractions. Disponible à l'achat uniquement avant le départ sur www.visitbritain.com

Pass Écosse
Prendre un pass s'avère particulièrement avantageux.

Spirit of Scotland Travel Pass : 189 £ voyage illimité sur 8 jours, dans toute l'Écosse.

Highland Rover : 95 £, valable 4 jours au choix, sur une période de 8 jours consécutifs, à bord des trains Glasgow-Fort William-Mallaig, Oban-Glasgow, Kyle of Lochalsh-Inverness ; des bus Fort William-Kyle, Kyle-Portree-Uig, Fort William-Oban ; des ferries Armadale-Mallaig et Oban-Craignure.
Infos : www.scotrail.co.uk
Ces deux forfaits ne sont pas valables à bord du train à vapeur The Jacobite – le « Hogwarts Express » de *Harry Potter* – qui relie Fort William à Mallaig (52 £ A/R, à réserver sur www.jacobitetrain.com).

Précisions itinéraire 4
Train de nuit pour le trajet Londres-Glasgow :
www.sleeper.scot/tickets/

En famille
Bon à savoir: pour la plupart des pass BritRail, l'achat d'un pass adulte vous fait bénéficier d'un pass enfant gratuit.

Slovénie
itinéraires 11, 26

Chemins de fer slovènes
www.slo-zeleznice.si

Train de nuit
Pour rejoindre la Slovénie en train de nuit depuis Munich, départ quotidien à 20 h 40 de Zurich HB, arrivée à Ljubljana à 8 h 13 avec la compagnie ÖBB, train EuroNight. Au choix: voitures à 4 ou 6 couchettes ou voitures à 1, 2 ou 3 lits, avec air conditionné et lavabo. Pour les femmes voyageant seules, possibilité de réserver une place au sein d'un compartiment exclusivement féminin.
Réservations : www.nightjet.com

Pass Interrail
Le Pass Interrail Slovénie est disponible pour 3, 4, 5, 6 ou 8 jours de voyage sur 1 mois. Trajets illimités pour chaque jour de voyage. Exemple de tarif : 104 € pour 6 jours de voyage.
Réductions pour les moins de 28 ans et plus de 60 ans. La majorité des trains est sans réservation.

Izletka
Ce billet (15 €) est valable tous les week-ends, y compris à bord des Intercités et permet autant de voyages que l'on souhaite. Seule restriction : les trajets ne peuvent s'effectuer que les samedis, dimanches et jours fériés. Il peut s'acheter dans la plupart des gares et sur slo-zeleznice.si

Précisions itinéraire 24
- **De Ljubljana à Bled** : une douzaine de trains par jour (moins d'une heure de trajet). Pas de gare à Bled même, on descend à Lesce-Bled et on prend un des bus climatisés qui desservent la vieille ville toutes les 20 minutes (9 minutes de trajet).
- **De Most na Soči à Divača** : attention seulement 2 à 3 trains par jour et environ 2 h 30 de trajet.

Les grottes sont à 35 minutes à pied (navette en saison).

Bus
Pour consulter les horaires : arriva.si/en

En famille
Les enfants de moins de 6 ans voyagent gratuitement, et à moitié prix, entre 6 et 12 ans.

Suisse
itinéraires 13, 14, 15 et 26

Chemins de fer suisses
www.sbb.ch/fr

Lyria
Pour rejoindre la Suisse, regardez les offres :
tgv-lyria.com

Swiss Travel Pass
Idéal pour découvrir le pays au fil des rails, ce pass propose de multiples avantages : trajets illimités pour 3, 4, 8 ou 15 jours consécutifs en train, bus, bateau et transports publics dans les villes. Il est valable dans les trains panoramiques, vous permet de bénéficier d'entrées gratuites dans plus de 500 musées et offre jusqu'à 50 % de réduction sur la plupart des excursions en montagne.
Toutes les informations sur le site :
www.swiss-pass.ch/fr

Précisions itinéraire 14

- **Le train fondue**

Adultes : 53.90 CHF - **Enfants (jusqu'à 12 ans) :** 33.90 CHF. Gratuit pour les enfants jusqu'à 6 ans (sans repas). Inclus : voyage en train rétro au départ de Bulle et retour, fondue, meringue à la crème double. Non inclus : boissons.

- La **carte journalière des CFF** coûte 75 CHF par jour et permet d'emprunter tous les moyens de transport (bus, trains, bateaux) sur le territoire suisse.
- Le **Glacier Express** : réservation obligatoire, restaurant et spécialités locales à bord : www.glacierexpress.ch

En famille

Avec le **Swiss Travel Pass**, les enfants de moins de 16 ans voyagent gratuitement s'ils sont accompagnés par au moins un de leurs parents.

Ukraine
itinéraire 29

Chemins de fer ukrainiens

uz.gov.ua

Train de nuit

De Kiev à Odessa, que l'on peut réserver sur le site. La lettre "L" correspond à la première classe (env. 50 €), la lettre "C" à la seconde classe.

En famille

Les enfants de moins de 6 ans voyagent gratuitement à condition de demeurer sur les genoux de leurs parents.

Itinéraire 9
Pays-Bas, Allemagne, Tchéquie, Slovaquie, Hongrie

Nous vous indiquons ci-après, pour chacune des étapes, les sites les plus appropriés pour effectuer vos réservations. Attention, les prix peuvent varier, selon la compagnie, du simple au triple.

- **Amsterdam-Berlin** : www.ns.nl/en
- **Berlin-Prague** : www.bahn.de, www.oebb.at
- **Prague-Bratislava** : www.regiojet.com, www.cd.cz/en, www.bahn.de
- **Bratislava-Budapest** : www.intercity.pl/en, www.cd.cz/en, www.bahn.de

Itinéraire 10
Allemagne, Autriche, Hongrie, Roumanie, Turquie

Nous vous indiquons ci-après pour chacune des étapes, les sites les plus appropriés pour effectuer vos réservations. Attention, les prix peuvent varier, selon la compagnie, du simple au triple.

Paris-Munich : www.sncf-connect.com, www.bahn.de
Munich-Vienne : www.oebb.at, www.bahn.de
Vienne-Budapest : www.oebb.at
Budapest-Bucarest : cfrcalatori.ro
Bucarest-Istanbul : cfrcalatori.ro, tcddtasimacilik.gov.tr

Itinéraire 27
Roumanie, Bulgarie, Grèce

Chemins de fer bulgares :
www.bdz.bg/en/

Trajet Bucarest-Veliko Tarnovo

Les réservations peuvent se faire via le site des chemins de fer roumains, rubrique « International ». Bucarest s'écrit *Bucuresti* et la gare est celle du nord *(Bucuresti Nord)*. Le train de nuit circule entre juin et octobre www.cfrcalatori.ro/en/

Trajets Veliko Tarnovo-Sofia

Les réservations peuvent se faire via le site des chemins de fer bulgares.
www.bdz.bg/en/

Trajet Sofia-Thessalonique

Possibilité de faire le trajet en bus (5 heures) : ardatur.bg, fr.union-ivkoni.com, le train ne circulant pas à toutes les périodes de l'année.

Itinéraire 32
Danemark, Suède, Norvège

Nous vous indiquons ci-après pour chacune des étapes, les sites les plus appropriés pour effectuer vos réservations. Le pass Interrail couvre les trajets d'une capitale à l'autre, la *Bergensbanen* et offre 30 % de réduction sur *Flåmsbana*.

- Copenhague-Malmö : 40 minutes. Achat du billet en ligne www.oresundstag.se/en
- Train de nuit (*Snälltåget*) Malmö-Stockholm (22 h 18 - 05 h 55, soit 7 h 40 de train), www.snalltaget.se
- Stockholm-Oslo : 2 trains directs par jour.

Durée : 6 h, environ 50 €. www.sj.se/en/home.html

- Oslo- Flåm : ligne *Bergensbanen* Oslo-Myrdal (4 h 40), puis le *Flåmsbana* Myrdal-Flåm (50 min) www.vy.no. Pas de guichet, il faut réserver le billet en ligne ou l'acheter à la gare d'Oslo.

Possibilité de combiner les tickets avec ceux de la Bergen Line sur www.vy.no

LES AUTEURS

Philippe Bourget parcourt le monde pour divers journaux et magazines de voyage à la rencontre des peuples, des lieux et des vibrations de la planète. Ses reportages s'attachent aux sites autant qu'aux hommes et à leur environnement, histoire de faire comprendre que le tourisme n'est pas juste de la consommation. Le voyage en train offre la chance d'une découverte *slow*, au plus près des gens.
Il a écrit les itinéraires **09. D'Amsterdam à Budapest, les quartiers tendance** et **29. De Kiev à Lviv, immersion en mode slave**.

Séverine Chave est journaliste et vidéaste pour le quotidien helvétique *Le Temps*. Après trois ans passés au sein de la rédaction du téléjournal de la télévision nationale suisse (RTS), elle produit désormais des sujets en vidéo pour le web. En plus d'appartenir à la génération qui boude l'avion – pour raisons écologiques, mais pas seulement – elle a réalisé durant l'été 2019 une série de reportages dans les trains de nuit qui lui ont donné le goût du rail.
Elle a écrit les itinéraires **14. Fromage, vignes et panoramas... tout pour les yeux et l'estomac !** et **15. Glaciers, lacs & palmiers**.

Annie Crouzet, *serial* voyageuse pour magazines, l'Irlande reste néanmoins son port d'attache. Ce pays se savoure à petites gorgées. Et le train permet bien des rencontres, la conversation s'engageant immanquablement sur un « *What a lovely day!* », quelle que soit la météo !
Elle a écrit l'itinéraire **01. Un grand bol d'Éire**.

Dominique de La Tour est journaliste de voyage. Il travaille pour de nombreux magazines dont *Les Echos Week-End* et *Beaux-Arts*. Très attaché à l'Allemagne, sa seconde patrie, et à l'Italie où il se rend souvent, il aime les trains de nuit et les vieilles locos depuis qu'à l'âge de 3 ans, il a assisté au graissage de l'une des dernières machines à vapeur, gare de Lyon.
Il a écrit les itinéraires **07. La Forêt-Noire, à la croisée des fleuves** et **21. Mare, moda e cucina...**

Jean-Philippe Follet, diplômé en langues, lettres et civilisations européennes, le voyage en train est pour lui une évidence : depuis son tout premier billet BIGE (1980), il n'a cessé de sillonner les rails de l'Europe. Avec un net penchant pour l'ÖBB, les CFF, la DB, les *Danske Statsbaner*, *Iarnród Éireann* et *Scotrail*. Il est aujourd'hui le traducteur et l'auteur de plusieurs guides de voyage.
Il a écrit les itinéraires **02. Les Highlands en cinémascope**, **03. Arcs-en-ciel, grand vent et vrai Nord**, **08. Virée dans les îles de la mer Baltique**, **11. Sapins, vignes & sources chaudes** et **12. Petite fugue au cœur des alpages**.

Marie Geredakis est une amoureuse de l'écriture et des voyages au long cours, où la découverte des cultures va de pair avec les rencontres humaines. Dans ses pérégrinations, l'aventure n'est jamais loin. Et quelle meilleure option que le train pour prendre le temps de s'ouvrir à tous les possibles ?
Elle a écrit l'itinéraire **25. La Grèce, entre ciel et terre**.

Coralie Grassin, globe-trotteuse et auteure spécialisée voyage basée à Londres, elle aime particulièrement les trains de nuit : pique-niques impromptus avec des inconnus, paysages défilant à l'aube... C'est une vraie passion ! Caméra

en main, elle partage aventures et coups de cœur gourmands sur Instagram (@Chocoralie).
Elle a écrit les itinéraires **05. Trésors de Belgique et des Pays-Bas**, **10. La route de l'Orient-Express**, **31. La perle de la Baltique** et **32. Smørrebrød, fjords et pics enneigés : féerie scandinave**.

Katia Hérault, Londonienne passionnée de voyages immersifs et respectueux, elle est consultante en tourisme responsable pour plusieurs labels de tourisme, et a lancé *SitSpot*, une plateforme de recommandations touristiques aux critères éthiques.
Elle a écrit les itinéraires **04. Le Best of du Brit Art**, **16. La route de Compostelle… pour les paresseux**, **18. De Madrid à Tanger, d'un continent à l'autre** et **26. Slovénie grandeur nature**.

Rozenn Le Roux, passionnée par les voyages depuis toujours, a quitté sa Bretagne natale pour découvrir d'autres horizons. Son diplôme de journaliste en poche, elle part acquérir ses premières expériences à l'étranger, notamment à Valladolid, d'où elle couvre l'actualité touristique de la région. Elle est l'auteur de plusieurs guides de voyage sur l'Espagne et l'Afrique.
Elle a écrit l'itinéraire **19. Des cathédrales, de l'art et du vin**.

Pascale Missoud est journaliste spécialisée dans le tourisme et travaille pour des magazines (*Les Échos Week-end*) ainsi que pour le site voyage du *Figaro*. Elle porte une affection toute particulière à la Pologne qu'elle ne se lasse pas de parcourir. Quant au train, c'est tour à tour son roulement et le travelling des paysages qui la séduisent depuis l'enfance.
Elle a écrit les itinéraires **22. Le sud de l'Italie ? Un pied… de nez au nord !**, **24. Une république peut cacher un empire** et **30. La Pologne, hors des clichés rebattus !**

Nolwenn Patrigeon vit dans les Alpes et son bureau donne sur le mont Blanc. Passionnée par l'univers montagnard, cette journaliste et rédactrice indépendante en a fait une spécialité. De quoi comprendre que le train est l'une des plus belles façons de découvrir la montagne, entre forêts, sommets et glaciers… Tout le monde est en mesure de goûter au bonheur de prendre de la hauteur !
Elle a écrit l'itinéraire **13. Au royaume de la verticalité, entre mont Blanc et Cervin**.

Johanna Seban est journaliste pour *Les Inrocks, Télérama Sortir, Marie Claire*. Elle a hérité de son grand-père, l'amour pour l'univers ferroviaire. Preuve ultime de son attachement aux trains, elle a donné le nom d'une gare parisienne à l'un de ses fils (et ça n'est pas Montparnasse…).
Elle a écrit les itinéraires **06. La route des vins d'Alsace**, **17. La route des artistes de Méditerranée** et **23. Palais, baignades et *pasta* en Sicile**.

Corinne Stoppelli a grandi entre la Suisse et l'Italie, à force d'allers-retours sur les rails. En Italie, son grand-père était conducteur de trains. En Suisse, elle prenait le train tous les matins pour aller à l'école. Aujourd'hui, il n'y a rien qui la détende davantage qu'une fenêtre en mouvement sur le monde : le train est sa télévision.
Elle a écrit les itinéraires **20. De Porto à Faro : migrer avec les cigognes**, **27. Zigzag gourmand à travers les Balkans** et **28. À travers les campagnes de Transylvanie (très lentement)**.

CRÉDITS PHOTOS

AGE FOTOSTOCK

p.40 © Vdovin Ivan/agefotostock.com ;
p.48 © Kevin George/agefotostock.com ;
p.252 © Clickalps SRLs/agefotostock.com ;
p.297 © Dennis MacDonald/agefotostock.com

HEMIS

p.8 © PISTOLESI Andrea/hemis.fr ;
p.12 © PISTOLESI Andrea/hemis.fr ;
p.14 © GERAULT Gregory/hemis.fr ;
p.18 © BIBIKOW Walter/hemis.fr ;
p.20 © Westend 61/hemis.fr ;
p. 27 © imageBROKER/hemis.fr ;
p. 28 © Jon Arnold Images/hemis.fr ;
p.29 © Jon Arnold Images/hemis.fr ;
p.30 © STICHELBAUT Benoit/hemis.fr ;
p.32 © HAUSER Patrice/hemis.fr ;
p.38 © STICHELBAUT Benoit/hemis.fr ;
p.50 © LESCOURRET Jean Pierre/hemis.fr ;
p.55 © Jon Arnold Images/hemis.fr ;
p.56 © Jon Arnold Images/hemis.fr ;
p.58 © Alamy/hemis.fr ;
p.63 © MATTES René/hemis.fr ;
p.64 © MATTES René/hemis.fr ;
p.65 © MATTES René/hemis.fr ;
p.66 © MATTES René/hemis.fr ;
p.67 (bas) © BRINGARD Denis/hemis.fr ;
p.67 (haut) © MATTES René/hemis.fr ;
p.68 © MATTES René/hemis.fr ;
p.69 © MATTES René/hemis.fr ;
p.70 © Jon Arnold Images/hemis.fr ;
p.72 © Jon Arnold Images/hemis.fr ;
p.73 © Westend 61/hemis.fr ;
p.75 © MATTES René/hemis.fr ;
p.76 © imageBROKER/hemis.fr ;
p.80 © Westend 61/hemis.fr ;
p.81 © imageBROKER/hemis.fr ;
p.82 © imageBROKER/hemis.fr ;
p.84 © imageBROKER/hemis.fr ;
p.88 © Jon Arnold Images/hemis.fr ;
p.91 © CHICUREL Arnaud/hemis.fr ;
p.92 © Alamy/hemis.fr
p.96 © LESCOURRET Jean Pierre/hemis.fr ;
p.103 © Jon Arnold Images/hemis.fr ;
p.105 © Jon Arnold Images/hemis.fr ;
p.106 © GERAULT Gregory/hemis.fr ;
p.107 © Jon Arnold Images/hemis.fr ;
p.108 © GUIZIOU Franck/hemis.fr ;
p.114 © MORANDI Tuul et Bruno/hemis.fr ;
p.118 © Aflo/hemis.fr ;
p.124 © imageBROKER/hemis.fr ;
p.127 © Jon Arnold Images/hemis.fr ;
p.128 © HAGENMULLER Jean-François/hemis.fr ;
p.130 © JACQUES Pierre/hemis.fr ;
p.133 © Robert Harding/hemis.fr ;
p.135 © Westend 61/hemis.fr ;
p.136 © LESCOURRET Jean Pierre/hemis.fr ;
p.140 © Westend 61/hemis.fr ;
p.144 © Cultura/hemis.fr ;
p.146 © Westend 61/hemis.fr ;
p.147 © Jon Arnold Images/hemis.fr ;
p.148 © Jon Arnold Images/hemis.fr ;
p.150 © Robert Harding/hemis.fr ;
p.151 © Jon Arnold Images/hemis.fr ;
p.152 © Jon Arnold Images/hemis.fr ;
p.159 © Jon Arnold Images/hemis.fr ;
p.160 © HUGHES Hervé/hemis.fr ;
p.162 © GUIZIOU Franck/hemis.fr ;
p.164 (bas) © MOIRENC Camille/hemis.fr ;
p.172 © GERAULT Gregory/hemis.fr ;
p.178 © MATTES René/hemis.fr ;
p.179 © Jon Arnold Images/hemis.fr ;
p.180 © MATTES René/hemis.fr ;
p.182 © CHARTON Franck/hemis.fr ;
p.185 © GUIZIOU Franck/hemis.fr ;
p.195 (haut) © Jon Arnold Images/hemis.fr ;
p.198 © GUIZIOU Franck/hemis.fr ;
p.200 © LESCOURRET Jean Pierre/hemis.fr ;
p.202 © MATTES René/hemis.fr ;
p.203 © LESCOURRET Jean Pierre/hemis.fr ;
p.204 (haut) © ; LESCOURRET Jean Pierre/hemis.fr ;
p.204 (bas) © MATTES René/hemis.fr ;
p.205 © MATTES René/hemis.fr ;
p.207 © AMIEL Jean-Claude/hemis.fr ;
p.208 © MATTES René/hemis.fr ;
p.209 © Jon Arnold Images/hemis.fr ;
p.210 © Tetra images/hemis.fr ;
p.212 © MATTES René/hemis.fr
p.215 © Jon Arnold Images/hemis.fr ;
p.216 © PISTOLESI Andrea/hemis.fr ;
p.218 © Westend 61/hemis.fr ;
p.220 © imageBROKER/hemis.fr ;
p.222 © GARDEL Bertrand/hemis.fr ;
p.223 © Jon Arnold Images/hemis.fr ;
p.224 © DEGAS Jean-Pierre/hemis.fr ;
p.225 © BOISVIEUX Christophe/hemis.fr ;
p.227 © LESCOURRET Jean Pierre/hemis.fr ;
p.228 © MORANDI Tuul et Bruno/hemis.fr ;
p.234 © Jon Arnold Images/hemis.fr ;
p.235 © POMPE Ingolf/hemis.fr ;
p.236© SERRANO Anna/hemis.fr ;
p.237 © GUIZIOU Franck/hemis.fr ;
p.238 © CHARTON Franck/hemis.fr ;
p.246 © Minden/hemis.fr ;
p.255 © Jon Arnold Images/hemis.fr ;
p.256 © MORANDI Tuul et Bruno/hemis.fr ;
p.258 © Jon Arnold Images/hemis.fr ;
p.260 © Jon Arnold Images/hemis.fr
p.263 (haut) © ANSALONI Marco/hemis.fr ;
p.265 © Jon Arnold Images/hemis.fr ;
p.266 © Jon Arnold Images/hemis.fr ;
p.268 © Jon Arnold Images/hemis.fr ;
p.269 © PASQUINI Cedric/hemis.fr ;
p.270 © Blend Images/hemis.fr ;
p.272 © Jon Arnold Images/hemis.fr ;
p.273 © PASQUINI Cedric/hemis.fr ;
p.274 © MORANDI Tuul et Bruno/hemis.fr ;
p.276 © Jon Arnold Images/hemis.fr ;
p.279 © Jon Arnold Images/hemis.fr ;
p.282 © John Warburton Lee/hemis.fr ;
p.289 © HAUSER Patrice/hemis.fr ;
p.292 © GUIZIOU Franck/hemis.fr ;
p.298 © GUIZIOU Franck/hemis.fr ;
p.299 © GUIZIOU Franck/hemis.fr ;
p.302 © Jon Arnold Images/hemis.fr ;
p.306 © MOIRENC Camille/hemis.fr ;
p.318 © Cultura/hemis.fr

SHUTTERSTOCK

p.10 (haut) © Giancarlo Liguori/shutterstock.com ;
p.10 (bas) © EQRoy/shutterstock.com ;
p.13 © Captblack76/shutterstock.com ;
p.15 © Riekelt Hakvoort/shutterstock.com ;
p.16 © Lyd Photography/shutterstock.com ;
p.18 © Elena Schweitzer/shutterstock.com ;

p.22 © Jaroslav Moravcik/shutterstock.com ;
p.24 © M.Prouza/shutterstock.com ;
p.25 (haut) © Joe Dunckley/shutterstock.com ;
p.25 (bas) © Julian Worker/shutterstock.com ;
p.26 © rphstock/shutterstock.com ;
p.35 © Stefano_Valeri/shutterstock.com ;
p.36 © Pecold/shutterstock.com ;
p.37 © idroudobre/shutterstock.com ;
p.39 © PaulienDam/shutterstock.com ;
p.43 © Ron Ellis/shutterstock.com ;
p.44 © Sophie McAulay/shutterstock.com ;
p.46 © BerndBrueggemann/shutterstock.com ;
p.49 © 1000 Words/shutterstock.com ;
p.52 © skyfish/shutterstock.com ;
p.53 © Botond Horvath/shutterstock.com ;
p.54 © Nataliya Nazarova/shutterstock.com ;
p.60 © franticoo/shutterstock.com ;
p.62 © Zdenek Matyas Photography/ shutterstock.com ;
p.74 © Preisler/shutterstock.com ;
p.78 © Jule_Berlin/shutterstock.com ;
p.83 © Bildagentur Zoonar GmbH/shutterstock.com ;
p.86 © Adisa/shutterstock.com ;
p.89 © Roman Sigaev/shutterstock.com ;
p.90 (haut) © carol.anne/shutterstock.com ;
p.90 (bas) © Watch The World/shutterstock.com ;
p.95 © Anton_Ivanov/shutterstock.com ;
p.98 © yotily/shutterstock.com ;
p.100 © Agatha Kadar/shutterstock.com ;
p.110 © Preisler/shutterstock.com ;
p.111 © Frank Fell Media/shutterstock.com ;
p.112 (haut) © nikolpetr/shutterstock.com ;
p.112 (bas) © trabantos/shutterstock.com ;
p.113 © Matic Stojs Lomovsek/shutterstock.com ;
p.115 © Roman Babakin/shutterstock.com ;
p.116 © Michael Nosek/shutterstock.com ;
p.117 © canadastock/shutterstock.com ;
p.120 © kovop58/shutterstock.com ;
p.121 © Olga Gavrilova/shutterstock.com ;
p.122 © Karl Allen Lugmayer/shutterstock.com ;
p.125 © Yuri Turkov/shutterstock.com ;
p.132 © Nataliya Nazarova/shutterstock.com ;
p.134 © Mor65_Mauro Piccardi/shutterstock.com ;
p.138 © Alexander Demyanenko/shutterstock.com ;
p.139 © lucystudio/shutterstock.com ;
p.142 © AsiaTravel/shutterstock.com ;
p.154 © Neirfy/shutterstock.com ;
p.155 © Annavee/shutterstock.com ;
p.156 © Boris Stroujko/shutterstock.com ;
p.157 © Leonid Andronov/shutterstock.com ;
p.158 © Alberto Loyo/shutterstock.com
p.164 (haut) © S-F/shutterstock.com ;
p.165 © Maria Sedova/shutterstock.com ;
p.166 © midgardson/shutterstock.com ;
p.168 © Pabkov/shutterstock.com ;
p.169 © Oleg_P/shutterstock.com ;
p.170 © TTstudio/shutterstock.com ;
p.171 © elRoce/shutterstock.com ;
p.174 © S-F/shutterstock.com ;
p.175 © Migel/shutterstock.com ;
p.176 © Stefano_Valeri/shutterstock.com ;
p.177 © Mistervlad/shutterstock.com ;
p.184 © ppl/shutterstock.com ;
p.186 © jjmillan/shutterstock.com ;
p.188 © guillermo77/shutterstock.com ;
p.213 © S-F/shutterstock.com ;
p.214 © Dima Moroz/shutterstock.com ;
p.217 © Ragemax/shutterstock.com ;
p.226 © loneroc/shutterstock.com ;
p.230 © Viacheslav Lopatin/shutterstock.com ;
p.232 © Ilija Ascic/shutterstock.com ;
p.233 © xbrchx/shutterstock.com ;
p.240 © NAPA/shutterstock.com ;
p.242 © Saga Photo and Video/shutterstock.com ;
p.244 © trabantos/shutterstock.com ;
p.245 © Mironov Vladimir/shutterstock.com ;
p.248 © Denis Linine/shutterstock.com ;
p.250 © Tanja_G/shutterstock.com ;
p.251 © Uhryn Larysa/shutterstock.com ;
p.253 © silky/shutterstock.com ;
p.254 © Katarzyna Maksymiuk/shutterstock.com ;
p.261 © Kremena Ruseva/shutterstock.com ;
p.263 (bas) © Sergey Dubrov/shutterstock.com ;
p.277 © Murat An/shutterstock.com ;
p.278 © Ruslan Lytvyn/shutterstock.com ;
p.280 © Ruslan Kalnitsky/shutterstock.com ;
p.284 © S-F/shutterstock.com ;
p.285 © Nightman1965/shutterstock.com ;
p.286 © Kathryn Sullivan/shutterstock.com ;
p.287 © Maciej Bledowski/shutterstock.com ;
p.290 © Kamilalala/shutterstock.com ;
p.294 © proslgn/shutterstock.com ;
p.295 © Giedrius Akelis/shutterstock.com ;
p.296 © Subodh Agnihotri/shutterstock.com ;
p.300 © Nataliya Nazarova/shutterstock.com ;
p.303 © trabantos/shutterstock.com ;
p.304 (haut) © Andrey Shcherbukhin/ shutterstock.com ;
p.304 (bas) © djv-photo/shutterstock.com ;
p.305 © Morten Normann Almeland/ shutterstock.com ;
p.308 © Alfonso de Tomas/shutterstock.com ;
p.309 © Olena Tur/shutterstock.com

CORINNE STOPPELLI

p.190 © Corinne Stoppelli ;
p.192 © Corinne Stoppelli ;
p.194 © Corinne Stoppelli ;
p.195 (bas) © Corinne Stoppelli ;
p.197 © Corinne Stoppelli ;
p.259 © Corinne Stoppelli ;
p.262 © Corinne Stoppelli.

COUVERTURE

Première de couverture :
Haut : © AeriolVision_it/shutterstock.com
Milieu : © ImageBROKER/hemis.fr
Centre droite : © MALLET Jean-François/hemis.fr
Bas : © Jon Arnold Images/hemis.fr

DANS LA MÊME COLLECTION

Trains de nuit, 30 trajets inoubliables en Europe

En pleine nature, 50 voyages pour se mettre au vert

Les petites routes, escapades buissonnières en France

2 jours pour vivre, 1 samedi + 1 dimanche et parfois 1 RTT

En forêt, 500 idées pour des escapades nature en France

Randonnées autour de Paris, 40 balades pour prendre l'air

À vélo, 50 itinéraires pour pédaler le nez au vent

Aventures en famille, 50 idées pour voyager au grand air avec ses enfants

Direction éditoriale :
Hélène Firquet

Suivi éditorial :
Garance Pasquier

Responsable artistique :
Flora Monnin

Direction artistique :
Le Bureau des Affaires Graphiques
Cécile Bernier

Mise en pages intérieure des nouveaux itinéraires :
Chrystel Arnould

Lecture-correction :
Elisabeth Rouzy et Florence Lagrange-Leader

Fabrication :
Julien Recurt et Christine Lopes

Relations presse :
Sophie Gallet

Responsable des droits internationaux et des partenariats B2B :
Mathilde Barrois

Merci à Lucie Drouin pour son aide précieuse

Photogravure :
Nord Compo

Achevé d'imprimer en mai 2022
Sur les presses d'Indice, Espagne
1er dépôt légal : septembre 2020
Dépôt légal : mai 2022
Numéro d'édition : 540621
ISBN : 978-2-7424-6421-0

PEFC PEFC/14-38-00202